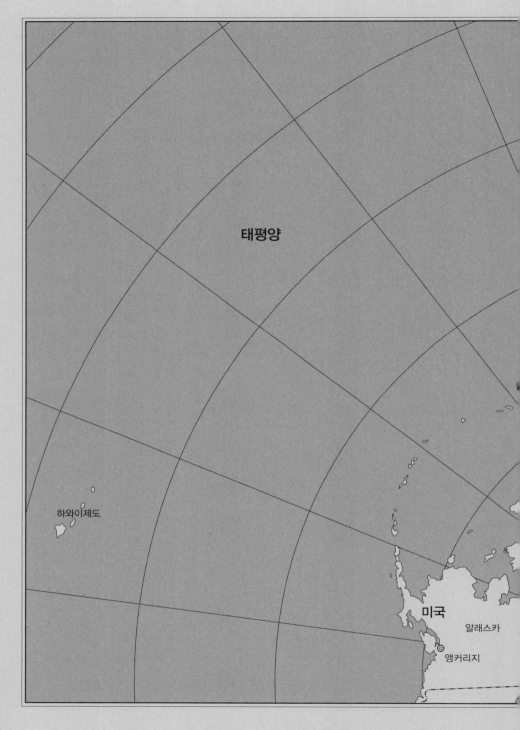

태평양

하와이제도

미국

알래스카

◎ 앵커리지

동북아시아 전도   저자는 일본항공의 기내지 『윈드*WIND*』에 실린 지도에서 이 그￼
이는 하와이를 포함한 아메리카 대륙으로 이어져, ㅁ

ㅏ. 이 지도를 북극에서 바라보면 알래스카가 중국·몽골·러시아로 이어지고 있는데,
에 포함시키자는 저자의 견해를 뒷받침해주고 있다.

신|지|역|주|의 선|언
동북아시아 공동의 집

東北アジア共同の家

TOUHOKU ASIA KYOUDOU NO IE

by Haruki WADA

Copyright © 2003 Haruki WADA

All rights reserved.

Originally published in Japan by HEIBONSHA LIMITED, PUBLISHERS, Tokyo.

Korean translation rights arranged with

HEIBONSHA LIMITED, PUBLISHERS, Japan.

신 지 역 주 의 선 언

동북아시아 공동의 집

와다 하루키 지음 | 이원덕 옮김

일조각

한국어판 서문

2003년 8월 도쿄에서 출판된 『동북아시아 공동의 집—신지역주의 선언』을 한국어로 번역, 출판하게 되어 참으로 기쁘다. 1990년부터 나는 이 책에 담긴 생각을 한국에서 제창해왔다. 이미 동북아시아의 중심인 서울의 국제회의에서 내 생각을 가장 먼저 발표했고, 또 서울에서 발간되는 잡지 『창작과비평』에 최초로 논문 형식으로 발표한 바 있다. 이 책을 쓴 또 다른 계기는 취임연설에서 '동북아시아 신시대'를 열겠다는 노무현 대통령의 강한 소신 표명을 접하고 이에 고무되었기 때문이다. 그래서 한국어로 번역되는 이 책이 나에게 더더욱 뜻 깊다.

최근 일본에서도 지역주의 사상에 대한 관심이 일고 있다. 그 흐름은 두 가지로 나타나고 있다. 첫째는 '북동아시아'에 대한 관심이다. 2002년 9월 17일 북일 평양선언에서 일본어로는 '북동아시아'라는 말을 처음으로 사용했는데, 무엇보다도 2003년 8월 북한 핵문제와 관련하여 남·북한과 미·중·일·러가 참여하는 6자회담이 열리게 되면서 북동아시아 지역의 평화가 일반인들의 관심 대상으로 부상하게 되었다.

일본에서 발간되는 잡지의 특집에도 '북동아시아'라는 말이 등장했다. 잡지 『세계世界』는 2003년 10월호에서 '북동아시아 평화를 구축하기 위해서'라는 특집을 편성했다. 군축문제 전문지인 『군축문제자료軍縮問題資料』는 9월호에서 '이웃나라 북한과 북동아시아의 공생'을 특집으로 꾸몄다. 게다가 좌파적 사상지인 『정황情況』 10월호마저도 '북동아시아를 생각한다'라는 특집을 실었다.

각 정당과 평화단체에서도 '북동아시아'를 테마로 한 집회를 개최하고 있다. 2003년 8월, 그야말로 절명 직전 상태에 놓인 사회민주당까지 상당한 에너지를 쏟아 넣으며 '부전비핵不戰非核의 북동아시아를 위하여'라는 심포지엄을 개최했다. 전일본자치단체노동조합自治勞을 중심으로 하는 평화환경포럼은, 10월 9일 히비야日比谷 야외음악당에서 '북동아시아에 비핵평화의 실현을, 북일 국교정상화를 요구한다'는 집회를 개최했다.

학자들도 움직이고 있다. 11월 20∼22일 도쿄대학에서는 나의 절친한 벗이며 『동북아시아 공동의 집을 향하여』라는 책을 저술한 강상중 도쿄대학 교수를 중심으로, '북동아시아의 신세기: 인력의 이동과 코리안 네트워크'라는 국제심포지엄이 개최되었다. 내가 관여하고 있는 도호쿠東北대학 동북아시아 연구센터는 12월 19일, 해당 지역을 연구하는 NIRA(종합연구개발기구)와 ERINA(환일본해 경제연구소), 시마네島根

현립대학 북동아시아 지역연구센터 등 세 기관의 대표자를 초청하여 '동북아시아의 현재와 미래를 생각한다'라는 제목의 모임을 개최했다.

주지하다시피 일본에서는 '북동아시아'라는 용어가 먼저 등장했으므로 '동북아시아'라는 용어를 주장하는 의견은 고립 상태에 놓여 있다. 나는 이 점에 관해 『아사히신문』 2003년 11월 12일자 석간에서 오늘날 한국·북한·중국·타이완에서 확립되어 널리 쓰이는 '동북아시아'라는 단어를 일본이 굳이 마다하고, 영어의 직역인 '북동아시아'를 쓸 이유가 없다는 점을 지적했다. 일본에서 '동북아시아' 파는 나와 도호쿠대학의 연구센터, 출판사로는 헤이본샤平凡社 정도가 있는데, 이 문제에 대한 논의는 앞으로 더 진행될 것이다. 그리고 일본인이 자신이 속한 지역을 의식하면 할수록 '북동아시아인가 동북아시아인가'라는 문제에 대해서도 분명 진지한 생각을 하게 될 것이다.

지역주의의 또 다른 흐름은, 일본 정부가 '동아시아 공동체'를 구상·추진한다는 목표 아래 동남아시아국가연합ASEAN 여러 나라들과의 관계를 강화하려는 움직임에서 나타난다. 이 구상의 경위는 이 책에 설명되어 있다. 2003년 12월 12일 도쿄에서 개최된 ASEAN·일본 회의에서는 '새 천년의 역동적이고 영속적인 ASEAN과 일본의 파트너십을 위한 도쿄선언'이 발표됐다. 여기서 일본은 ASEAN이 정치·경제·군사 면에서 완전한 공동체로 나아가는 것을 지지하고, 더욱이 ASEAN 여러 나라들과 더불어 "동아시아 공동체를 위한 동아시아 협력 관계를 심화"시켜 나갈 것을 약속했다. 구체적으로는 ASEAN + 3의 과정을 "중요한 경로로 인식한다"는 전제 아래, "보편적인 룰과 원칙을 계속 존중하면서, 외향적으로 풍부한 창조성과 활력이 넘치고, 상호이해 속에서 아시아의 전통과 가치를 이해하는 공통의 정신을 갖는 동아시아 공동체의 구축을 요구한다"고 선언했다. 일본으로서는 '동아시아 공동체'의 구축작업을 ASEAN＋한·중·일 3국이라는 본래의 틀에서 추진할 것을 수용한 것이다. 더욱이 오스트레일리아, 뉴질랜드와도 함께하려 했던 고이즈미 총리의 2002년 제안에서 한발 물러나 '아시아의 전통과 가치를 이해하는 공통의 정신'을 채택한 것은, 아시아인의 동아시아 공동체라는 ASEAN 측의 의견에 일본이 어느 정도 다가선 것으로 보인다.

어쨌든 '동아시아 공동체' 구축이라는 목표가 클로즈업됨과 동시에 일본 내의 싱크탱크도 움직임을 보이고 있다. 2003년 9월에는 ASEAN ＋3의 틀 내의 싱크탱크 모임인 동아시아 싱크탱크 네트워크가 창설되고 그 중앙사무국이 베이징에 설치되었다. 이와 같은 중국의 적극성에 불안을 느낀 나라는 다름 아닌 일본이다. 일본 싱크탱크의 하나이며, 보수파의 이토 겐이치伊藤憲一가 이사장직을 맡고 있는 일본국제포럼은 일본 내의 싱크탱크 연합체인 동아시아공동체평의회를 2004년 5월에 설립하려 하고 있다. 동아시아 공동체를 앞에 두고 중국과 일본이 주도권 쟁탈전을 벌이고 있는 형세인지도 모르겠다.

대동아공영권의 역사를 생각해볼 때 일본이 중국과 새로운 동아시아 공동체 구축의 주도권을 놓고 다투는 것이 얼마나 어리석은 일인가는 자명하다. 야스쿠니 신사참배 문제로 고이즈미 총리가 중국을 공식 방문하지 못하고 있는 상태에서 동아시아 공동체를 진지하게 논하는 것 자체가 어쩌면 비현실적으로 보일지 모른다.

이러한 일본의 현황으로 미루어볼 때 한국의 역할이 더더욱 크게 요구된다. 이 점은 이 책에서 내가 강조하고 있는 대로이다. 탄핵에서 벗어난 노무현 대통령의 한국 정부가 이런 측면에서 적극적인 역할을 수행해주기를 기대하고 있다.

ASEAN이 완전한 공동체로 나아가고 있는 상황에서 한 · 중 · 일 3국이 이에 뛰어들어 동아시아 공동체를 만드는 일은 안이한 무임승차라고 할 수 있을 것이다. ASEAN이 공동체로 발전한다면, 동북아시아도 '6자＋몽골'의 형태로 동북아시아국가연합ANEAN을 만들고 난 뒤, 이를 공동체로 끌고 나가 ASEAN 공동체와 연합하여 동아시아 공동체를 만드는 것이 좋지 않을까? 이렇게 될 때, 그것은 참다운 의미에서 '대大동아시아 공동체'라고 부를 수 있을 것이다. 물론 이 경우 그 중심을 중국에 두고 있는 것은 아니다. 그리고 동아시아 공동체에서 러시아와 미국이 빠져도 좋다. 하지만 동아시아 공동체가 건전하게 발전하기 위해서는 한반도를 중심으로 러시아와 미국까지 포함하는 동북아시아 공동의 집을 만들 필요가 있다고 나는 생각한다.

동북아시아 공동체 형성의 중추역할을 담당할 한국 국민이 비약하는 데에 이 책이 공헌할 수 있다면 그 이상의 기쁨은 없을 터이다.

끝으로 이 책을 번역한 이원덕 교수에게 진심으로 감사한다.

2004년 5월

와다 하루키

차례

들어가며—신지역주의의 필요성

전후 일본의 사상은 전쟁과 군대에 대한 강한 반발을 특색으로 하고 있다. 식민지주의와 제국주의에 대한 반성은 거의 없었지만 군국주의와 침략주의에 대한 반성은 존재했다. 이러한 전후 일본의 사상이 현재 다양한 각도에서 재검토되고 있다. 그런데 이러한 사상 속에서 살아온 내가 과거를 되돌아봐도 국가에 대한 책임의식과 지역주의가 금기시되었던 것은 사실이다. 자신이 속한 국가가 해온 일과 이제부터 할 일에 책임을 느끼는 것, 자신들이 살아가는 국가의 경계를 넘어선 지역에 대해 명확한 구상을 갖고 그 지역이 평화와 협력의 관계로 나아가도록 하는 것은 불가분의 관계에 있다. 전후 일본은 이렇듯 서로 연관된 두 문제에 대한 생각을 오랫동안 회피해왔다.

이렇게 된 기본적 원인은 두말할 나위도 없이 '대동아공영권大東亞共榮圈'의 파산이다. '대동아공영권' 이전에는 '내선일체內鮮一體'니 '일만지 3국제휴日滿支三國提携'니 '동아협동체東亞協同體'니 하는 구호들이 빈번히 제창되었지만, 1945년 8월 15일로 이런 구상은 완전한 종말을 맞게 되었다. 일본은 남방 점령지에서 추방되고 중국에서도 쫓겨났다. 오키나와는 격전 끝에 미군에 점령되었고, 소련군의 공격을 받은 만주 국이 붕괴되면서 만주국의 황제 푸이溥儀는 소련군의 포로가 되었다. 조 선이 독립하고, 남 사할린과 지시마千島열도는 소련군에 점령되었으며 타이완은 중국에 반환되었다. 동시에 일본 국민들은 '성전聖戰'이라는 슬로건이 기만임을 깨닫게 되었다. 일본인은 난민이 되어 만주 · 조 선 · 사할린에서 본토로 돌아왔다. 일본 중심의 지역주의 제안은 죄악 시되었고, '공영共榮'은 지배를 위한 침략의 다른 이름이었으며, 일본은 이러한 문제를 생각할 자격이 없다고 자각하게 되었다. 전쟁 중에는 전 쟁을 위해 일했고 전후에도 그 자리에 계속 앉아 전후의 주역을 담당했 던 관료들도 같은 생각을 하고 있었으며, 전쟁과 군대에 대한 국민적 반대를 대변하던 지식인들도 같은 생각이었다.

　　두 번째 원인은 전후 일본의 지역조건, 곧 동북아시아전쟁이라는 현실이다. 일본은 청일전쟁을 시작으로 태평양전쟁까지 50년간 전쟁 을 계속해왔다. 그러나 1945년 8월 15일 일본이 항복함으로써 일본은 전쟁을 하지 않는 시대, 즉 평화의 시대로 접어들었고 이 평화는 50년 이상 이어지고 있다. 전쟁이 계속된 50년과 전쟁이 없는 50년이 이렇 게 뚜렷한 대조를 이루는 나라는 전 세계에 일본뿐이다. 그러나 일본이 평화롭던 시대에도 동북아시아와 동아시아는 평화롭지 못했다. 중국이 일본과의 전쟁에서 승리한 후, 중국에서는 국민당군과 공산당군의 내전이 시작되어 1949년에는 중화인민공화국이 성립되었고, 국민당 정권은 타이완으로 옮겨갔다. 인도차이나에서는 베트남독립동맹 베트민 Viet Minh과 프랑스가 전쟁을 시작했다. 1950년에는 한국전쟁이 시작되었고, 남한과 북한의 전쟁은 곧 미국과 중국의 전쟁으로 이어졌다. 공중전은 미국과 소련의 전쟁이었다. 1953년 한국전쟁이 끝나고 인도차이나전쟁도 1954년에 끝났지만, 미국이 베트남 문제에 개입하면서 1964년부터 베트남전쟁이 시작되었다. 베트남전쟁에 한국군이 참전했고 오키나와는 출격기지가 되었다. 베트남전쟁이 끝나기 전 미국은 중국과 화해했고 전쟁은 1975년 미국의 패배로 끝났다. 1945년 이후 30년은 아시아 공산주의 세력과 미국의 대립시대였다.

일본은 평화헌법을 방패로 내세우고 미일안보조약의 그늘 아래로 들어가 동북아시아, 동아시아의 전쟁으로부터 거리를 두려 했다. 이 시대 일본의 지역주의는 반소반공反蘇反共 · 반중국의 군사동맹에 포함되어 있었고, 따라서 지역주의를 생각하는 것은 바람직하지 않았다. 물론 그런 지역주의를 주장해온 사람이 없지는 않았지만, 어디까지나 그것은 소수의 의견였을 뿐, 국민 다수를 포함하여 대부분의 일본 관료들과 정치가들 대부분 역시 지역주의에 대해 호의를 나타내지 않았다. 따라서 전후 일본의 외교는 미국과 일본의 관계를 축으로, 또 미국이 인정하는 범위 내에서 일화日華(일본과 타이완) · 일소 · 중일 같은 두 나라간의 관계와 교섭의 틀 안에서 진행되었다. 관료와 국민도 두 나라 간의 관계가 다국 간의 관계로 변하는 것을 원하지 않았다.

그러나 1990년대에 들어와 일본을 둘러싼 상황은 근본적으로 변화했다. 동아시아의 30년 전쟁이 끝나고, 냉전과 미소대립이 종식되었다. 세계전쟁의 시대는 끝났고 국가사회주의체제를 고수하던 소련이 붕괴되었다. 시대의 변화와 세계사의 변화 속에서 동북아시아의 모든 나라는 일본과의 관계를 되돌아보게 되었고, 일본에 과거의 청산을 요구했다. 동시에 일본은 주변 나라와의 새로운 관계를 모색해야 했다. 즉 일본이 새로운 지역주의를 생각할 수 있는 상황이 조성된 것이다.

이러한 가운데 나는 대략 1990년, 정확하게는 1995년부터 '동북아시아 공동의 집'을 생각해왔고 이를 위해 노력하고 있다. 물론 이러한 제안을 하는 사람이 나 혼자만은 아니다. 동해에 면해 있는 일본의 지방자치체는 환일본해권(환동해권을 가리킴—옮긴이 주)과 동북아시아의 경제협력을 생각하고 있다. 이러한 몇 개의 흐름이 확대되면서 동북아시아 지역협력의 가능성을 여는 움직임이 점점 활발해지고 있는 것이다.

다른 한편으로는 소련이 붕괴하고, 미국의 군사적·경제적 초대국화가 진행되는 가운데 동북아시아에서는 북한 핵문제가 발생하면서 한반도 전쟁발발 문제가 우려되고 있다. 이러한 면에서 동북아시아는 전쟁발발 문제의 예방과 긴장완화, 평화와 안전보장, 비핵화로의 전진을 절실히 요구하게 되었다.

21세기를 맞이하면서 지역주의적 지향은 현실정치의 움직임과 맞물려 고조되고 있다. 첫 번째는 ASEAN＋3 정상회의에서 나타난 움직임이다. 2001년 11월 말레이시아 콸라룸푸르에서 개최된 제5회 회의에 동아시아 비전그룹vision group의 보고서 「동아시아 공동체를 향하여—평화·번영·진보의 지역」이 제출되었다. 이 보고서는 이렇게 시작한다.

우리 동아시아 국민들the people of East Asia은 지역 내 모든 국민의 전면적인 발전에 기초한 평화와 번영, 진보의 동아시아 공동체East Asian community 창조를 희구한다.

동남아시아 여러 나라들과 한국·중국·일본의 수뇌들의 검토의 뢰를 받아 전문가 팀이 제출한, 동남아시아와 이 세 나라를 포함한 지역공동체의 창설 제안은 사람들에게 깊은 인상을 심어주었다.

두 번째는 2002년 9월 17일의 북일 정상회담에서 합의, 발표된 북일 평양선언이 내세운 비전이다. 제4항은 다음과 같다.

쌍방은 동북아시아 지역의 평화와 안정을 유지·강화하기 위해 서로 협력해 나갈 것을 확인했다. 쌍방은 이 지역에 관련된 각 나라 사이의 상호신뢰를 바탕으로 한 협력관계 구축의 중요성을 확인하면서, 동시에 이 지역 관계국 간의 관계 정상화와 더불어, 지역의 신뢰조성을 도모하기 위한 틀을 정비해가는 것이 중요하다는 인식에 합의했다.

여기에서 획기적인 동북아시아 지역협력 구상이 제시되었다. 정상회담에서 고이즈미 준이치로小泉純一郎 총리는 "6자회담을 통해 대화의 장을 정비하는 것이 중요하다"고 밝히고, 김정일 국방위원장의 동의를 얻었다. 6자회담이란 한국·북한·미국·중국·일본·러시아 등이 참여하는 협의체제이다. 북일 정상회담과 평양선언은 '대동아공영권' 구상의 비참한 좌절 이후, 일본이 처음으로 북한과 손을 잡고 명확한 형태를 취하면서 신지역주의新地域主義로 방향을 틀게 된 기회가 되었다.

나는 '동북아시아 공동의 집' 구상에 현실적인 증거가 뒷받침되었다고 생각했다. 수뇌회담 이후 일본 내에서 일어난 역류가 핵문제에 대한 북한의 반발을 자극하며 적지 않은 위험을 초래하고는 있지만, 그럼에도 불구하고 이미 획득한 지평을 포기하는 것은 불가능하다.

　세 번째 움직임은 한국의 새 대통령 노무현의 정책이다. 2003년 2월 25일에 취임한 노무현 대통령은 '평화 공동체'를 정책구상의 최우선 목표로 삼는다고 밝혔다.

> 동북아시아의 중심에 위치한 한반도는 중국과 일본, 대륙과 해안을 이어주는 가교이다. 유럽연합처럼 평화와 공생의 질서가 동북아시아에도 구축되는 것이 내 희망이다. (『朝日新聞』 2003년 2월 25일자 석간)

　북한과의 관계를 해결하기 전에 추진할 목표로 동북아시아 공동체 창설이라는 견해가 제시되었다. 무엇보다도 이 사업의 중심은 한반도와 북한이며, 한국이 주도권을 쥐고 진행한다는 선언이다. 나는 드디어 한국의 대통령이 '동북아시아 공동의 집' 구상을 추진할 때가 왔다고 생각했다.

　이러한 지역주의적 협력을 향한 새로운 단계의 입구에 선 일본은 현재 북한 핵문제가 더욱 심각해지는 위기에 직면해 있다. 이 위기의 극복은 지역주의적 협력을 통해 가능하며, 그 위기의 극복은 지역주의적 협력의 길을 열어줄 것이다. 이러한 관점에서 나는 내 구상을 '신지역주의 선언'이라는 형태로 논의해보려고 생각하게 되었다.

제1장
'동북아시아 공동의 집' 제안의 계보

1990년, 최초의 문제제기 ● ● ●

동북아시아의 지역적 협력조직의 필요성에 대해 내가 처음으로 문제를 제기했던 것은 1990년이었다. 그해 7월 23일과 24일 서울에서 동아일보사와 아사히朝日신문사의 공동주최로 '21세기의 세계와 한일관계'라는 심포지엄이 열렸다. 나는 제1분과에서 「동북아시아에서의 한국과 일본의 역할―정치적 측면에서」라는 글로 일본 측 발표를 맡았다. 한국 측 발표자는 고려대학교 이호재李昊宰 교수였다. 한국의 민주화 이후 나는 처음으로 한국을 방문할 수 있게 되었는데, 이 회의에서의 발표는 한국 국민에게 내 생각을 전달할 수 있었던 좋은 기회였다. 나는, 1970～1980년대의 한국의 민주화를 향한 고된 투쟁과정을 지켜봐 온 일본 지식인으로서 민주화를 쟁취한 한국 국민에게 무엇을 바라고 있는지에 대해 신중히 생각하고 발표했다. 발표를 통해, 소련에서 시작된 페레스트로이카Perestroika와 냉전 종식이라는 세계적 변화에도 불구하고 동북아시아의 긴장은 여전히 계속되고 있으며, 이를 타개하기 위해서는 일소관계의 개선, 북일 국교교섭의 개시, 한국·북한·미국·중국의 4자회담을 통한 한국전쟁의 평화조약 조인이 필요하다고 제안했다. 이어 다음과 같은 내용으로 발표를 끝맺었다.

과거 식민지지배의 진정한 청산, 태평양전쟁과 한국전쟁의 청산—이러한 역사적 과제를 해결하는 것이, 이 지역의 평화와 안정의 구조를 확립하는 토대가 되고, 이 지역에도 페레스트로이카가 낳은 변혁을 일으켜, 상호의존과 대화협력의 신질서로 향하는 길을 열어줄 것입니다. 그렇게 해야 경제협력과 안전보장을 위한 지역적 기구를 만들 수 있습니다.

유럽에서는 '유럽 공동의 집'을 만들자는 고르바초프Mikhail S. Gorbachov의 권고가 독일의 통일과 동유럽의 변혁을 부르며 실현되고 있습니다. 소련에서는 발트 국가들의 독립을 향한 의지와 민족문제 분출의 상황 속에서 지금까지 연방이 제국적 질서하에 있었다는 것이 표면화되면서, 인간적이고 민주적인 다민족 공생의 원리에 대한 새로운 탐구가 시작되고 있습니다. 지금은 고인이 된 사하로프Andrey D. Sakharov 박사와 역사학자 게프터Mikhail Y. Gefter가 고안해낸 '유라시아의 집'이라는 구상이 주목받고 있습니다. 나는 이를 '유라시아의 새로운 집'이라 부르고 있습니다.

이와 비교하여 동북아시아의 소련 극동, 남·북한, 중국, 일본, 미국의 새로운 결합상은 오히려 더욱 다양한 과거의 문화와, 현재의 복잡한 문제를 안고 있는 인류가 공생하는 형태라고 말할 수 있습니다. 동북아시아가 평화적으로 상호협력하며 살 수 있다면, 전 세계도 그렇게 살아갈 수 있을 것입니다. 그런 의미에서 보면 동북아시아가 지향하는 것은 '인류공생의 집'이라 할 수 있습니다. 그 핵심은 민주주의를 기초로 한 남북한의 접근과 융합이라 할 수 있습니다. 지리적으로 보아도 통일한국은 동북아시아의 중심임이 분명합니다. 일본은 지금껏 경제성장에만 힘써왔습니다. 이제는 이웃나라와의 관계를 바로 잡기 위해 성실히 노력하고 '동북아시아 인류공생의 집' 구축에 응분의 공헌을 해나가야만 할 때라고 생각합니다.

내가 여기서 '동북아시아'라는 말을 쓴 것은, 주최자인 동아일보사 측이 이미 '동북아시아에서의 한·일의 역할'이라는 문제를 제기했고, 그에 별다른 위화감이 없었기 때문에 그대로 따랐다. 또 고르바초프의 제안에 따라 '공동의 집'이니 '공생의 집'이니 말한 것은, 기존의 '대동아공영권'이라는 말을 기억에서 지울 필요가 있다고 판단했기 때문이다. '통일한국이 동북아시아의 중심'이라고 한 것도 한반도가 지리적으로 중심이라는 사실뿐만이 아니라, 확고하게 민주화를 쟁취한 한국 국민의 에너지가 이 지역의 협력을 향한 노력을 주도할 힘이 될 수 있으며, 남북한의 대립과 긴장의 극복이야말로 이 지역의 가장 핵심적 사안이라고 생각했기 때문이다.

한국 측 이호재 교수의 발표도 중·소·일에 미국을 더하고, 거기에 통일한국이 임무를 완수하는 '동북아시아 5개국 체제'를 지향하며, 그 후에는 유럽을 본받아 지역통합 논의를 시작할 수 있으리라는 내용이었다. 토론에는 한국 측에서 저널리스트 박권상朴權相 씨, 조순승趙淳昇 의원, 정종욱鄭鍾旭 서울대 교수, 일본 측에서 오코노기 마사오小此木政

夫 교수, 가토 고이치加藤紘一 의원, 덴 히데오田英夫 씨 등이 각각 세 명씩 참가했다. 내 의견에 대해 박권상 씨는 유토피아적이라고 말했지만, 조순승 의원은 자신도 거의 비슷한 의견이며 이의는 없다고 말하면서 '아시아의 하나의 집'이라는 생각을 피력했다. 일본 측 참가자들은 조금 당혹해하며 '동북아시아 인류공생의 집'이라는 아이디어에 반응을 보이지 않았다.

어느 한국 학자의 노력 ● ● ●

소련 사회주의체제가 종언을 맞이했던 1991년에서 1992년에 걸쳐, 일본의 『경제평론經濟評論』이라는 잡지를 무대로 한 · 일 경제학자들이 나와 비슷한 견해를 제시하는 시론을 자주 내놓았다. 주도권을 잡은 이는 당시 도쿄東京대학 교양학부의 객원교수로 일본에 체재하고 있던 한국의 경제학자 경북대학교 김영호金泳鎬 교수였다.

1991년 『경제평론』 3월호에서 김영호 교수는 오사카 시립대학의 경제학자 혼다 다케요시本多健吉 교수, 박일朴一 교수 등과 '지각변동＝세계 속의 아시아와 일본'이라는 주제로 토론을 벌였다. 혼다 교수가 "지금 유럽에서는 어떻게 공통의 집을 만들까에 대한 문제가 제기되고 있다"고 말하자, 혼다 교수의 동료인 재일한국인 경제학자 박일 교수는 "중국과 소련에 있는 조선족과 남북한, 여기에 재일교포까지 모두 합친다면, 한민족韓民族은 화교華僑 경제권에 대항할 수 있는 충분한 잠재능력을 지니고 있다"고 지적했다. 이에 뒤이어 김영호 교수는 자신이 과거에 제창했던 '황해경제권' 구상을 발전시켜, 남북한과 중국, 타이완과 일본에 소련을 더한 '동북아시아 경제협력권'을 고려해야 한다고 제안했다. 마지막으로 혼다 교수는 중심core을 하나가 아닌 둘 이상의 복수로 만들어낸다면 '아시아의 집을 목표로 삼는 것'이 가능하다며 마무리했다.

같은 해 『경제평론』 9월호에서, 김영호 교수가 나고야名古屋대학의 타이완 경제학자 투자오옌涂照彦 교수와 대담하며 논의를 발전시켰다. 주제는 '동아시아 경제권과 환동해(환일본해를 일컬음—옮긴이 주)—그 세계사적 의의를 생각한다'였는데, 이 대담에서는 '환동해 경제권'과 '동북아시아 경제권'이 거의 비슷한 의미로 논의되었다. 김영호 교수는 미국을 배제하기보다는 미국과의 관계를 재구축하는 방향으로 나가는 편이 나을 것이며 개방적이면서 유연한 경제협력권을 만들어가는 것이 좋다고 말하면서, 현재 세계의 몇몇 경제권 중에서 4개의 경제권이 충돌하는 곳이 바로 동북아시아 경제권임을 지적했다. 또한 투자오옌 교수는 동양의 자본주의로써 시장을 초월하는 새로운 패러다임을 만들어내야 한다는 구상이 '환동해'라는 결속을 향해 노력해나가야 한다는 점에서 김영호 교수와 의견이 일치했다.

1992년 12월호에서 김영호 교수는 혼다 교수의 사회로 후쿠이福井현립대학의 링싱광凌星光 교수, 나고야대학의 줘난성卓南生 교수라는 두 명의 타이완 학자와 '냉전 이후와 아시아의 드라마'라는 주제로 좌담회를 가졌다. 김영호 교수는 "나는 현재, 이른바 유럽의 집과 최근의 미국의 집, 캐나다·미국·멕시코를 포함한 북미자유무역협정NAFTA과 이에 대응할 수 있는 아시아의 집이 현실적으로 가능한가라는 문제에 대해 말하고 싶다"며 문제를 제기했다.

논의가 구체화되지는 않았지만, 김영호 교수는 한국 · 타이완 · 일본의 경제학자들을 향해 '동북아시아 경제권'과 '아시아의 집'에 대한 논의를 강하게 주장했다. 하지만 나는 우리 일본인을 향한 이 한국인의 문제제기에 대해서는 전혀 모르고 있었다.

오사카에서는 재일교포들의 움직임이 일고 있었다. '8 · 15 민족 · 미래 · 창조 페스티벌'을 1985년부터 개최해왔던 정갑수鄭甲壽 씨가 1990년부터는 '원 코리아 페스티벌'로 명칭을 바꾸면서, 동시에 '원 코리아' 앞에 '아시아 경제권, 더 나아가 아시아 공동체'를 지향하는 목표를 내세운 것이었다. 1992년의 '원 코리아 페스티벌'의 팸플릿에 정갑수 씨는 다음과 같은 글을 썼다.

> 이번 페스티벌 역시 세계의 흐름을 지켜보면서 아시아 경제권, 더 나아가 아시아 공동체AC를 전망해왔습니다만, 이것도 '환동해경제권' 구상과 '황해경제권' 구상, '아시아경제그룹' 구상 등 현실적인 구상으로 논의가 이루어지게 되었습니다.

이 글에는 김영호 교수와 박일 교수가 나눈 토론의 영향이 잘 드러난다. '아시아 공동체'의 목표는, 이후 매년 '원 코리아 페스티벌'의 팸플릿에 실리게 되었다. 이것은 지하에 흐르는 하나의 물줄기와도 같다.

1994년, 한반도 전쟁발발 위기 속에서●●●

세계 전쟁의 시대가 끝나고 소련 사회주의가 막을 내리는 대전환기 속에서, 나는 1993년『세계世界』4월호의 '평화기본법' 제안에 참가한 적이 있다. 군축을 전제로 하는 지역적 안전보장기구의 창출을 위해서는, 헌법 제9조 아래 '평화기본법'을 제정하여 자위대와 미일안보를 인정하는 것에서 출발해야 한다는 것이 내 주장의 모티브였다. 이 제언에 내가 주장해온 '공동의 집' 구상은 포함되지 않았지만, 그것은 제언에 참가한 나의 기본입장이라고 할 수 있다.

그간 한반도에서는 한소, 한중국교가 수립되었지만, 북일 국교교섭은 끝내 결렬되고 말았다. 1994년에는 북한이 핵확산금지조약NPT 탈퇴를 표명하면서, 북미 간의 긴장이 극도로 높아졌다. 한국전쟁 이후 처음으로 한반도 위기상황이 현실로 나타났다. 그러던 중 같은 해 5월 31일, 서울에서는 한국의 야당 민주당이 주최한 '남북통일과 21세기의 한국'이라는 심포지엄이 열렸다. 미국·중국·러시아·일본에서 보고자가 한 명씩 초청되었다. 나는 의도적으로 위기상황 속에서「동아시아 공동의 집과 남북한」이라는 제목으로 보고를 했다. 그리고 다음과 같이 문제를 제기했다.

한국과 북한은 21세기의 동아시아에서 중요한 역할을 수행해야 할 운명에 놓여 있다. 하지만 20세기 말 현재, 한반도는 끔찍한 폭발과 무한한 적대의 공간으로 인식되고 있다. 따라서 지금의 위기를 미래의 평화적 토대로 바꾸기 위해서는 많은 노력을 기울여야만 한다. 오늘날 한반도의 위기는 곧 북한의 위기이다.

북한은 '국가의 부분적 개방, 부분적 개혁의 길'을 취할 수밖에 없다. "지금이야말로 북한이 미국과 국교를 수립할 때이다." 북미합의가 이루어진다면, 그로부터 한국전쟁의 전후처리를 위한 4개국 평화조약 체결이 진행되고, 그러면 북일 국교수립으로도 진전될 수 있을 것이라며 나의 1990년도 제안을 반복했다.

최종단계는 남북 관계의 완전한 정상화와 통일을 위한 착실한 준비이다. 독일 통일 이후, 남북한의 통일은 많은 사람들에게 의심의 여지가 없는 가능성으로 다가왔다. 민주주의와 시장경제는 국제공동체 공통의 재산이라는 사실이 명확해졌다. 하지만 지금 우리는 인류가 추구하는 것이 어떤 형태의 민주주의인가, 어떤 형태의 시장경제인가를 생각해보아야만 한다. 이런 의미에서 한민족韓民族이 너무 급하게 서두를 필요는 없을 것이다.

아시아의 사회주의국가인 중국과 베트남은 '당＝국가체제'를 유지하면서, 자국의 명령형 경제를 시장경제로 바꾸려 노력하고 있다. 중국의 '개혁개방'과 베트남의 '도이모이Doi Moi'는 높은 경제성장률을 달성하는 데에 큰 실적을 올리고 있다. 우리는 북한이 이러한 나라들 안에 포함되기를 기대하고 있다. 장래 이들 나라는 분명 민주화라는 과제에 직면할 것이다. 이는 물론 쉽지 않은 과제이다. 그리고 이들 국가는 러시아와 함께 붕괴한 마르크스-레닌주의를 대신할 새로운 도덕기준과 사회적 가치관을 찾지 않으면 안 될 것이다. 하지만 민주적이고 국제적인 도덕기준과 사회적 가치관을 찾아내는 일은 구 사회주의국가만의 문제가 아니며, 그 외의 국가들의 문제이기도 하다.

동아시아는 세계적 초강대국인 미국과 러시아, 중국이 인접하고 있는 특이한 지역이다. 한국과 북한, 일본과 베트남은 중간 규모의 국가이지만 큰 능력을 갖고 있다. 타이완은 이 지역에서 독특한 위치에 있다. 만일 역사적·문화적 전통이 다른 이들 나라가 공존하면서 '동아시아 공통의 집'이라고 부를 수 있는 우호적 협력관계가 성립될 수 있다면, 인류도 평화롭게 살아갈 수 있게 된다.

새로운 세기 인류와 지구는 생태학적 위기와 함께 자원의 유한성에서 오는 생존문제라는 심각한 도전에 직면하고 있다. 사회적 정의와 공평한 취급은 지구 공동체의 모든 구성원에게 해당되어야만 한다. 경제적 발전능력이 가장 높은 동아시아는 인류의 곤란한 문제를 해결할 수 있는 인간적 수단을 발견할 책임을 져야 한다.

한민족은 이 지역의 접합적 요소이다. 중국의 교포들과 재일교포들은 각 나라에서 중요한 요소가 되고 있다. 러시아의 교포들은 주로 카자흐스탄과 우즈베키스탄에 살고 있으나, 이들 중 몇몇은 고향인 러시아령 극동으로 돌아가려 하고 있다.

따라서 만일 남북한이 서로 접근하여 통일되고, 혁신된 남북한을 만들어 이웃나라에 새로운 메시지를 보낸다면, 그러한 남북한은 동아시아 공동의 집의 축심軸心이 될 것이다. 통일한국은 동아시아를 통일하고, 세계를 통일하는 것이다.

이때 나는 베트남을 포함하고 싶은 심정에서 동아시아라고 확장해서 생각했다. 하지만 한민족을 이 지역의 접합적 요소라고 본다면, 베트남까지는 들어가지 않을 터이다. 내 생각은 아직도 흔들리고 있었다.

이 시기에는 북미 간에 심각한 위기가 있었다. 심포지엄이 끝난 후 나는 김대중 씨를 방문했다. 미국에서 막 돌아온 김대중 씨는 카터 Jimmy Carter 전 대통령에게 방북을 권하고 왔다는 이야기를 전했다. 미국인으로 심포지엄에 참가한 셀리그 해리슨Selig Harrison은 일정이 끝난 후 바로 베이징을 거쳐 평양으로 들어가 북한을 설득, 카터의 방북을 이끌어냈다. 카터 전 대통령의 방북으로 말미암아 한반도의 위기를 간신히 모면할 수 있었다는 것은 모두가 잘 알고 있는 바와 같다.

한국에서 돌아오자마자 6월 4일에 『계간청구季刊靑丘』라는 잡지의 편집위원회 기획으로 '전환기의 재일교포를 말한다'라는 심포지엄이 열렸다. 당시 국제기독교대학에 있던 강상중姜尙中 씨의 사회로 문경수文京洙, 우치미 아이코內海愛子, 김선길金宣吉 등과 함께 나도 발언자로 참가했다. 한국에서 돌아온 직후였고, 마침 주제와도 관련이 있었기 때문에 나는 '동아시아 공통共通의 집'이라는 구상을 일본에서 처음으로 발표했다. 나는 세 가지를 주장했다. 첫째 재일교포와 일본인은 "일본이라는 한 국가 아래에 살고 있고, 공통의 토대를 갖고 있다." 그러므로 모두가 일본을 개혁할 의무와 책임이 있다고 할 수 있다. 둘째 '한민족의 디아스포라'(본래는 팔레스타인 외역에 살면서 유대적 종교규범과 생활습관을 유지하던 유대인, 또는 그들의 거주지를 가리키는 말. 여기서는 국외에 흩어져 사는 사람들을 가리킨다—옮긴이 주) 문제이다. "디아스포라와 분단이 얽힌 복잡한 상황 속에서 재일교포만큼 큰 아픔을 지닌 민족은 없다. 그렇기 때문에 이 민족이 발언해야만 할 특별한 책임이 있다. 남북한이 하나가 되고, 세계가 협력해 나가기 위해 일해야 하는 사람, 일할 수 있는 사람이 재일교포라고 생각한다." 셋째 '동아시아 공통의 집'을 제안했다. '동아시아지역이 평화적으로 국경 없는 새로운 세계를 만들어가기' 위해서는 "관계된 모든 나라에서 디아스포라의 위치에 있는 한민족의 활동이 중요하다는 것이다. 그러한 방향으로 재일교포들도 활동해주길 바란다. 이는 '동아시아 공통의 집'이 이루어진다면 그 중심은 틀림없이 통일되고 새롭게 개혁된 남북한이 되리라고 생각하기 때문이다."

일본에서 이 구상에 귀를 기울여야 하는 사람은 바로 재일교포들이었다. 그때부터 강상중 씨와 문경수 씨는 이 문제를 함께 생각하고 연구하는 동료가 되었다. 이 심포지엄의 내용은 『계간청구』 21호(1995년 2월)에 실렸다.

일본 내에서는 1994년 3월 16일 『아사히신문』 석간에 마르크스학의 권위자인 철학자 히로마쓰 와타루廣松涉가 「동북아시아 역사의 주역으로—중·일을 축으로 '동아東亞'의 신체제를」이라는 글을 발표했다. 당시 이 글은 다소의 반발과 함께 화제가 되었다고 하나, 나 자신도 이 글에 대해 전혀 몰랐을 정도였으니 크게 주목을 끌었다고 볼 수 없다.

히로마쓰는 이 글에서 구소련과 동유럽의 대붕괴에 대해 "500년이나 계속되었던 유럽 중심의 산업주의가 근본부터 재고되고 있다"고 사태를 지적하면서, 전 세계가 일체화되는 가운데 "가까운 미래에는 동북아시아가 주역을 맡아야 하지 않겠는가"라는 제안을 하고 있다.

동아공영권이라는 사상은 과거 우익의 전매특허였다. 일본의 제국주의는 그대로 놔둔 채, 구미와의 대립만을 강조했다. 하지만 지금은 역사의 무대가 크게 회전하고 있다. 중·일을 축으로 한 동아시아의 신체제를! 그것을 전제로 한 세계의 신질서를! 이것이 현재의 시점에서는 일본자본주의에 대한 근본적인 재고再考를 포함하면서, 반체제우익의 슬로건이 되어도 좋을 만한 시기인 것이다.

이 글은 1980년에 출간된 그의 저서 『'근대의 초극'론—쇼와昭和 사상사에 대한 한 시각』과도 연결되는 글인데, 이미 병마에 시달리고 있던 그가 혼란스러워하는 자신의 동료들에게 이야기를 남겨두고 싶다는 뜻에서 작성한 메모였다. 아쉽게도 이 내용은 사람들을 환기시킬 만한 힘이 없었고, 게다가 '동아의 신체제'라는 말은 받아들여질 수 없었다. 하지만 이렇게 말한 히로마쓰 와타루에게는 시대의 변화를 알아차리는 어떤 감각이 있었다고 생각한다.

어찌 되었건 새로운 지역주의 제안은 일본에서 명확한 반향을 얻지 못했다.

1995년, 구상의 성립 ● ● ●

냉전의 종식은 일본에서 55년체제의 종식을 초래하여, 1994년에 자민 · 사회 · 사키가케 3당 연립의 무라야마村山 내각이 탄생했다. 전후 50년이 되는 1995년을 계기로 미해결 문제를 해결하려는 움직임이 시작되었다. 전후 50년의 국회결의, 위안부 문제에 대한 시책이 논의되었다.

1995년 봄, 나는 존경하는 동료 백낙청白樂晴 씨로부터 『창작과비평』 창간 29주년 기념호(제87호)에 기고를 해달라는 요청을 받았다. 그래서 한국 민주당의 심포지엄 때 발표했던 내용에 조금 더 보충을 하여 「'동북아시아 공동의 집'과 한반도」라는 제목의 글을 발표했다.

'동아시아'가 아닌, '동북아시아'를 생각해야 한다는 의식이 최종적으로 이 글에서 확고해졌다. 나는 동북아시아의 최근 현상으로 한국과 타이완의 경제성장 달성과 민주화, 중국의 '사회주의적 시장경제'의 약진, 러시아 극동의 경제적·사회적 혼란, 북한의 사회주의와 유격대국가의 위기, 일본정치의 혼미와 55년체제의 붕괴를 지적했다. 그리고 동북아시아의 장래는 북한의 개혁과 개방에 달려 있다고 주장하면서 북·미의 화해, 4자회담을 통한 한국전쟁의 평화조약 체결, 북일 조약의 체결과 배상금 지불이 이루어져야 한다고 역설하였다. 아울러 다음과 같이 말했다.

> 일본인인 내가 동북아시아 공동의 집을 만들자고 한다면 '대동아공영권'의 악몽을 떠올리는 사람이 있을지도 모른다. 제국주의와 군국주의, '세계전쟁의 시대' 속에서 논의되던 '공영共榮'의 비밀은 침략과 수탈을 들씌운 기만의 이데올로기였음이 분명하다. 일본인이나 미국인, 러시아인 할 것 없이 지금은 그 누구도 아시아를 지배할 수 없다. 제국주의와 군국주의가 끝나고 세계경제의 시대가 도래하는 가운데, 좀더 인간적인 협력관계를 맺자는 것이다.

동북아시아의 국가 구성에는 남·북한, 미국, 중국, 타이완, 러시아, 일본을 포함시키고 있다. 이 지역은 미·중·러의 3대국이 포함된 "사회적·문화적·심리적으로 다양하고 이질적인 세계"이기 때문에, 여기서 이루어지는 평화적 협력의 경험은 세계로 확대될 수 있다고 본다. 더욱이 이 지역의 공존공생을 위한 가교의 중심은 한반도이며, 남북한의 블록이라고 지적했다. "한반도는 예로부터 중국과 일본의 가교 역할을 수행"했고, "조선(한국)인의 디아스포라"의 결과, 이 지역 모든 나라에 거주하는 한민족이 "동북아시아의 인간적·평화적 협력을 위해 활동할 가장 적합한 주체"임을 제시했다. 마지막으로 "동북아시아 공동의 집은 공동의 안전보장과 공동의 성장, 공동의 환경보호와 공동의 복지를 추구해야 한다"고 결론지었다. 이렇게 해서 내 구상은 거의 형태를 갖추게 되었다.

1995년, 나는 일본에서 처음으로 이 논의에 대한 글을 썼다. 8월에 발간된 『이와나미岩波 강좌 일본통사』의 마지막 제21권에 편집자 가노 마사나오鹿野政直의 의뢰로 「세계체제의 변용과 일본」이라는 글을 썼는데, '일본의 과제'로서 '55년체제의 청산', '회사주의와 규제의 재고', '새로운 미일관계의 모색'에 이어 '동북아시아 공동의 집을 목표로' 등을 언급했다.

이 논문의 자위대론에 관심을 가진 사람들의 초청을 받아 12월 '포럼 90년대' 토론회에 참가했던 나는 「제3극極의 입장에서 상황을 어떻게 볼 것인가」라는 제목의 글을 발표했다. 거기에서도 '동북아시아 공동의 집'에 대한 구상을 이야기했다.

현재로서는 '동북아시아 공동의 집'은 꿈같은 이야기입니다. 유토피아입니다. 하지만 만일 우리가 적극적인 노력을 다하여 문제가 해결된다면, 이것은 현실적인 대안이 되리라고 생각합니다.

하지만 토론은 이 논점에 대해서는 전혀 관심 밖이었다.

그해 말, 런던대학교 명예교수 모리시마 미치오森嶋通夫가 이와나미 출판사의 '동시대 라이브러리'라는 시리즈의 한 권으로 『일본의 선택―새로운 나라 만들기를 향하여』를 출간하고, 여기에서 '아시아 공동체'론을 제안했다. 모리시마는 자신의 제안에 대해 "놀랄 정도로 반향이 없었다"고 서술하고 있는데, 실은 나조차도 그 사실을 모르고 있었다.

다음 해인 1996년 4월 나는 창작과비평사 창립 30주년 기념 심포지엄에 초청을 받았다. 「개혁주의와 유토피아주의의 사이에서」라는 제목으로 글을 발표한 그 자리에서 다시 한번 '동북아시아 공동의 집'에 관해 논의했다. 현대사의 제1기인 '세계전쟁의 시대'에는 사회주의 유토피아가 큰 역할을 했지만, 그 후 제2기인 '세계경제의 시대'에는 유토피아가 끝났다고 여겨진다. 하지만 제3기가 오지 않는다면 인류는 멸망할 위험이 있다. 그렇기 때문에 제3기로 이끌 새로운 유토피아가 필요해지는 것이다. 하지만 그 유토피아는 역逆유토피아를 초래하는 것이 아니라, 질적으로 새로운 형태의 유토피아여야만 한다. 그 점과 관련하여 유토피아주의와 개혁주의의 새로운 상관관계를 모색할 필요가 있고, '개혁의 프로그램을 만들면서 새로운 유토피아를 구상'하기 위해서 지역주의를 재조명할 것을 제안했다. 이러한 실험의 장으로 동북아시아를 꼽았고, '동북아시아 공동의 집'을 추구해나가는 가운데 현대사의 제3기를 이끌 새로운 유토피아를 준비해나갈 수 있을 것이라고 주장했다.

질문에 나선 어느 한국인이 '동북아시아 공동의 집'과 '대동아공영권'의 차이는 무엇인가라고 질문했다. 나는 그 두 가지가 확실히 다르다는 점을 보여주기 위해서 고르바초프가 언급한 '공동의 집'이라는 말을 채용했던 것이라고 대답했다.

1995년 일본 국회와 정부의 반성과 사죄에 근거하여, 유일하게 준비된 '국민적 차원의 배상'은 여성을 위한 아시아 평화국민기금이었다. 나는 기금 활동을 널리 알리는 홍보대사의 일원으로 활동을 개시했다. 1996년 8월 아시아 여성기금의 서울설명회를 마치고, 나는 한국신학연구소와 일본의 도미사카富坂 기독교 센터가 공동 주최한 '동아시아의 평화를 위한 지식인연대' 심포지엄에 참가했다. 거기서 나는 「동북아시아 공동의 집을 목표로」라는 제목으로 발표를 했다.

이 심포지엄은 한일 기독교 단체가 공동으로 주최하였는데 한국·일본·중국·러시아의 지식인들이 참가했다. 1992년에 제1회 대회가 일본에서 열려 '제1차 세계대전 후에 어떤 가능성이 생겨났는가'라는 주제로 논의했다. 일본 측의 기조발표자는 이마이 세이이치今井淸一였다. 제2회 대회는 1994년에 상하이上海에서 '제2차 세계대전 후에 어떤 가능성이 생겨났는가'라는 주제로 토론했다. 일본 측 기조발표는 야스에 료노스케安江良介가 맡았다. 이 제2회 대회에는 북한의 기독교 대표도 참가했다. 제3회 대회에서는 '현재 어떤 가능성이 있는가'를 주제로 내가 일본 측의 기조발표를 담당했다.

이 발표에서 나는 동북아시아의 현 상황에서 "가장 큰 문제는 한반도 긴장과 일본에 대한 주변국 국민들의 신뢰감의 결여"라고 지적하고, 동북아시아 공동의 집을 위해서는 '이 두 위기에 대한 대처'가 필요하다고 말했다. 전자에 대해서는 북일 국교교섭 재개와 타결로 진행시켜갈 필요가 있지만, 이는 후자의 문제와도 관련되어 있으며, 1995년 일본 국회결의와 아시아 여성기금의 설치, 무라야마 총리의 담화를 긍정적으로 파악하여 이러한 방향을 "더 전진시켜서 이웃나라 국민의 신뢰를 획득하는 것"이 가장 중요하다고 주장했다. 아시아 여성기금을 평가하는 나의 발표내용은 한국과 일본 동료들의 비판을 불러, 대립의 양상까지 초래했다. '동북아시아 공동의 집'이라는 구상에 대해 여러 평가가 내려졌는데 "미일안보체제를 동북아시아 안전보장기구적 성격으로 확대·전환시킨다"는 내 의견에 대한 반발도 나왔다. 미국을 '공동의 집'에 참가시키는 것에 반대한다는 의견도 있었다. 내 발표가 반론을 불러오리라는 예상은 하고 있었지만, 5년에 걸쳐 토론하고 실천해오는 가운데 도달한 내 견해를 전혀 언급하지 않을 수는 없었다. 결과적으로 동료들과의 의견 차이가 좁혀지지 않고, 오히려 더 커져버린 것은 가슴 아픈 일이었다. 아시아 여성기금을 둘러싼 대립 때문에, 20세기 동아시아의 지식인연대 테마인 '동북아시아 공동의 집'에 관한 나의 제안이 토론도 이루어지지 못한 채 끝나고 말았다.

귀국 후 나는 다시 한번 글을 고쳐 일본에서 발표하려 했지만, 게재할 만한 잡지를 찾지 못해 단념해야 했다.

일본 내부의 토론을 기대하며 ● ● ●

1996년 4월의 미일안전보장 공동선언을 출발점으로, 1997년 9월 미일방위협력을 위한 신가이드라인New Guideline과 함께 주변사태법이 제정되었다. 미일안보의 새로운 정의가 이루어졌을 때, 사람들은 그것을 넘어서 지역안보기구로 눈을 돌리기 시작했다. 한편 1997년 7월에 열린 하시모토橋本 총리의 경제동우회經濟同友會 연설은 러일 우호와 유라시아 외교를 내세워, 러일 관계개선의 큰 전환점이 되었다. 1997년 말에는 한국에서 김대중 씨가 대통령으로 당선되면서 한일관계에도 큰 변화가 예상되었다. 동북아시아라는 지역이 사람들의 눈앞에 나타나기 시작했던 것이다.

1998년 3월, 나는 60세가 되어 도쿄대학에서 정년퇴임하게 되었는데, 그동안 몸담았던 사회과학연구소에서 「동북아시아 공동의 집을 향하여」라는 논제를 선택하여 마지막으로 발표했다. 내 발표에 대해 동료들은 현실적realism 관점에서 회의적인 반응이었다. 이 지역에는 통합을 위한 동기가 없고, 한국과 일본은 단일민족국가라는 신화에 얽매여 있기 때문에 통합이 어렵다는 의견이 나왔다. 하지만 나는 38년간 근무했던 대학에서 마지막으로 내 구상에 대해 이야기한 것과 이를 경청해 준 데 대해 기쁘게 생각했다. 이후 나는 나고야名古屋와 삿포로札幌에 있는 대학에서 강연 요청을 받을 때마다 이 주제로 이야기를 나누었다.

이 해에 김대중 대통령의 집무 개시는 나에게 힘을 실어주었다. 1998년 10월 김대중 대통령은 일본을 방문하여, 오부치 게이조小淵惠三 총리와 함께 한일공동선언을 발표했다. 같은 해 12월 오부치 총리는 하와이에서 열린 ASEAN＋3 회의에서 동북아시아의 한·중·일 3국 정상 간 대화 네트워크의 강화를 제창하고, 한반도의 4자회담에 러시아와 일본을 더해 6자회담의 구조로 만들 것을 제안했다. 이것은 중요한 제안이었다.

그 다음 해인 1999년 5월 『한겨레신문』 창간 11주년 기념으로 열린 '신세기와 한국, 21세기 신동북아질서'라는 심포지엄에서 나는 「21세기의 동북아시아와 한국」이라는 제목의 발표를 했는데, "한국이 동북아시아 지역협력의 주도권을 확실하게 잡지 않으면 안 된다"고 말하면서 북일 국교수립에 대해 한국 정부가 인정해줄 것을 기대했다. 더욱이 타이완 문제를 둘러싼 제2차 중미 간 전쟁발발을 막기 위해서는 동북아시아의 협의 속에 다른 국가들과 나란히 타이완과 오키나와 등 큰섬의 행정책임자를 포함시킬 것을 제안했다. 일본에 관한 문제 해결은 한일공동선언을 기초로 종군위안부 문제에 대한 이해와 협의를 이루어야만 한다고 주장했다. 결론적으로 내 논의를 다음과 같이 정리했다.

> 한반도의 두 체제 간 접근과정은, 중국과 타이완의 체제적 접근의 과정과 보조를 맞추면서 진행될 것이다. 그것은 새로운 경제체제의 모색이다. 그렇게 진행된 지역협력 속에서 동북아시아 공동의 집은 점차 그 모습을 드러낼 것이다. 다양한 사람들이 공생하는 인류의 새로운 유토피아를, 동북아시아의 상호부조와 협력의 실험과정에서 발견해나가고 싶다.

그해 가을, 김영호 씨의 요청으로 그가 창간한 동북아평화센터의 기관지 『동북아평화』의 창간호 대담을 했다. 여기에서 과거 10년간 한일 양국이 서로 어떻게 생각하고 주장해왔는가를 처음으로 논의했다.

김영호 씨는 1996년 말 『아사히신문』의 '21세기의 제언' 란에서 일본을 '우물 안의 고래'에 비유하면서, 안으로는 시민사회의 미성숙, 수준 낮은 국제화가 내수부족과 소비자 주권의 미성숙 등을 초래했고, 그

것이 일본 경제불황의 원인이 되고 있다고 지적했다. 그리고 이 문제들을 타개할 수 있는 방법은 동아시아의 '개혁적 상호의존구조'를 만들어 내어, 유럽과 같이 시민연대로부터 '시빌 아시아Civil Asia', '아시아 공동의 집'을 지향하는 것이라고 했다. 이를 위해 '아시아판 마셜플랜'을 세워 '21세기의 지식산업과 환경, 민주주의와 문명융합의 시빌 아시아를 위한 기반구축 프로젝트의 추진'이 필요하다고 주장했다(12월 1일자). 여기에서 '동북아시아'는 언급하지 않았다.

한편 김영호 씨는 1997년 3월에 동북아평화센터를 창립하여, 동북아시아 협력을 위한 활동을 계속해왔다. 동북아시아 광역경제권의 실현은 "정치적·군사적 평화제체하에서만 가능하다"는 전망을 바탕으로 이루어지는 활동이다. 김영호 씨와 이야기하면서 한국인의 진지함에 압도당하는 느낌을 받기도 했다. 그 후 김영호 씨는 김대중 대통령의 요청으로 산업자원부 장관에 취임했다. 「동북아시아의 평화와 한·일의 역할」이라는 대담을 실은 이 잡지의 창간호는 2000년 봄에 간행되었다.

그리고 이 해, 앞서 '아시아 공동체'를 제창했던 모리시마는 『왜 일본은 몰락하는가なぜ日本は沒落するか』(岩波書店, 1999 ; 장달중 외 옮김, 일조각, 1999)를 저술했고, 일본을 몰락에서 구해낼 '유일한 구제책'으로 '동북아시아 공동체'를 제안했다. 한반도·중국·일본·타이완·류큐琉球는 '역사적·문화적으로 상당히 가깝고, 인종적으로도 가까운 이웃나라'이므로 공동체를 만들 수 있다는 것이다.

그 직후인 2000년 6월에는 역사적인 남북정상회담이 이루어졌다.

한국의 주도권을 확실히 실감함과 동시에, 남북의 화해가 동북아시아 전역에 가져다줄 희망의 빛을 만인이 확인할 수 있는 기회이기도 했다. 남북정상회담 전날인 6월 10일 도쿄의 한국 YMCA에서 강상중 씨를 중심으로 열린 심포지엄 '재일교포가 말하는 남북통일'에 참석할 기회가 있었다. 강상중 씨는 기조연설에서 "동아시아에는 화교華僑 네트워크는 없지만, 코리안계系의 네트워크는 있다. 이 '국경을 넘어선 네트워크'가 남북통일에 적극적으로 관여할 수 있다"고 주장했다. 나는 좋은 의견이라 생각했고, 토론 중 '새로운 지역주의'의 필요성을 강조하며 다음과 같이 말했다.

앞서 강상중 씨가 언급한 것처럼, 동북아시아 전역과 중국·러시아·일본·미국에 있는 한민족은 이들 지역을 하나로 묶는 역할을 해낼 수 있으며, 이를 동북아시아 공동의 집이라고 부릅니다. 동북아시아에서 그러한 안전보장과 환경보호, 경제협력의 새로운 협력관계를 만들어가는 것이 필요합니다. 이는 일본도 노력해야 할 과제입니다.

강상중 씨가 나와 비슷한 구상을 하고 있다는 사실을 다시 한번 확인할 수 있었다. 그해 9월 우리는 미국으로 건너가, 조지워싱턴대학의 회의에 참가했다. 강상중 씨가 발표를 하고 내가 위와 같은 코멘트를 하게 되면서 우리의 의견은 점점 가까워졌다.

2001년 3월 23일과 24일, 나는 타이완의 '중앙연구원 동북아구역 연구Program for Northeast Asian Studies' 주최로 열린 심포지엄 '전후 동북아시아의 국제관계'에 참석했다. 타이완의 과학아카데미라고도 불리는 중앙연구원에 1998년 9월 동북아시아 연구 프로그램이 설치되었다. 제1회 심포지엄은 '냉전 이후 남·북한과 중·미·러·일 4강국의 관계'라는 주제로 이루어졌다. 이 심포지엄에서 나는 「한국전쟁에서의 일본과 타이완」이라는 제목으로 발표하고, 맺음말에서 한국전쟁에서 이익을 얻은 일본과 타이완은 '동북아시아 공동의 집' 구축을 위해 힘을 기울여야 하며, 명예로운 역할을 수행할 의무가 있다고 지적했다. 도쿄대학의 중국전문가 이시이 아키라石井明가 심포지엄의 마지막에, 나의 '동북아시아 공동의 집'이라는 제안을 잘 기억해주길 바란다며 타이완 측 참석자들에게 다시 한번 환기시켜준 것은 나로서는 기쁜 일이었다. 이 문제에 대해 타이완과의 대화도 중요하다는 사실이 처음으로 확인되었다. '동북아구역연구'는 2000년 4월에 '동북아시아에서 유럽 통합의 의미'라는 제목으로 국제 심포지엄을 개최하여, 그 성과를 엮은 논문집을 *Northeast Asian Regionalism: Learning from the European Experience*(Routledge Curzon, 2002)라는 서명으로 2002년 간행했다. 책머리에 실린 해제논문의 편자 중 한 사람이며 영국 헐Hull 대학 태평양연구소 소장인 국제경제학자 크리스토퍼 덴트Christopher M. Dent는 "21세기 초의 동북아시아는 지역주의의 형태에 비추어볼 때 여전히 정의하기 어려운 지역에 머물러 있다"고 전체 논문에 대한 인상을 결론적으로 정리하고 있다.

한편 내가 타이완의 심포지엄을 앞두고 있던 3월 22일, 강상중 씨가 일본 중의원의 헌법조사회에 참고인 자격으로 출석하여 '동북아시아 공동의 집'에 대해 의견을 진술했다. 재일교포 지식인이 일본국회에서 의원들에게 '21세기 일본이 나아가야 할 길'에 대한 비전으로 '동북아시아 공동의 집'이라는 구상의 검토를 제안한 일은 하나의 획기적인 사건이라고 할 수 있었다.

강상중 씨는 엔화円貨의 국제화, 아시아적인 기축통화화基軸通貨化에 의한 아시아 통화의 안전을 꾀하기 위해서는 어떻게 하면 되는가라는 물음을 던지면서, 이를 위해서는 금융기관의 불량채권을 처리하고 경제구조를 개혁하여 수입대국화할 필요가 있다고 말했다. 그리고 내셔널리즘이라는 마물魔物을 억제하는 일이 필요하다고 하면서, 중층적 노동인구의 이동을 일본도 받아들일 것, 정보 하이웨이의 구상, 현해탄 해저터널안案과 함께 한일관계를 독일과 프랑스 관계처럼 만들어 나가는 것이 중요하다는 점에 대해서도 언급했다. 이어 외교안보 문제로 들어가서는 미·일의 '왜곡된 주종관계'를 청산하고 '대등한 파트너십'을 만들어내기 위해서도 한·일의 '강력한 파트너십' 형성이 필요하다고 주장했다. 이와 관련하여 주변 4개국에 의한 '한반도 영세중립국화론'을 제시하고, 북한의 긴장완화와 내부로부터의 변화를 위해 북일 교섭을 추진하며, 2+2+2의 6개국 평화회담을 열어 '북동아시아의 집단적 안전보장시스템'을 만드는 것이 필요하다고 강조했다. 마지막으로 이것이 중·미 간의 패권경쟁에 일본이 어떠한 자세로 임할 것인가에 대한 구상임을 밝히면서 일본이 다민족·다문화 사회로 변해가는 것이 중요하다며 결론을 맺었다.

국회기록을 보면 각 당의 의원들이 강상중 씨의 이러한 진술에 대해 많은 관심을 보였음을 알 수 있다. 이것은 희망적인 일이었다. 헌법

조사회에서 진술한 강상중 씨의 견해는 나중에 그의 저서 『동북아시아 공동의 집을 향하여東北アジア共同の家をめざして』(平凡社, 2001 ; 이경덕 옮김, 뿌리와이파리, 2002)에 수록되었다. 이 책에서 '북동아시아'가 '동북아시아'로 변경된 것은 '동북아시아' 파인 나로서는 기쁜 일이었다.

동아시아 공동체인가, 동북아시아 공동의 집인가 ● ● ●

2001년은 '동아시아 공동체'라는 구상이 현실로 등장한 해였다. 이에 앞서, 국제정치학자 다나카 아키히코田中明彦는 2000년 6월 『중앙공론中央公論』에 「새로운 동아시아의 형성」이라는 논문을 발표했다. 다나카는 1999년에 ASEAN＋3 회의에 설치된 동아시아 비전그룹에 참가한 일본 측 멤버 중 한 명이었다. 이 논문은 2000년 11월에 발간된 그의 저서 『말의 정치Word Politics―세계화 속의 일본외교』에 실렸다.

그리고 2001년 10월 이와나미출판사에서 『일본에게 가능한 것은 무엇인가―동아시아 공동체를 제안한다』라는 모리시마의 새 저서가 간행되었다. 이는 1997년 모리시마가 중국의 난카이南開대학에서 강의했던 내용을 보충하여 책으로 묶은 것이다. 모리시마는 이번에는 남북한·중국·일본·타이완이 공동체를 만들어야만 한다는 구상을 내놓았는데, 이를 최종적으로 '동아시아 공동체'라고 부르기로 했던 것이다. 이 책에는 동아시아 여러 나라들의 적대 관계와 일본의 침략문제를 자각하고 이를 극복하여, 우선 경제공동체에서 시작하여 공동사회적 이익사회를 실현하자는 구상이 담겨 있다. 모리시마는 최종적으로 경제에서 군사에 이르기까지 완전히 일체화된 광역국가인 '동아시아 합중국'을 지향한다는 극도로 낙관적인 전망을 내놓고 있다. 이러한 모리시마의 제안이 너무 자극적이라며 아시아경제 전문가인 하라 요노스케原洋之介가 『신동아론新東亞論』(NTT出版)이라는 책을 발간한 것이 2002년 3월의 일이다.

2001년 11월 콸라룸푸르에서 열린 ASEAN＋3 정상회담 제5차 회의에서 다나카가 합류한 동아시아 비전그룹의 보고서 「동아시아 공동체를 향하여—평화·번영·진보의 지역」이 제출되었다. '동아시아'라는 것은 동남아시아 국가들에 한·중·일 3국을 더한 것을 뜻한다. '동아시아 공동체' 제안은 현실적인 배경과 중요성을 지니고 있었다. 이에 비하면 '동북아시아 공동의 집' 구상은 단순한 개인적인 아이디어에 지나지 않는 것으로 비쳤다.

2001년 4월 나는 도호쿠東北대학 동북아시아연구센터의 객원교수로 임명되었다. 이 센터는 1996년 5월에 설치된 새로운 연구조직이다. 같은 해 6월 헤이본샤의 『디지털 월간백과』에 기고했던 「'동북아시아 공동의 집'과 일본」을 기초로, 12월 1일 나는 도호쿠대학 동북아시아 연구센터의 강연회에서 「동북아시아 공동의 집—새로운 유토피아의 시도로서」라는 제목으로 강연했다. 그리고 다시 한번 '동북아시아'의 중요성을 강조했다.

일본은 이 문제에 대해 깊이 생각해야만 합니다. 동북아시아의 주체성을 좀더 강하게 만들고, 러시아와도 대화하고 몽골까지 고려하여 북한 문제를 해결해

나가는 노력이 필요할 것입니다. 일본과 중국, 한국이 ASEAN과 하나가 되어 '동아시아 공동체'를 만든다는 자체로 좋은 일이 아닐까요? 역시 '동북아시아 공동의 집'을 생각해야 할 필요성이 더 커져가고 있다고 생각합니다.

다음 날에는 도쿄에서 열린 '원 코리아 페스티벌'의 공개토론회에 참가했다. 릿쿄立敎대학의 국제정치학자 이종원李鍾元 씨가 '동아시아 공동체'의 구상에 대하여 설명했다. 경제적 필요성이 기초로 되어 있는 것만으로도 현실성이 있다는 내용이었다. 나는 '동북아시아 공동의 집'과 '동아시아 공동체'는 공존해나갈 수 있을 것이라고 주장했다.

제2장
동북아시아 — 우리가 속해야 할 지역

지역이란 무엇인가 ● ● ●

우리가 속한 지역을 생각할 때, 우선 지역이 무엇을 의미하는지부터 생각해볼 필요가 있다. 당연한 얘기지만 지역은 자연히 존재하는 것이 아니며, 그 지역들을 연결한다고 해서 세계가 성립하는 것도 아니다. 세계가 이러한 지역에 의해 성립한다고 보는 것 자체가 지역이라는 인식을 만들어낸다. 지역이란 이미 주어진 것이며 객관적으로 존재하고, 그러한 지역을 인식주체가 발견하여 이를 연구하고 설명한다기보다는 하나의 지역을 자신의 인식 대상으로 삼거나 자신이 속한 대상으로 다룸으로써 지역을 창조하는 것이다.

최근에 나온 야마무로 신이치山室信一의 대작 『사상과제로서의 아시아思想課題としてのアジア』(岩波書店, 2001)를 보면, 서장 제1절에 '아시아의 문제성—주어진 아시아와 만들어진 아시아'라는 제목이 붙어 있

다. '주어진 아시아'란 유럽인이 만들어낸 아시아 개념이며, 일본인이 이를 받아들이면서 자신만의 아시아 개념을 만들어내기 위해 고투해온 것이다. 어떤 의미에서는 일본 근대경영의 모든 것이 여기에 반영되어 있다고 야마무로는 보고 있다. 즉 지역이 창출된 개념이라는 사실을 그 역시 주장하고 있는 것이다.

지역을 생각한다는 말은 무한하게 연결된 지구 공간 속에서 특정 지역을 하나의 의미 있는 연관된 존재로 보고, 주체의 입장에서 적극적으로 구분하는 행위라고 할 수 있다. 그러기 위해서는 기준이 필요하다. 다시 말해 사상이나 비전이 필요하게 된다.

아시아경제연구소의 시미즈 하지메清水元는 「근대 일본의 '동남아시아' 지역개념의 성립」(『아시아경제アジア經濟』6·7호, 1987)이라는 논문에서 "솔직히 말해 명명命名으로 성립하는 지역개념이란 어떤 세계관 또는 이데올로기의 표상이다"라고 단언하고 있다. 시미즈는 소쉬르 Ferdinand de Saussure의 언어이론을 원용하여 "언어로 파악되는 세계는 보는 이가 있어야 비로소 생겨나는 관계의 세계라 하여, 언어의 본질에서 볼 때 지역은 바로 그런 경우에 해당한다"고 말한다.

나 역시 지역을 설정하려면 최종적으로는 미래를 향한 비전이 필요하다고 생각해왔다. 그러나 지역개념을 만들어내는 주체 역시 다양한 주체로 이루어지는 법이므로, 결국 지역의식을 구현하거나 객관화하기 위해서는 그 지역에 살고 있는 사람들이 공감할 수 있는 특정한 정체성identity을 만들어갈 필요가 있다. 특정 지역을 인식하고 만들고 설정하는 움직임이 한 국가나 민족에서 나오더라도, 그것이 그 지역에 사는 사람들에게 수용되기 위해서는 지역적인 정체성이 생겨나지 않으면 안 되는 것이다.

지역적인 정체성을 생각할 때, 현재와 미래의 입장 문제만이 아니라 설정되어야 할 지역의 과거는 어떠한가라는 문제도 발생한다. 또 과거를 논하는 것이 문제의식, 사상·비전이라는 것과 어떤 관계에 있는지도 문제가 된다. 지역인식이 어떤 객관화를 완성하는 과정은 과거를 돌아보고 역사 속에서 지역을 성립시키는 계기를 발견하는 것과 관계가 있다.

앞서 언급한 책에서 야마무로는 이 문제를 기축基軸, 연쇄連鎖, 투기投企의 세 개념으로 나누어 분석하고 있다. 기축이란 문명·인종·문화·민족이다. 연쇄는 각 지역과의 연관이다. 마지막으로 투기는 장래를 향한 사상이나 비전으로, 예를 들면 아시아주의가 있다. 이에 대해 나는 단순하게 과거·현재·미래라는 세 가지 면에서 생각하고 있다. 과거는 역사이며, 현재는 과제와 관계, 미래는 목표와 비전이다.

최종적으로 보면, 지역은 미래와 비전이라는 측면에서 결정될 것이다. 그러나 우선은 일본인이 스스로 어떤 지역에 속한다고 생각해왔는지 이제까지의 경과를 검토하는 것이 선결과제일 터이다.

동양의 일원 일본 ● ● ●

일본인이 자국의 경계를 넘어서 자신이 어느 지역에 속하는가를 생각하게 된 것은 근대에 와서부터일 것이다. 먼저 막부幕府 말기부터 메이지유신에 이르기까지 서양과 접촉하면서 압력을 느껴온 일본인은 처음으로 자신들을 '동양'의 일원으로 의식했다. 그 같은 의식에 근거하여 막부말기의 정치투쟁이나 메이지유신, 근대국가의 건설 등을 모두 진행해왔다고 할 수 있다.

야마무로는 '아시아'라는 말은 원래 유럽에서 들어온 외래어인데, 이를 '동양'으로 바꿔 부른 것은 일본인의 노력이었다고 지적한다. 아라이 시라이시新井白石가 『서양기문西洋紀聞』을, 와타나베 가잔渡邊華山이 『서양사정서西洋事情書』를 썼다는 것은 잘 알려진 사실인데, 먼저 자신들에게 다가오는 자를 '서양'으로 파악한 결과 자신들을 '동양'으로 간주하게 되었다. 야마무로에 따르면 '동양'이라는 말은 원래 중국어라고 한다. 중국어에서 '서양'이라는 말은 유럽 전체가 아니라 중국의 바로 옆 서쪽 지역을 가리켰고, 따라서 '동양'은 중국의 동쪽인 일본을 가리키는 말이었다. 확실히 중국어로 '동양화東洋貨'는 일본제품이며, '동양귀東洋鬼'는 일본군 병사를 가리키는 말이다. 그러한 말을 일본인이 완전히 다르게 바꾸어, 자신이 위치한 아시아에 해당하는 지역을 가리키는 말로 사용했다는 것은 흥미로운 일이다.

와타나베는 또한 "아시아 중에서도 중국과 페르시아, 우리나라(일본) 삼국"만이 '양인洋人', 즉 '서양인'에게 굴욕을 당하지 않았다고 하면서 '동양'이라는 말은 사용하지 않았다(「慎機論」). 사쿠마 쇼잔佐久間象山에 이르러서는 '동양의 도덕'과 '서양의 예藝'를 대치시키면서 "아시아와 유럽이 합쳐져 지구를 이루는 것과 같이" 양자를 합쳐서 완전하게 된다는 유명한 발상을 해냈다(『小林又兵衛宛書簡』). 이 무렵부터 '동양'

이 등장했다.

메이지유신을 이룬 메이지 지도자들에게 '서양, 곧 구미와 우리 동양'이라는 의식은 매우 현실적이었다. 한편에서는 서양 국가들과의 조약을 개정하고, 다른 한편에서는 서구화를 첫째 목표로 삼았던 것이다. 1872년 유럽에 파견되는 사절단이 출발할 때, 이토 히로부미는 천황의 희망에 대해 다음과 같이 쓰고 있다.

> 천황 폐하는 동양 여러 주[諸州]의 정치풍속만 가지고는 우리나라의 선미善美를 달성하는 데 부족하다 하여, 구미 각국의 정치제도 · 풍속교육 · 영생수산營生守産 등은 우리 동양보다 앞서 있음을 인정했다. (『日本近代思想大系』 12, 岩波書店, 1988)

이와 동시에 동양 내에서 각국과의 관계가 문제로 떠올랐다. 바로 청국과 조선 문제였다. 일단 이웃한 조선과의 관계를 어떻게 할 것인가가 최초의 대외의식의 발로였다. 정한론征韓論으로 시작된 관심은 일단 조선과 일본의 관계를 변화시키자는 것이었다. 이 논의는 조선의 개혁을 촉진하는 시도가 되었고, 이윽고 그 계획이 실패하자 후쿠자와 유키치福澤諭吉는 조선의 개혁에 절망하여, 조선과의 관계를 단절한다는 논의를 1885년 '탈아입구론脫亞入歐論'으로 제출한다. 동양, 곧 아시아에서 빠져나와 구미, 즉 서양의 일원으로 들어가기를 원한다는 것이다.

한편 일본 정부로서는 조선으로 손을 뻗쳐오는 러시아를 어떻게 막느냐 하는 동기가 있었다. 1882년 참사원의관參事院議官 이노우에 다카시井上毅는 그의 「조선정략의견안朝鮮政略意見案」에서 조선은 "장래 동양 교제 정략에서 하나의 큰 문제"가 된다고 하며 다음과 같이 썼다.

> 만약 다시 불행하게도 러시아 때문에 조선을 빼앗긴다면, 동양의 대세는 완
> 전히 무너지게 된다. …… 동양을 위해 세력균형을 유지하려면, 중국과 우리
> 나라는 힘을 기울여 조선의 독립을 보호하고, 러시아의 남침을 막아야만 한
> 다. …… 동양을 위해 수년 앞을 내다보는 자는 반드시 이런 생각을 가져야만
> 한다.

러시아는 동양을 침략하려는 외부 세력이므로, 일본은 조선을 지
켜내고 동양을 옹호해야 한다고 주장하고 있다.

야마가타 아리토모山縣有朋도 1891년의 「외교정략론外交政略論」에서
러시아의 조선 진출을 경계하며 이와 거의 비슷한 논의를 전개하고 있
다. "우리는 시베리아 철도가 완성되면 조선에 다사다난한 때가 올 것
임을 잊어서는 안 된다. 또 조선의 다사다난한 시기는 동양에서 일대
변동을 일으킬 기회가 된다는 점도 잊어서는 안 된다." "청일 양국은 조
선의 공동 보호세력이므로 동양의 세력균형을 유지하려면 양국은 장래
에 같은 배를 탄 것으로 생각하고 친밀하게 지내야 한다."

그러나 그로부터 3년이 지나 청일전쟁이 발발하고, 일본은 조선에
서 청국의 영향을 제거했다. 개전 직전인 1893년, 민간지사民間志士 다
루이 도키치樽井藤吉는 『대동합방론大東合邦論』을 간행했다. 그는 일본과
조선이 대등하게 합방하여, 청국과 합종合縱하고, 안남(베트남)을 자주
독립시키며, 시암Siam과 미얀마, 말레이반도를 백인의 지배에서 해방
시킨 후, 인도까지 철도를 연결하려 생각하고 있었다. 또한 수십 년 내

에는 "아시아 황인국의 일대연방─大聯邦을 만들어야 한다"고 주장하고 있다. 조선-일본 관계를 중심으로 러시아에 대항하고, 동양이 살 길을 모색한다는 점에서는 이노우에와 야마가타의 조선중립론과 다루이의 한일합방론에는 공통점이 있다. 무엇보다 다루이 쪽이 기우장대氣宇壯大하다. 그러나 어느 쪽이든 도달한 결론은 똑같이 1910년의 한국병합이었다.

히라이시 나오아키平石直昭가 소개한 귀족원 의원 고노에 아쓰마로近衛篤麿의 '동양 먼로주의'는 세기말의 논의였다. 즉 '인종투쟁사관人種鬪爭史觀'의 입장에 서서 청일전쟁 후 삼국간섭을 시도한 독일과 프랑스, 러시아를 경계하면서 중국과 일본의 제휴로 유럽을 배척하자는 것이다.

유럽 열강은 모두 자기의 이해利害를 위해 동양에서 서로 싸우며, 동양은 동양의 동양이니, 동양인 스스로 동양 문제를 결정할 권리가 있으며, 이는 미국[米州의 먼로주의와 다르지 않다. 동양에서 아시아의 먼로주의를 실행할 의무, 실로 그렇게 하는 것은 중국과 우리나라 양국인의 어깨에 달려 있다. (平石直昭,「近代日本の國際秩序觀と'アジア主義」,『20世紀システム』1, 東京大學出版會, 1998)

러일전쟁 후에는 도쿠도미 소호德富蘇峰의 '아시아 먼로주의'가 나왔다. 이것도 거의 내용은 다르지 않다. 다만 '동양'이라는 말을 '아시아'라는 단어로 바꾼 것은 시대의 추세였기 때문이다.

오카쿠라 덴신岡倉天心이 『동양의 이상東洋の理想』을 써서 '아시아는 하나'라고 주장한 때는 이 두 가지 논의의 중간지점인 1903년이었다.

그에게 아시아란 유럽과는 이질적인 미美의 세계이며 일본과 중국, 인도가 포함되어 있었다. 그는 서양사상에 의한 혼란을 피해 '아시아적 양식을 옹호하고 회복하는 일'이야말로 '오늘날 아시아가 해야 할 일'이며, '아시아 문명의 박물관'인 일본이 그 회복에 공헌할 수 있어야 한다고 생각했다.

오카쿠라 덴신은 '동양'과 아시아를 같은 뜻으로 사용하고 있는데, 일반적으로는 '동양'이란 동아시아인 조선과 중국, 일본을 하나의 집단仲間으로 생각하는 의식이었다고 볼 수 있다. 탈아론脫亞論은 '동양'에서 벗어난다는 의식이었다.

동아의 맹주 일본 ● ● ●

일본이 '동양'에서 벗어나자, 아시아는 일본의 앞에 놓인 대상이 되었다. 그러나 아시아는 넓었고 일본이 전체를 지배할 수 있는 곳이 아니었다. 여기서 일본이 자신의 영향력 아래 둘 지역으로 내놓은 것이 바로 '동아東亞'였다.

'동아'라는 단어를 붙인 단체 가운데 가장 오래되고 유명한 것은 1898년에 탄생한 동아동문회東亞同文會일 것이다. 회장은 고노에 아쓰마로였다. 창립 당시의 주장은 '지나支那의 보전'이었다. 잡지 『동아시론東亞時論』을 내기도 했지만, 이 모임의 활동 중 가장 널리 알려진 것은 1901년부터 상하이에서 동아동문서원東亞同文書院을 경영한 일이다. 중국어를 가르치고 중국문화에 친숙해져 '중일친선'을 위해 일할 인재를

양성하는 교육시설이었다. 따라서 처음에 '동아'라고 하면 중국을 가리키는 말이었다. 이미 이들의 안중에는 자신의 소유가 된 조선은 더 이상 존재하지 않았다.

만철滿鐵 안에 동아경제조사국이 생긴 때는 1908년으로, 조선이 일본에 병합되기 직전이었다. 이 조사국은 20년 후인 1928년 5월 잡지 『동아』를 창간했다. 편집 발행인은 조사국 이사장 오카와 슈메이大川周明였다. 창간사에 의하면 '동아'란 '지나 또는 만몽滿蒙'이다. 당시 '만몽'이라고 하면, 만주와 그에 인접한 내몽골 동부, 즉 러허熱河 지구를 가리켰다. 여기서 일본의 특별한 관심 대상인 '동양'이 확연히 그 모습을 드러내고 있다. 1929년에는 『오사카마이니치大阪毎日』와 『도쿄니치니치신문東京日日新聞』의 모토야마 히코이치本山彦一 사장이 동아조사회를 발족시켰다.

당연히 1931년의 만주사변 이후 '동아'라는 말이 범람한다. 만주 건국은 일만日滿 블록의 실현이었지만, 그 후에는 일만지日滿支 경제블록론이 왕성하게 주창되었다. 관동군의 만몽 영유를 주장해온 관동군 참모 이시하라 간지石原莞爾는 만주사변이 개시되자 선통제宣統帝(푸이溥儀)를 옹립하는 만주국의 건국을 추진하고, 1932년 6월에는 일만지의 제휴를 주장하게 되었다.

일본인은 헛되이 …… 만주국에서 우월한 위치를 점하려는 생각을 그치고 …… 실력으로 각 민족의 지도자의 위치를 획득하고 3천만 대중을 장악하여 만주국을 이상적인 낙토樂土로 만들어 진실로 일만협화日滿協和, 일지친선日

支親善의 열매를 맺는다. 이것을 통해서만 우리 일본민족은 동아의 왕자王者로서 백인종에 대해 최후의 결승전을 시도할 수 있다. (「爲磯谷大佐」, 1932년 6월 25일)

이시하라는 이런 생각에서 한걸음 더 나아가 도의道義에 기초한 동아연맹을 결성하고 지나 중국이 만주 건국을 인정하면, 일본은 지나에 대한 모든 권익을 반환하고 지나의 완전한 독립에 협력하겠다고 했다. 일본과 만주, 지나 삼국으로 동아연맹을 구성한다는 생각이다. 소련, 즉 소비에트연맹과 겨룰 수 있는 동아시아연맹의 구상이었다. '동아'는 일본을 포함하는 지역이 되었다.

1933년 3월 9일 만주국협화회滿州國協和會는 성명을 내고 이시하라의 '동아연맹' 구상을 채택한다고 공식 표명했다. 이 시점에서 센다이仙台의 제4연대장으로 돌아온 이시하라는 6월의 의견서 「군사적 관점에서 본 황국의 국책과 국방계획요강」 서두에 다음과 같이 쓰고 있다.

1. 황국과 앵글로색슨의 결승전은 세계문명 통일을 위한 인류 최후 최대의 전쟁이 될 것이며 그 시기는 멀지 않다.
2. 이 대전쟁의 준비를 위한 목하의 국책은 먼저 동아연맹을 완수하는 데 있다.
3. 동아연맹의 범위는 군사와 경제 양 방면을 더욱 연구하여 결정할 필요가 있다.

인구문제 등의 해결은 남양南洋, 특히 호주에서 구하는 것이 중요하나, 현재의 급무는 우선 동아연맹의 핵심인 일만지 삼국 협동의 결실을 맺는 데에 있다. (『石原莞爾資料 國防論策篇』, 原書房, 1967)

이 무렵부터 일본 국내에서도 이시하라의 생각을 지지하여, 동아 연맹 운동을 시작하는 사람들이 있었다.

정부는 1933년 10월 21일, 사이토 미노루齊藤實 내각하에서 '제국의 지도 아래 일만지 삼국의 제휴공조'를 실시한다는 각의결정을 채택했고, 이 구상은 1936년 8월 7일의 히로타廣田 내각의 5상회의 결정 '국책의 기준'에도 계승되었다. 그러나 현실적으로 진행된 것은 일본의 만주지배이며 중국 침략의 확대였다.

1937년에 중일전쟁이 시작되었다. 장제스蔣介石는 중국 공산당과의 합작을 통해 일본에 철저한 항전을 선언하기에 이른다. 고노에 아쓰마로 총리는 1938년 1월 16일 "이후부터는 국민당 정부를 상대하지 말고", "신흥 지나 정권의 성립발전을 기대한다"는 성명을 냈다. 우한武漢이 함락된 후, 같은 해 11월 3일 고노에 총리는 일본의 전쟁 목적은 "동아의 영원한 안정을 확보해야 할 신질서의 건설에 있다"고 하면서, 이는 '일만지 삼국'의 제휴에 의거한다는 성명을 발표했다. 국민당에서 이탈한 왕자오밍王兆銘이 고노에 성명에 응하는 평화성명을 내기에 이르자 일본은 은근히 기대를 나타냈다. 고노에는 또 12월 22일 라디오 방송에서 "지나의 정복이 아니며, 지나와의 협력에 있다", "더더욱 지나를 이끌어 동아 공통의 사명을 수행"하고 "지나 민족은 신동아의 대업을 분담한다"는 등의 언급을 하여 친일적인 중국을 옹립하였고 이들과 제휴하려는 목표를 내세웠다. 이시하라는 이 같은 고노에 총리의 방송이 자신의 동아연맹 구상의 영향을 받았다고 생각했다. 그 후 1940년 4월 지나 파견군 총사령부는 고유告諭 「파견군 장병에게 고함」을 발표했다. 집필자는 참모 쓰지 마사노부辻政信였다. "동양의 영구한 평화적 기초는 일만지 삼국의 도의적 결합 위에 동아연맹을 결성하고 …… 동아 침략의 폭력에 대해서는 공동방위에 임한다. …… 호혜의 경제로 유무상통하여 삼국 국력의 충실한 발전을 꾀하는 일을 거쳐야 실현할 수 있다"고 호소하면서 '약탈폭행'과 '양민살해'를 피하자고 했다. 이시하라는 이 고유에도 자신의 생각이 반영되어 있다고 생각했다.

한편 동아 신질서 건설을 국책으로 표방한 뒤로는 '동아' 문제가 전 사회적인 화제가 되었다. 1938년 기획원 산하 국책조사기관인 동아연구소가 설립되었다. 연구소의 연구대상에는 소련이 포함되었고, 중근동과 남방도 포함되어 있었다. 1939년에는 잡지 『동아문제東亞問題』가 창간되었다. 1940년에는 동아조사회가 『동아문제연구東亞問題硏究』를 내기 시작했다. 구체적으로는 이시하라의 왼팔 격이던 미야자키 마사요시宮崎正義가 『동아연맹론東亞聯盟論』을 1938년 12월에 가이조샤改造社에서 출판하여 이시하라의 이론을 본격적으로 전개했는데, 이와는 별도로 '동아협동체東亞協同體'가 활발히 논의되기에 이르렀다. 그 도화선에 불을 당긴 것은 도쿄대학 법학부 교수 로야마 마사미치蠟山政道가 1938년 『개조改造』 11월호에 쓴 논문 「동아협동체의 이론」이었다.

로야마는 이 논문에서 만주사변을 '성전聖戰'으로 부르는 이유는 그것이 "세계 속에서 동양의 각성"이고, "동양의 통일이라는 세계사적 의의를 갖는 현상"이기 때문이라고 했다. 그 의미는 서구적 '내셔널리즘의 초극超克'에 있다고 하여 중국의 내셔널리즘을 비판하고, "일본의 대륙발전에 내재된 원리는 본래 서구적 제국주의가 아니라 방위 또는 개발을 위한 지역주의이다"라고 주장했다. 일본의 만주 진출은 당초 이를 '일본 자본주의의 반半식민지'로 만드는 것이며 비판도 있을 수 있지만, "만주사변 후의 일만 관계의 발전은 …… 일본 자본주의의 예상 밖의 행동으로, 어떤 경우에는 그 의욕 혹은 이익에 반하더라도 추진해야 했다"라고 로야마는 주장했다.

> 그것은 국방경제와 이에 밀접히 관련된 경제개발계획을 수반하는 지역적 협동경제이며, 자본주의를 추진력으로 삼아 움직이는 서구적 제국주의와는 전혀 성질을 달리한다. 그것은 식민지경제로 볼 것이 아니라, 특정 지역의 민족이 협동관계에서는 지역적 운명공동체로 규정하는 수밖에 없다.

로야마는 "일본의 대륙경영의 최고 목적은 민족협화를 내포하는 지역적 개발계획에 있다"고 단언하며, 그렇다면 타이완이나 조선, 만주 등 "일본인이 반성 없이 식민지로 간주해온 지역"의 민중 대부분은 "이번의 사변을 계기로 일본인이라는 사실을 마음으로부터 명예와 자랑으로 여기게 되었다"고 주장했다. 그러나 그의 주장은 로야마가 꿈꾸던 것일 뿐이었고, 현실적으로는 일본의 군사침략을 지지하는 경제 통합이요 제국주의에 지나지 않았다.

또한 야마자키 야스즈미山崎靖純는 「장기 건설의 목표로서 동아협동체의 근본이론」(『評論』 1939년 12월호)에서 '궁극의 목표'는 세계협동체라고 지적하면서 그것을 이루기 위해 세계의 각 부분에서 차츰 협동적 그룹을 형성하는 일부터 시작할 필요가 있다고 주장하고 있다. 동아협동체의 완성도 하루아침에 이룰 수는 없고, 과도적으로는 '국가연계'를 생각하여, 연계의 범위에 속하는 분야와 각 국가가 비교적 독립해서 행하는 분야로 나누어 나아가야 한다고도 말했다. 확실히 그는 소련을 모델로 했다.

　　고노에의 브레인 가운데 한 사람이며, 실제로는 코민테른의 공작원 조르게Richard Sorge와 결탁하고 있던 마르크스주의자 오자키 호쓰미尾崎秀實는 동아협동체론을 비판하는 논문 「'동아협동체'의 이념과 그 성립의 객관적 기초」를 『중앙공론』 1939년 1월호에 발표했다. 그는 '동아협동체'론이 생겨난 것은 중국의 민족문제를 재인식한 결과이지만, '지나 민족의 적극적 참여'를 얻으려면 일본의 '자본주의적 주장'이 '수정되고 억제되어야' 하며, 일본의 '국민재편성'이 있어야 한다고 지적하고 있다. 이어서 오자키는 「동아 신질서론의 현재와 장래」라는 글을 같은 해 4월에 창간된 잡지 『동아문제東亞問題』에 발표했다. 여기서 오자키는 '동아연맹'론은 지금까지 준비되고 있던 대륙정책의 플랜이 발휘된 것인 데 비해, '동아협동체'론은 중일전쟁을 계기로 새로 태어난 논의라고 할 수 있지만, 둘 다 "동아에서 신질서를 창설하는 일이야말로 현재 동아의 불행한 사건을 매듭짓는 유일한 방법이라는 확신"을 공통 신념으로 갖고 있다고 보았다. 그러나 이미 일본 자본주의의 구질서 유지파는 신질서론에 대한 비판을 시작했으며, '공동체'적 이상은 일본 자본주의의 요구로 말미암아 결국 변형되고 만다. 이 논자들의 "지나의 민족문제에 대한 파악이 관념적이며 구체적이지 않다"는 점이 치명적이었는데, 그 같은 오자키의 비판은 정확했다.

　　'동아연맹'과 '동아협동체'라고 한 경우는 일본(본토와 조선)·만주 · 지나(중국)를 생각하고 있었던 것이다.

'대동아공영권'—파산한 구상 ●●●

1939년 제2차 세계대전이 유럽에서 시작되자, 1940년 8월 1일 일본정
부는 「기본국책 요강」을 발표하면서 그 가운데 "일만지의 강고한 결합
을 근간으로 하는 대동아의 신질서를 건설한다"고 선포했다. 같은 날
마쓰오카 요스케松岡洋右 외상은 "황도皇道의 대정신에 입각하여 우선 일
만지를 그 일환으로 하는 대동아공영권의 확립을 꾀한다"는 담화를 발
표했다. 이것이 '대동아공영권' 구상의 시작이다. 그러나 이 '대동아공
영권' 구상을 즉시 전쟁의 목적으로 내세우지는 않았다. 1941년 12월
8일, 일본은 영국과 미국에 선전포고를 하고, 하와이와 홍콩을 공격하
여 전쟁을 동남아시아 전역으로 확대했다. 당시 전쟁의 목적은 '자존자
위自存自衛'에 있었다. 개전조서開戰詔書는 다음과 같이 선언하고 있다.

> '동아의 안정', '세계의 평화', '만방의 공영'이 일본국가의 목적이며, 중화민
> 국 정부가 '동아의 평화'를 교란하여 4년간의 전쟁이 이어지던 즈음, 영국과
> 미국이 이를 도와 '동아의 화란禍亂'을 조장하고 일본에 압력을 넣어 생존을
> 위협하고 있다. 이대로 가다간 '동아의 안정을 위한 제국의 오랜 노력'이 수
> 포로 돌아가 '제국의 존립'마저 위험해진다. 이에 '자존자위'를 위해 결연히
> 일어나 '동아의 영원한 평화'를 확립하고 '제국의 영광'을 지키는 것을 목표
> 로 한다.

개전조서에는 아직 '대동아'라는 언사가 없다. 동시에 나온 도조 히데키東條英樹 총리의 정부 성명에도 그 말은 없었다. 성명은 조서의 내용을 반복한 후 다음과 같이 보충하고 있다.

생각건대 세계만방으로 하여금 각각 자기 지역을 얻게 한 대조大詔는 해와 별처럼 밝다. 제국이 일만지 3국의 제휴에 힘입어 공영의 열매를 거두고 동아홍륭의 기초를 구축하려는 방침은 처음부터 변함이 없다. 제국과 뜻을 함께하려는 독獨·이伊 양국과 맹약하여 세계평화의 기조를 획정하고 신질서 건설에 매진하는 결의는 점점 견고해졌다. 이렇게 해서 이번에 제국이 남방 각 지역에 대해 새로운 행동을 취해야 했다. 누구도 이 지역의 주민에게 적의를 품어서는 안 된다. 이제 영국과 미국의 폭정을 배제하여 동아의 명랑한 본연의 모습을 회복하고 서로 제휴하여 공영의 기쁨을 누리기를 바라 마지않는다. 제국은 이들 주민이 우리의 참뜻을 이해하고 제국과 함께 동아의 신천지에 새로운 발족을 기대하리라 믿어 의심치 않는다.

이렇듯 '동아'가 '남방지역'을 포함하는 내용으로 확대된 것이다. 그러나 며칠 후 '동아'는 '대동아'로 바뀌게 된다. 12월 12일 각의결정에 따라 전쟁을 '대동아전쟁'이라 부르기로 결정한 것이다. 내각정보국內閣情報局은 "이번 대對미영전쟁은 만주사변까지 포함하여 대동아전쟁이라 부른다. 대동아전쟁이라는 명칭은 대동아 신질서 건설을 목적으로 하는 전쟁임을 의미하는 것이며, 전쟁지역을 대동아에만 한정한다는 의미가 아니다"라고 공표했다.

이 단계에서 '대동아'란 일본·만주·중국·인도차이나·싱가포

르 · 필리핀 · 네덜란드령 동인도(인도네시아 지역) · 미얀마를 포함한다
고 했다. 곧 일본군이 침공, 점령한 지역이었다.

　주목해야 할 점은 이어서 내각정보국이 '극동極東'이라는 말의 사
용을 금지했다는 사실이다. 12월 16일자『요미우리讀賣신문』석간의 1
면 톱기사를 보면 다음과 같다.

> 극동이라는 언사 말살, 영국 본위의 호칭 허락하지 않기로 정보국에서 결정
>
> 정보국에서는 종래 관민을 막론하고 이제까지 관용해온 '극동'이라는 용어가
> 원래 영국을 세계의 중심으로 한 사고방식에서 나온 말이기 때문에, 대동아
> 신질서, 나아가 세계의 신질서 건설에 매진하고 있는 지금, 일본인이 이를 사
> 용하는 것은 터무니없는 인식의 결여이므로 금후 이 말의 사용을 금할 것을
> 결정했다. 15일 정례 차관회의 석상에서 오쿠무라奥村 차장이 제안하여 우선
> 관청 측의 찬동을 얻었기 때문에 신문 · 잡지를 비롯하여 일반 민간에서도 이
> 에 협력하도록 같은 날 정오 다음과 같은 정보국 차장담화情報局次長談話를 발
> 표했다.
>
> 　"오늘 차관회의에서 앞으로 '극동'이라는 언사를 정부는 공식 자리에서든
> 비공식 자리에서든 사용하지 않기로 합의했다. 따라서 민간에서도 이 취지에
> 맞추어 신문과 잡지, 선언이나 결의 또는 일반 대화에서도 이 말을 사용하지
> 않기를 희망한다. 원래 극동이라는 말은 영어 'Far East'의 번역으로 메이지
> 초기 이래 70년간 사용해온 괴이한 단어이다. 이 말은 당연히 영국을 세계의
> 중심으로 보는 관념에서 만들어져 영국과 앵글로색슨 질서의 세계에서는 당
> 연시하는 말이다. 우리가 사는 동아의 천지는 영국에서 보면 지극히 먼 동쪽
> [極東] 머나먼 동부Far East겠지만, 일본인과 아시아인에게는 세계의 중심이지
> 결코 지극히 먼 동쪽이 아니다. 대동아전쟁을 선언한 오늘, 대동아의 신질서

가 건설되고 있는 오늘, 지금까지 영국식의, 영국 중심의 말이 우리가 사는 동아를 가리키는 호칭으로 사용되고 일본인 스스로 이를 사용한다는 것은 지극한 불명예이며, 동시에 절대 용서할 수 없는 부주의이다. 대동아전쟁이라는 명칭이 발표되고, 영미 격멸擊滅의 대전과를 이루고 있는 이때, 1억 국민 각자가 이 굴욕적 언사를 일본에서 일소해주기를 절실히 바란다. 말이란 관념과 세계관의 표현이므로 결코 가볍게 볼 수 없다. 국내여론을 지도하는 입장에서 충심으로 국민에게 바라는 바이다."

대동아공영권의 내용에 대해서는 미얀마와 필리핀을 독립시키자는 의견도 나왔지만, 말라야Malaya · 자바 · 수마트라 · 보르네오 · 셀레베스Celebes 섬은 '제국영토帝國領土'로 결정되어 군정을 유지하면서 '민의 수준[民度]'에 대응한 '정치참여'라는 점진적인 조치를 취하는 방침이 확정되었다. 그리하여 대동아성大東亞省이 외무성과 나란히 설치되었다.

1943년 11월에는 대동아회의가 열렸다. 이 회의 참석자들은 일본 · 만주국 · 난징南京 정부 · 타이 · 필리핀 · 자유인도 임시정부의 대표였다. 이 가운데 타이는 개전 전부터 독립국이었다. '제국영토'가 된 말라야와 인도네시아는 부르지 않았고 인도는 포함되었다. 이로써 '대동아'의 범위는 인도까지 포함되었다. 이 회의에서 '대동아선언'이 발표되었는데 이 선언의 본문은 다음과 같다.

1. 대동아 각국은 협동하여 대동아의 안정을 확보하고 도의에 근거한 공존공영의 질서를 건설한다.
2. 대동아 각국은 상호 자주독립을 존중하며 호조돈목互助敦睦의 결실을 거두어 동아 친화親和를 확립한다.

3. 대동아 각국은 상호 그 전통을 존중하고 각 민족의 창조성을 신장하여 대동
   아 문화를 앙양昻揚한다.

4. 대동아 각국은 호혜互惠하에 긴밀히 제휴하여 그 경제적 발전을 꾀하고 대
   동아의 번영을 증진시킨다.

5. 대동아 각국은 만방과의 교의交誼를 돈독히 하고 인종적 차별을 철폐하여
   널리 문화를 교류시키며 자원을 개방하여 세계의 진운進運에 공헌한다.

그러나 결국 대동아회의의 목적은 "1943년 가을로 상정된 연합군
의 반격에 대비하여 아시아 민족들의 결속을 도모하고, 인적·물적 동
원에 협력하는 체제구축에 기여하는 데에 있었다"(波多野澄雄, 『太平洋戰
爭とアジア外交』, 東京大學出版會, 1996). 독립을 인정할 것인가 말 것인가
는 오로지 일본의 이해利害에 따라 결정되었던 것이다.

'대동아공영권'은 제국주의 일본이 지배하던 동아시아와 인도에
씌어진 허울 좋은 간판에 지나지 않았다.

패전 후 지역주의의 부정 ●●●

패전은 일본군의 패배이면서 동시에 '대동아공영권' 구상의 패배이기
도 했다. 일본을 격파하고 점령한 미군은 극동군사령부Far East Command
였다. 일본의 점령관리를 맡은 연합국의 위원회는 극동위원회Far Eas-
tern Committee였다. 그리고 일본의 전쟁범죄를 판결한 군사재판은 극동
국제군사재판International Military Tribunal for the Far East으로 명명되었다.
'대동아전쟁'이라는 호칭은 금지되고 '태평양전쟁'이라는 미국 측의

호칭을 사용하게 되었다. 사람들도 '대동아'와 '동아'를 잊어버리도록 강요받았다. 미국의 비호를 받게 된 일본인에게 미국과의 결합은 사활이 걸린 문제가 되었다.

하지만 그래도 자신들이 한때 진출했다가 쫓겨난 '남방'과 '남양' 지역이 미영 전승국에 의해 'South Asia'라고 불리고 있다는 것이 알려졌다. 일본군과 싸운 연합군이 이 지역을 'Southeast Asia Command'라고 불렀다는 것이 새로운 지리적 개념의 탄생이었다고 한다. 이시이 요네오石井米雄에 의하면, 독일 학자 헤겔이 1902년에 낸 책『동남아시아의 고동고古銅鼓』에서 'Südost Asien'이라는 말을 사용한 것이 가장 오래된 사례라고 하지만, 지역인식이 지역명칭과 함께 영미에서 확립된 것은 전쟁을 거친 전후의 일이었다. 런던대학에 Southeast Asian history 강의가 개설된 때는 1949년이라고 한다(石井米雄,「東南アジアの史的認識の歩み」,『講座 東南アジア學』第4卷, 弘文堂, 1991).

그런데 전후 일본인은 'Southeast Asia'라는 말을 '동남아시아'라고 번역했다. 실제로 '아시아주州'에서 '동남아시아'라는 지역을 처음으로 구분한 것은, 1919년 2월에 발행된 일본의 국정 지리교과서『심상소학지리서尋常小學地理書』였다(淸水元 論文,『アジア經濟』1987년 6·7호). 그 명칭을 생각해낸 것인지 아닌지는 명확하지 않지만, 주저 없이 '동남아시아'라고 번역한 것이다. 『아사히신문』에는 1945년 11월 5일에 "런던 전신電信에 의하면, 구주歐洲에서 근동, 동남아시아 방면으로 확대 중인 정치 불안이 미군 점령지역까지 동요시키고 있다고 한다"는 기사가 게재되었다. 신문지상에서는 '남동아시아'라는 번역어는 나타나지 않았다.

전후에는 조선이 독립하고 대동아성은 폐지되었다. 외무성은 기구 개혁이 필요했다. 강화 독립과 더불어 1951년 12월에 미주국局, 구주국, 아시아국의 세 지역국이 신설되기에 이르렀다. 이때 아시아국은 제1과 부터 제4과까지 나누어져 있었다. 제2과가 중국·조선 담당이었다. 그러다가 1958년 5월에 이르러 중국과·북동아시아과·남동아시아과·남서아시아과로 개칭되었다. 아마 미 국무성의 편성이 참고가 되었을 것이다. 미 국무성의 극동국Bureau of Far Eastern Affairs에는 the Office of Northeast Asian Affairs가 있는데 이 부서의 담당지역은 한국·일본·중화민국(타이완)이었다. 또 거기에는 the Office of Philippine and Southeast Asian Affairs가 있었다. 이를 본떠서 전자를 북동아시아과로 번역하여 한국을 담당하게 하고, 후자를 남동아시아과로 번역하여 설치한 것으로 생각된다. 교과서나 신문 지상에도 '동남아시아'라는 말이 있었지만 관제의 명칭으로 영어의 직역인 '북동아시아'와 '남동아시아'를 채용한 것은 아무리 보아도 배미拜美 종속 심리의 발로였다.

황당한 사태가 처음부터 발생했다. 한국전쟁 중에 미국은 자국의 자금과 일본의 기술력을 결합하여 the Southeast Asia의 경제개발을 추진하고 이 지역에서 공산주의 세력의 확대를 저지하기 위해, 매커트 총사령부 경제과학국장이 1951년 9월 'the Southeast Asia 개발구상'을 제창했다. 이것이 신문에는 '동남아시아 개발계획'으로 보도되었다 (『아사히신문』 1951년 9월 25일자). 이것을 일본의 요시다 시게루吉田茂 정부와 경제계가 받아들여 1952년 2월 경제안정본부는 「동남아시아 경

제개발과 경제협력에 관한 현 상황의 설명」을 작성했고, 11월 24일에는 요시다 총리가 제15회 특별국회의 시정방침연설에서 "특히 동남아시아 국가들과의 경제제휴를 촉진해야 한다"고 말했다. 그리고 결국 1953년 3월 외무성 아시아국이 「동남아시아 국제 정세의 분석」을 작성했다(末廣昭,「經濟再進出への道」,『戰後日本占領と戰後改革』第6卷, 岩波書店, 1995). 실제 작성자는 아시아국 내의 남동아시아과이다. 이렇게 '남동아시아과'가 '동남아시아' 경제개발을 추진하는 황당한 결과가 벌어지고 말았다.

특히 '동남아시아' 정책을 열심히 추진한 이는 기시 노부스케岸信介 총리였다. 전쟁 전의 아시아주의 때 등장했다가 전쟁에 대한 반성 없이 정계로 복귀한 기시 노부스케는 일본이 동남아시아에 대한 배상을 통해 경제적으로 아시아의 맹주가 되어야 한다고 주장하기 시작했다. "아시아에서 일본의 지위를 다지기 위해, 즉 아시아의 중심은 일본이라는 점을 부각시키기 위해" 그는 동남아시아 배상에 몰두했고 한일교섭의 재개를 향한 노력을 기울였던 것이다. 그는 전쟁 전 오카와 슈메이의 대大 아시아주의의 영향을 받고 있었는데, 이 전전戰前의 '아시아주의'와 전후戰後의 아시아에 대한 관심은 "완전히 연결되며", 자신에게는 '전전'과 '전후'에 "단절이란 없다"고 말을 맺었다(原彬久,『岸信介』, 岩波新書, 1995).

기시와 같은 파벌 출신으로 후에 총리가 된 후쿠다 다케오福田赳夫는 1977년에 후쿠다 독트린을 제출했다. 그것은 일본이 결코 군사대국의 길을 걷지 않고, '똑같은 아시아인으로서' 마음과 마음의 만남을 소중히 여기며, ASEAN 국가들과 특별한 관계를 유지한다는 내용이었다. 동남아시아에 한정하여 발표한 이 독트린은 '아시아는 하나'라는 메시지를 갖는다는 점에서 취약성이 있었다고 해야 할 것이다.

이렇게 보면, 전후 일본에서 사라진 것은 일본이 어느 지역에 속하는가를 생각하는 주체적 지역주의였고, 영향력을 가지고 이익을 얻는 대상으로 지역을 고려하는 팽창주의적 지역주의는 부분적으로 재생하고 있었음을 알 수 있다.

역사가들의 동아시아 세계론 ● ● ●

지역주의를 버린 전후 일본에서 주체적으로 지역을 생각하기 시작한 사람들은 역사가들이었다.

1955년에는 제2차 세계대전 후에 독립한 신흥국들이 인도네시아의 반둥Bandung에서 아시아-아프리카회의를 열어, 세계사의 새로운 흐름을 만드는 주체로 주목을 받았다. 그 전해에 발표된 저우언라이周恩來와 네루Nehru의 '평화 5원칙'도 국제정치에 대한 아시아의 새로운 문제제기로 받아들여졌다. 전후 신제新制 고등학교 교과목이 된 세계사를 담당해온 젊은 교사들과, 독일중세사의 대가로 전전 역사학을 깊이 반성해온 히토쓰바시一橋대학의 우에하라 센로쿠上原專祿 교수가 이 움직임을 정리하여 새로운 세계사 상像을 모색하는 시도를 시작했다. 그 첫 성과가 1954~1956년에 걸쳐 간행된 동양경제신문사東洋經濟新聞社의 『세계사강좌世界史講座』전 8권이었다. 우에하라는 여기서 근대 이전에는 독립된 몇 개의 역사적 세계가 존재했고, 그 세계들은 자본주의 유럽의 제패로 말미암아 세계사로 일체화되었으며, 그 일체화된 세계사가 변동한다는 세계사 상을 내놓았다. 이때 일본을 포함한 지역을 '동아시아 세계'라고 불렀던 것이다.

우에하라의 구상은 고등학교 세계사 교과서의 집필에도 반영되었으나 문부성 검정을 통과하지 못하고, 1960년 우에하라 센로쿠 편 『일본국민의 세계사日本國民の世界史』(岩波書店)로 간행되었다. 이 해는 미일 안보조약의 개정을 둘러싸고 일본이 국내적으로 큰 대립을 경험했던 시기이다. 이 사건은 역사가에게도 영향을 주었다. 우에하라의 교과서 집필에 참여한 도쿄대학의 니시지마 사다오西嶋定生 교수는 1962년에 「6~8세기의 동아시아」라는 논문을 써서 고대의 '동아시아 세계'는 수당隋唐 양 제국을 중심으로 조선·만주·일본이 '책봉체제冊封體制'로 불린 국제관계 속에 있었다는 사실을 밝혔다(『日本歷史』 제2권). 이어 마르크스주의 역사가이며 역사학연구회 위원장인 도야마 시게키遠山茂樹는 1963년 「동아시아 역사상의 재검토」를 발표했다(『歷史學研究』 281호). 그때 도마야는 "오늘의 동아시아 문제를 현대세계사 모순의 초점"으로 파악했으며, 여기서 '동아시아'란 조선·일본·중국을 가리켰다.

나는 당시 역사학연구회의 위원으로 있었는데 1966년에 이 도야마의 문제제기에 따라 소론 「제2차 대전 후의 동아시아— 일본·조선·중국의 민중」(『歷史學研究』 312호)을 발표했다. 이 글은 8월 15일을 맞은 3국 민중의 반응의 차이를 밝히고, 일본의 침략전쟁을 경험한 지역들의 분열과 대립을 지적한 것이다. 이는 한일조약 반대운동을 경험한 나의 반응이었지만, 동북아시아에 대한 내 인식의 출발점이 된 분석이기도 했다. 어쨌든 '동아시아'라는 개념을 자신이 속한 지역으로 의식한 것은 이 역사가들의 움직임에서 시작한다.

전후 일본에서 '동남아시아'라는 인식은 돌출적으로 확립되어갔다고 볼 수 있다. 반정부파의 역사가들은 '동아시아'라는 인식을 내세웠지만, 그것이 일반 국민의 인식이 될 수는 없었다. 일본의 주변은 혼란스러운 공간이었고, 멀리는 일본이 세력을 갖고 손을 댄 적이 있는 '동남아시아'라는 지역이 보인다는 것이, 일본인 대부분의 지역인식이었던 것이다.

환일본해권 구상의 등장과 동요 ●●●

일본이 위치한 지역을 가리키는 말로 '동아시아'와는 다른 말, 다른 인식이 나온 시기는 1980년이었다. 일본해(한국의 동해) 측의 지방자치체들이 진지하게 대안對岸의 나라들과 경제교류를 진행하기 위해, 1980년대부터 환일본해권環日本海圈을 주장하기 시작했다.

이러한 움직임의 중심이 된 니가타新潟 시에서 후지마 다케오藤間丈夫를 축으로 일본해권경제연구회를 만든 것은 상당히 이른 1967년이었다고 한다. 100회나 계속된 이 연구회의 주재자 후지마의 생각은, 첫째 '지방의 복권復權과 재생', 오모테表일본(일본열도 중 혼슈本州에서 태평양을 면한 지역─옮긴이 주)과 우라裏일본(혼슈에서 동해＝일본해를 면한 지역─옮긴이 주)의 격차 시정, 둘째 '아시아로의 재진입', 셋째 '동서교류의

장[海]으로서의 일본해라는 세 가지로 표현되고 있다(中村俊彦,「成果の見える北東アジア交流へ」, 『季刊中國總硏』5-1, 2001). 1970년에는 니가타 시市가 중심이 되어 일소연안시장회日蘇沿岸市長會가 만들어졌고, 1972년에는 '일조우호 무역촉진 일본해 연안도시회의'가 구성되었다. 두 회의 모두 니가타 시장을 대표간사로 하여, 니가타 시에 사무국을 두고 있다. 전자에는 현재 일본 측에서 하코다테函館부터 돗토리鳥取 현 사카이미나토境港까지 26개 시, 러시아 측에서는 16개 시가 참가하고, 후자에는 아오모리青森에서 사카이미나토까지 20개 시가 참가했다. 이러한 노력이 1980년대에 들어와 더욱 확대되었던 것이다.

또 하나의 중심지인 시마네島根 현 마쓰에松江 시에서는 1986년부터 환일본해 마쓰에 국제교류회의를 개최하고 있다. 이 회의에 한국과 북한, 중국 동북에서 대표가 초청되었다. 그러나 실제로 교류를 시작하자 '일본해'라는 명칭이 고뇌의 씨앗이 되었다. 한국에서는 이곳을 예로부터 '동해'라고 부르고 있어서 '일본해'라는 명칭에 대한 거부감이 강하고, 이를 차치하더라도 이 명칭은 지나치게 일본 중심으로 표현되어 있기 때문에 바람직하지 않다.

소련에서 페레스트로이카가 시작된 1987년에는 와세다早稻田대학 교수인 니시카와 준西川潤이 『이코노미스트』 9월 22일호에 「환일본해 경제협력의 추진에 관한 제안」을 발표했고, 그 이듬해에는 소련경제 전문가 오가와 가즈오小川和男 역시 『이코노미스트』에 환일본해 경제협력에 관한 글을 실었다. 중국에서는 1988년에 지린성吉林省과 지린대학에 동북아연구중심(연구소)이 설치되었다.

여기서 니가타 시는 니가타 현청, 니가타 현 상공회의소 연합회와 함께 1990년에 새로이 이 지역 경제협력회의를 주최하면서, '북동아시아 경제회의'라는 명칭을 채택했다. '북동아시아 지역경제권의 형성'을 목표로 매년 남북한·러시아·중국의 대표를 초청하여, 니가타 북동아시아 경제회의를 개최해나가기로 했던 것이다. 1991년에는 하와이에 있는 동서문화센터East-West Center의 조이제趙利濟 씨를 의장으로 하여 관계국의 산관학産官學이 모인 NGO '북동아시아 경제포럼'이 중국 창춘長春에서 발족되었다.

이러한 움직임 속에서 1992년 10월 13일부터 15일까지 니가타에서 환일본해 환경협력회의가 개최되었는데, 이 회의는 이 지역의 각 중앙정부가 참가했다는 점에서 주목할 만하다. 이 회의에는 한국·중국·몽골·러시아·일본의 5개국 환경청의 대표자와 UN기관의 대표자가 참가했다. 1988년부터 한국 정부의 제안으로 열려온 한일 환경 심포지엄에 중국이 참가하고, 소련과 몽골이 옵서버로 참가함으로써 비로소 이 회의가 성립했던 것이다. 함께 자리한 5개국 정부의 대표는 향후 매년 이 회의를 개최하기로 결정했다. 회의는 영어로 Northeast Asian Conference on Environmental Cooperation(NEAC)으로 부르게 되었다.

1993년에는 니가타 현 니가타 시를 중심으로 이와테岩手·아키타秋田·야마가타山形·후쿠시마福島·군마群馬·나가노長野·도야마富山·이시카와石川 등 여러 현이 참가한 재단법인 연구기관이 니가타 시에 설립되었다. 그 명칭은 '환일본해 경제연구소'로 했는데, 영어명칭은

'Economic Research Institute for Northeast Asia'로, ERINA를 약칭으로 했다. 즉 일본 국내적으로는 '환일본해'로 부르고, 국외적으로는 'Northeast Asia'로 부르는 방법이다. Northeast Asia는 '북동아시아'로 번역했다.

'환일본해권'과 '북동아시아'의 2본위제는 계속되었다. 니가타 현에서는 1994년까지 '환일본해 교류권 니가타 국제포럼'이 매년 개최되었지만, 1995년 이후로는 '니가타 북동아시아 경제회의'로 완전히 이름을 바꾸었다. 시마네 현에서는 1993년에 제1회 북동아시아지역 자치체회의를 개최했다. 제2회는 1994년, 효고兵庫 현에서 개최되어 동자치체연합 설치가 제안되었다. 돗토리 현에서는 1994년에 한국 강원도와 중국 지린성, 러시아 근해지역의 지사·성장省長과 돗토리 현 지사가 협의하여 환일본해권 지방정부 국제교류·협력 서미트를 시작했다. 2000년부터는 몽골 중앙中央 현이 이에 참가하고 있다. 그러나 이는 독자활동이며 지자체 간 연합 설치의 움직임은 더 확대되어 갔다.

1996년 북동아시아 지방자치체연합이 발족했다. 일본에서는 아오모리青森·야마가타山形·니가타新潟·도야마富山·이시카와石川·후쿠이福井·효고兵庫·돗토리鳥取 등 8현, 한국에서는 강원도·충청북도·전라북도·전라남도·경상북도·부산시, 중국에서는 헤이룽장성黑龍江省·산둥성山東省·닝샤후이족자치구寧夏回族自治區, 러시아에서는 하바로프스크 주·사할린 주·캄차카 주·아무르 주·치타 주·브랴트 공화국Buryat Republic, 사하 공화국Sakha Republic 등이 가입했다. 이 조직은 그 목적을 "호혜와 평등의 정신에 입각하여 자치체 간의 네트워크를 형성하고 상호 이해하에 북동아시아 지역 전체의 공동발전을 목표로 한다"고 설명하고 있다. 총회는 격년으로 돌아가면서 열리고 있다. 2002년 제4회 회의에서 몽골의 셀렝게Selenge 현과 북한의 함경북도 나선 시羅先市(두만강 개발을 위해 나진과 선봉이 병합되어 2000년에 나선으로 개칭되었음)의 가입이 결정되었다.

따라서 이 일본해 연안의 자치체를 중심으로 하는 움직임 속에서는 '환일본해권'에서 '북동아시아'로의 흐름이 진행되고 있음을 볼 수 있다.

동북아시아인가, 북동아시아인가 ● ● ●

내가 '동북아시아 공동의 집' 구상을 내놓은 1990년대 중반에는 일본 국내에서 '북동아시아'라는 말을 사용하는 사례가 늘어가고 있었다고 할 수 있다.

그러나 '북동아시아'이건 '동북아시아'이건 그 어느 쪽도 일본에서는 아직 확립되지 않은 말이다. 따라서 1985년 헤이본샤平凡社의 신판 『대백과사전大百科事典』에 '동남아시아'라는 항목은 있어도 '동북아시아'나 '북동아시아' 같은 항목은 당연히 없다. 또 1998년『고지엔廣辭苑』 제5판에도 '동남아시아'는 실려 있으나 '동북아시아'나 '북동아시아' 는 실리지 않았다. 즉 1990년대 말까지 일본에서는 '동아시아' 이외에 는 자신들이 소속된 지역을 나타내는 말과 개념이 모두 없었던 것이다.

그러나 한국에서는 '동북아시아' 하나만 통용되고 있고, 게다가 이

미 사회적으로도 확립되어 있다. 1961년에 초판이 나와 1981년에 32쇄를 펴낸 이희승李熙昇의 『국어대사전』을 보면, 동북東北과 북동北東 둘 다 있는데, 아시아가 붙는 단어는 '동북아시아' 하나뿐이다. '동남아시아'의 경우는 ASEAN, 동남아시아 농업개발회의, 동남아시아 조약기구 등의 말도 실려 있다.

한국에서는 '동북아'라는 단어를 포함한 잡지가 적잖이 존재한다. 한국의 연합통신이 1993년 7월에 창간한 잡지명은 『동북아—동북아시아 시사월간지』이다. 이 잡지는 현재 『동북아 21』이라는 이름으로 계속 발행 중이다. 한국의 정치학자 김영작金榮作 교수가 스스로 원장이 되어 출범한 동북아문화연구원은 『동북아』라는 정기간행물을 발간하고 있다. 창간호를 보면 "한국을 포함하여 중국·일본·러시아 등 동북아시아 지역"을 연구대상으로 삼고 있다. 2000년에는 김영호 교수를 이사장으로 한 동북아평화센터가 기관지 『동북아평화North-east Asia Peace Journal』를 창간했다. 2001년에는 1996년에 생긴 우리민족서로돕기운동 가운데서 '동북아평화연대'라는 새로운 운동단체가 창립되었다. 이광규李光奎 교수를 대표로 하여 중국 옌볜의 조선족, 러시아 연해주 한인과의 연대를 목표로 하는 운동이다.

북한에서도 '동북아시아' 하나만 사용한다. 1976년에 나온 조선민주주의인민공화국 과학아카데미 언어연구소와 소련 과학아카데미 동양학연구소가 공동 제작한 『조로대사전朝露大辭典』에는 '동북아시아'도 '동남아시아'도 실리지 않았다. 그러나 1993년에 재판再版이 나온 평양의 외국문서출판사와 중국의 민족출판사가 공동 제작한 『조중사전

朝中詞典』에는 '동북'과 '북동'이 모두 나오는데, 아시아가 붙으면 '동북아시아'가 된다. '동남아시아' 또한 실려 있다. 1998년에 나온 『조선대백과사전』 제6권에는 '동북아시아' 항목이 나온다.

> 아시아의 북동부를 차지하는 지방. 일명 극동이라고도 한다. 동북아시아에는 우리나라와 중국의 동북지방, 러시아의 연해주와 쿠릴-캄차카 지방, 일본열도 등이 속한다.

중국에서는 만주를 '동북'이라 부르고 있을 뿐, '북동'이라는 말 자체가 없다. 당연히 중국에서는 '동북아시아' 하나뿐이다. 중국의 동북아시아 연구는 일찍부터 매우 활발히 이루어져 왔다. 1988년에 지린성 동북아연구중심과 지린대학 동북아연구중심은 일찌감치 설치되어 있었다. 전자는 1990년에 잡지 『동북아연구』를 간행하기 시작했고, 후자는 1992년에 지린대학 동북아연구원으로 바뀌어 계간잡지 『동북아포럼』을 간행하기 시작했다. 동북아연구소도 1990년에는 랴오닝성遼寧省 사회과학원에, 1993년에는 베이징대학에 설치되었다. 또한 1999년에는 톈진天津 사회과학원에도 설치되었다. 이듬해에는 불명확하지만 헤이룽장성 사회과학원에도 설치되었다. 타이완에서도 중앙연구소의 연구그룹 명칭이 '동북아구역연구'이다.

몽골어로도 동북아시아는 'zuun(동) khoit(북) azii'이다.

그런데 한자를 연구해보면, 동東이라는 글자는 나무[木] 가운데쯤에 해가 떠오른 모습을 나타내고, 서西는 새 둥지, 해가 지자 새가 돌아가는 모습을 나타낸다. 남南은 풀이 무성한 양달을 표현하는 글자라고 한다. 그런데 북北이라는 글자는 남南을 전제로 하여 등진 정반대라는 의미이다. 방위를 말할 때, 태양이 뜨고 지는 것을 기초로 생각하기 때문에 동서가 근원적이고 남북은 2차적이다. 따라서 '동남'과 '동북'이 되는 것이다.

한자권 나라에서는 '동남아시아'와 '동북아시아'로 통일되어 있다. 일본은 한자권에 속한 나라이므로 '동북아시아'를 채용하는 것이 당연하다. '동남아시아'를 사용하면서 '북동아시아'라고 하는 것은 모순이다. 유럽어권에서는 영어의 Northeast Asia, 러시아어의 '세베로-보스토치나야 아지야'처럼 북동아시아가 된다. '북동아시아'라는 말은 한자권을 벗어나 영어의 직역을 따르고 있다. 외무성이 전후 배미주의拜美主義를 따라 만든 과課의 명칭을 중시하고 있는 것이다. 지금은 '북동아시아'라는 말을 과감히 버려야 할 때이다.

일본에서 '동북아시아'를 명확하게 명칭으로 채택한 공공기관은 1996년 도호쿠東北대학에 새로이 설립된 도호쿠대학 동북아시아연구센터이다. 도호쿠대학의 전신인 도호쿠제국대학은 1907년에 설립되었다. 도호쿠대학 동북아시아연구센터의 설립취지서에는 이렇게 씌어 있다.

동북아시아 지역이란, 서쪽의 우랄산맥에서 시베리아를 거쳐 베링 해협에 이르는 러시아 동부에, 카스피해 동해안에서 중앙아시아 · 몽골 · 중국 · 한반도를 거쳐 일본을 포함하는 지역을 가리키고 있습니다. 이 지역에는 우선 다양한 민족이 다양한 역사와 문화를 지니고 있으며, 일본인과 일본어의 루트 탐색의 낭만을 일깨워줍니다. 또 이 지역은 풍부하게 매장된 채로 손이 닿지 않은 에너지와 광물자원 때문에, 21세기 인류사회의 중요한 자원공급 기지가 되어야 할 것입니다. 한편 이 지역은 산성비와 지구온난화 가스의 대 발생원이며, 수자원의 고갈 · 산림파괴 · 핵폐기물에 의한 오염 등 다종다양한 환경문제를 안고 있습니다. 또 무엇보다도 이 지역은 중국과 러시아 그리고 미국이라는 초강대국이 만나는 접점이며, 이 지역의 안정은 세계평화의 중요한 기둥입니다. 그러므로 이 지역의 이른바 주민대표로서 일본은 非초강대국 나라들의 목소리를 배경으로, 초대국 군群 속에 끼어들어가 확고한 이념과 전망을 바탕으로 리더십을 발휘하여 세계 안정에 공헌할 책무가 있다고 믿습니다. 그리고 그 책무를 달성하기 위해 동북아시아의 지역연구를 실천하여 그 성과와 인재 육성을 통해 작은 기여를 하는 것이 본 센터의 목적입니다.

한편 시마네島根 현립대학은 2000년에 우노 시게아키宇野重昭 총장 재임 시 북동아시아 지역연구센터를 설치하고, 이듬해부터 『북동아시아 연구北東アジア研究』를 간행하고 있다.

일본이 외국과 맺은 외교문서에 처음으로 Northeast Asia가 나타난 것은 2002년 북일 평양선언이었다. 북한 측에서는 '동북아시아'라고 번역된 말이 일본어 정문正文에는 '북동아시아'로 되어 있다. 한편 2003년 노무현 대통령 취임사에서 '동북아시아' 시대, '동북아시아' 공동체가 나왔기 때문에 『아사히신문』은 마침내 이를 '북동아시아'로 번역하지 않고, 처음으로 '동북아시아(북동아시아)'라고 표현했다. 이 문제를 진지하게 검토해야 할 때가 온 것이다.

제3장
동북아시아의 과거와 현재

동북아시아 ● ● ●

동북아시아에는 과연 어떤 나라와 지역단위를 넣어야 하는 것일까? 이는 지역을 고찰하는 입장이나 사상, 비전에 따라 결정될 사항이다.

'환동해경제권環東海經濟圈'과 '동북아시아 경제권'을 염두에 둔 사람들은, 이미 살펴본 것처럼 한국 · 북한 · 일본 · 중국 · 러시아 · 몽골 6개국이 들어가는 것으로 보고 있다. UN에서는 아시아 · 태평양지역 Asia and Pacific region 산하에 Northeast Asia를 Subregion으로 하여, 한국 · 북한 · 중국 · 일본 · 몽골 · 러시아의 6개국으로 구성된다고 본다. 중국의 국제경제학자는 동북아시아가 '오국육방五國六方'으로 이루어져 있다고 했는데, 한국과 북한은 일국이방이라는 것이다. 북한의 『조선대백과사전』에서는 '우리나라(남북한)'와 중국 동북, 러시아 연해주와 일본으로 규정하고 있기 때문에 사국오방이 되는 셈이다. 몽골을 넣는다고 해도 반대는 없을 것이다.

문제는 미국과 타이완이다. 같은 중국의 국제경제학자에게 중국과 타이완도 일국이방이 아니냐고 묻자, 타이완은 UN가맹국이 아니어서 국가차원에서는 일방이 되지 않는다고 대답했다. 미국에 관해서는 '동북아시아'에는 들어가지 않는다고 대답했고, 오히려 적극적으로 넣고 싶지 않다는 의견도 나왔다.

하지만 이 지역에는 10만 명의 미군 병사들과 미국인 청년들이 거주하고 있다. 한국과 일본 양국 모두 미국의 영향은 너무나 거대하며, 이 점이 한국과 일본이 미국을 자국 역사의 일부로 생각하게 된 요인이라 할 수 있다. 이 지역 전쟁의 역사를 살펴보면, 무엇보다 미국은 가장 중요한 행위자였다. 현재 북한이 가장 주목하고 있는 나라 역시 미국이다. 또 미국은 타이완의 안전보장을 수호하는 국내법을 가지고 있다. 따라서 이 지역의 안전보장 문제를 생각할 때, 미국을 배제하며 생각하는 것은 그 목적에 부합하지 않는다. 동북아시아 공동의 집이 미국에게 대항하는 듯한 인상을 주면, 미국은 반드시 이에 반대할 것이다. 최종적으로 어떻게 될지는 아무도 모르지만, 출발점에서 미국을 포함시키지 않는 선택은 현명하지 못하다.

일본 정부에서는 오부치 총리와 고이즈미 총리가 6자회담을 제안했다. 이 6자는 한국·북한·일본·중국·미국·러시아를 가리킨다. 노무현 대통령의 취임사에 언급되지는 않았지만, 노 대통령이 발표한 문서에서 보면 '동북아시아'를 이 여섯 나라로 인식하고 있다. 이 점에서 한·일 정상들은 지금 기본적으로 공통된 인식을 하고 있는 것이다.

나는 동북아시아에 한국·북한·중국·몽골·러시아·일본·미국을 포함하여 생각하고 있다. 타이완을 국가차원에서 추가하지는 못하지만, 그에 대한 연구가 필요하기는 하다. 나는 미국을 정식으로 포함해야 한다고 주장하면서, 구체적으로는 하와이와 알래스카를 염두에 두고 있다. 하와이를 떠올리면, 타이완을 섬으로 다룰 수 있지 않을까 하는 생각이 든다. 나는 동북아시아가 국가만으로 구성되는 것이 아니라, 타이완·오키나와沖繩·사할린·쿠릴열도·하와이 등의 큰 섬도 이 지역 제2의 구성요소로 보는 것이 좋다고 판단하기에 이르렀다. 이렇게 보면, 동북아는 7개 국가와 5개의 섬으로 구성된다고 할 수 있다.

이질성과 다양성 ●●●

동북아시아만큼 문화적·역사적·정치적·경제적·사회적으로 다양하고 이질적인 지역은 없다. 이곳은 문화와 문명의 관점에서 보아도 극히 이질적인 세계를 이룬다. 역사적으로는 전쟁이나 침략, 지배와 혁명으로 말미암아 심각한 대립과 반감, 위협이 생겨났다. 정치적·경제적으로는 체제상의 다양성과 대립이 특징이다. 사회적으로는 생활수준의 격차가 벌어지는 경향과 줄어드는 경향이 공존한다.

이와 같이 다양하고 이질적인 동북아시아에서, 지역적 협력은 불가능하다고 오랫동안 생각되어온 것도 무리는 아니다.

문화와 문명의 관점에서 간단히 정리해보자. 문명적으로 이곳은 3,000년 중화문명의 발상지이다. 중화제국과 책봉栅封·조공朝貢관계에 있던 나라들이 오랜 기간 지역을 구성해왔고, 거기에 한자가 확산되면서 율령과 불교, 유교와 주자학이 전해졌다. 조선 · 타이완 · 오키나와는 중화제국과 책봉관계에 있었다. 조선은 중국문명의 영향을 받으면서도 고유한 언어를 가지고 독자적인 문화를 형성해왔다. 일본은 고대에 고구려 · 신라 · 백제 등으로부터 큰 영향을 받았고, 견수사遣隋使와 견당사遣唐使를 통해 중국문명으로부터 압도적인 영향을 받았지만, 시대가 흐름에 따라 독자문화를 개화시켰다. 일본에는 황제나 국왕의 단독통치가 아닌 천황天皇과 쇼군將軍이라는 이중권위가 존재했다. 전국시대戰國時代 이후부터 에도시대江戶時代까지는 막번幕藩체제가 존재했다.

한국 · 중국 · 일본 · 타이완 · 오키나와를 보면, 문화적으로 많은 공통점이 있다. 이 다섯 단위를 동아시아라고 부를 때에는 문화적 동질성을 전제로 하고 있다. 그러나 동북아시아는 이 동질적인 동아시아의 단위에 이질적인 국가와 지역을 추가해서 성립된 것이므로, 문화적 이질성을 특징으로 하게 된다.

근세, 근대가 되면 중국과 일본에는 포르투갈인 · 스페인인 · 영국인 · 네덜란드인이 등장하면서 서양문명이 동북아시아로 들어온다. 다음으로 북으로부터 육지를 통해 러시아인이, 바다를 건너 미국인이 이지역에 출현했다. 러시아인은 1604년에 서西 시베리아의 톰스크Tomsk에 나타났고, 1648년에는 야쿠츠크Yakutsk의 카자크(코사크)인, 데즈네프가 태평양 연안에 도달했다. 러시아인은 19세기 중엽에 연해주 지방을 청국으로부터 빼앗고 조선에 접근했다. 미국은 일본과 오키나와, 조선으로 다가왔고, 하와이를 합병했다. 러시아와 미국은 동북아시아에 그리스정교와 프로테스탄트 신앙, 러시아의 귀족문화와 미국의 민주주의문화를 전달했다.

20세기에는 러시아에 공산주의운동이 일어나, 국가사회주의라는 신문명이 러시아와 중국, 몽골과 북한을 장악했다. 한편 1931년부터 시작된 15년전쟁(일본의 만주침략. 후에 중국 전역으로 전선을 확대하여 중일전쟁으로 번졌고 15년간 전쟁이 계속됨—옮긴이 주) 시기에는 일본의 천황제가 팽창하여, 우선 조선에서 황국신민화를 실시하고 타이완과 만주로 일본문명을 넓혀갔다.

일본제국이 패배한 뒤에는 미국문명이 일본과 한국을 지배했다. 개혁개방과 페레스트로이카가 진행되면서 미국문명은 중국과 러시아에도 침투했다. 북한은 사회주의를 홀로 외로이 지키고 있지만, 문화적으로는 잡종적인 국가상을 보여주고 있다.

종교적으로 한국과 중국에서는 조상숭배사상이 기본인데, 한국에는 기독교의 침투가 크다. 일본은 종교적으로는 불교가 기본이지만, 기본적인 관습으로 변모되어 있어서 신앙적 요소는 적다. 신도神道 역시 종교적 성격을 잃어버린 상태다. 특징적인 것은, 동북아시아에는 이슬람문명의 영향이 상대적으로 적다는 사실이다. 이것도 동남아시아와 크게 다른 점이다. 동남아시아의 인도네시아와 말레이시아는 이슬람국가이다. 동북아시아에는 이슬람국가는 없고, 이슬람교도敎徒 역시 중국의 신장新疆웨이우얼 자치구나 후이족回族자치지역 등에만 있을 뿐이다. 또 구미와는 달리 이곳에는 유대인에 대한 편견이 없다.

역사의 관점에서 ● ● ●

역사적으로는 19세기에서 20세기까지 전개된 세계사의 대사건들이 모두 동북아시아에서 일어났다. 서구의 진출, 아시아의 저항과 좌절, 신·구 제국주의, 식민지주의, 군국주의적 침략, 합병과 독립, 열강들 간의 세계대전, 저항게릴라 전쟁, 점령, 러시아와 중국의 대혁명, 내전, 테러와 숙청, 민족의 강제이동, 전후개혁, 페레스트로이카, 개혁개방, 최후의 긴장이라는 근현대 세계사의 모든 드라마가 이곳에서 펼쳐졌다.

이 지역은 1894년부터 1975년까지 80년 동안 끊임없이 전쟁을 치렀다. 전쟁으로 얼룩진 지역 중 세계에 이보다 더한 곳은 없을 것이다.

우선 이 지역은 19세기 말의 제국주의적 침략과 지배의 세계적 초점이 되었다. 1894년의 청일전쟁은 열강들의 중국진출의 서막을 알렸다. 1904년의 러일전쟁은 구舊제국주의국가와 신新제국주의국가 사이의 싸움이었다. 이 전쟁에서 승리한 일본은 이웃나라 조선을 합병하여 식민지로 삼았다. 1911년의 신해혁명은 청 제국의 지배질서를 혼란시켜, 열강의 개입을 초래하는 결과를 낳았다.

제1차 세계대전은 세계사에서 '세계대전의 시대'를 여는 역사적인 대사건이지만, 주요 무대는 유럽이었고 동북아시아에서는 독일 식민지에 대한 일본의 공격 이외에는 별다른 영향이 없었으므로 획기적인 의미는 띠지 못했다. 하지만 혁명 때문에 이 세계대전에서 벗어나 있던 러시아에 미국과 일본이 군사적 간섭을 가했다. 일본의 간섭은 '시베리아전쟁'이라 부를 수 있겠다. 이 전쟁이 이어지는 가운데 1919년에 일어난 조선의 3·1독립운동과 중국의 5·4운동은 지배자요 침략자인 일본인에 대한 의문을 내포한 높은 도덕성을 띤 운동이었지만, 일본인은 이에 응답하지 않았고 독립의 가능성은 사라졌다. 일본은 시베리아에서 1922년에 기본적으로는 철수했지만, 이 침략의 결과에 대한 반성도 교훈이 되지는 못했다.

혁명 소련은 코민테른을 창립하여 공산주의운동을 세계로 확대했는데, 가장 큰 무대는 중국이었다. 코민테른은 중국 국민당과 제휴하면서, 중국 공산당을 창출했다. 조선과 일본에서도 코민테른 지부로서 공산당이 태어났다. 중국 국민당은 공산당과 제휴하여 북방 군벌에 대항한 혁명전쟁을 일으켰다.

'시베리아전쟁'에서 아무런 교훈도 얻지 못한 일본은 1931년에는 만주침략을 개시했다. 이는 1937년에 중국 전역으로 확대되었다. 중국과의 15년전쟁은 제국주의 일본이 패배로 향하는 길이었다. 일본은 1939년 노몬한Nomonhan에서 신생 소련군에게 패한 것을 계기로 북진 계획을 최종적으로 포기하고, 1941년 남진 노선을 택해 영국·미국과 전쟁을 치르게 되었다. 일본은 하와이와 홍콩을 공격해서 '대동아전쟁'을 개시했고, 전화戰火는 동북아시아에서 하와이·동남아시아·오스트레일리아로 번졌다. 이것이 동북아시아 지역에서 일어난 제2차 세계대전이다. 이 전쟁의 말기에 미국은 일본에 두 발의 원자폭탄을 투하했고 소련이 대일對日전쟁에 참전하여, 그 결과 일본은 항복했다. 50년간에 걸쳐 이 지역 전쟁의 주역이었던 일본의 패배, 일본 군국주의와 제국주의의 종언은 이 지역 모든 국민들 공동의 노력에 기초한 큰 수확이었다.

이후 일본은 군대를 해산하고 전쟁포기를 선언했다. 일본의 침략, 지배를 받고 있던 국가들에게 해방의 날이 찾아온 것이다.

그러나 동북아시아와 동아시아에서는 전쟁의 시대가 끝나지 않았다. 해방된 중국인 사이에서 공산주의자와 반공산주의자 간의 전쟁이 재개된 것이다. 인도차이나에서도 호치민胡志明의 베트민Viet Minh과 그의 건국선언을 용인하지 않으려는 프랑스 간의 전쟁이 시작됐다. 미소 냉전은 이 시기에 유럽에서 시작되었다. 소련은 유럽에서는 미국과의 협조를 계속하고 있었다. 하지만 1949년에 마오쩌둥毛澤東의 군대가 양쯔 강을 넘어 장제스의 국민당 정부를 난징南京에서 축출하기에 이르자 소련은 중국혁명을 지지하게 되었고, 동시에 미국과 대립하기 시작했다. 미국은 중국혁명에 대한 간섭을 자제했고, 장제스 정부는 타이완으로 피신했다. 중국 전역이 공산당의 지휘하에 통일되면서 중국혁명은 완성되었다. 러시아혁명에 이어 20세기 제2의 혁명도 이 지역에서 일어났다.

소련과 중국이라는 강대국이 공산주의 세계를 이루었다. 미·소에게 분할 점령당한 조선에서는, 1948년에 각각 조선의 전역을 자신들의 영토라고 주장하는 2개의 국가가 출현하여 서로 대립하는 가운데 각기 무력통일을 지향했지만, 역시 각각 미·소 양국에 의해 억제되고 있었다. 1949년에는 한국의 움직임이 활발해졌지만, 1950년에는 북한이 소련과 중국의 지지와 원조를 받아 무력통일의 의지를 실천으로 옮겼다. 한국전쟁이 시작되자 미국이 UN의 이름으로 개입해 북한군을 남으로부터 격퇴하고, 한국군을 선두로 북상하여 UN의 이름으로 통일을 실현하려 했다. 이때 중국의 개입으로 한국전쟁은 미중전쟁으로 전환되었다. 소련은 공군을 몰래 참전시키고 있었고, 일본 요코다橫田와 오키나와沖繩의 가데나嘉手納 기지는 미 공군의 작전기지로 쓰이고 있었다. 타이완의 국민당 정부는 한국 내의 포로수용소에 요원을 파견했다. 이 전쟁을 동북아전쟁이라고도 할 수 있다. 한편에는 중국으로 대표되는 공산주의적 내셔널리즘이 있고, 다른 편에는 비공산주의적 내셔널리즘과 미국이 있어, 양자가 대립하는 전쟁의 구도가 명확히 떠올랐다. 한국전쟁에 의해 미소 냉전은 군사적 초대국의 일상적인 대치, 핵 군비확장이라는 형태를 띠게 되었다.

한국전쟁과 인도차이나전쟁 모두 1950년대 중반까지는 정전에 도달했지만, 남북한에서는 평화를 위한 어떠한 합의도 이루어지지 않았고, 베트남에서는 합의된 선거가 부정되어 내전이 재개되었다.

1964년부터 미국이 베트남에 개입해서 가공할 만한 베트남전쟁이 시작되었다. 북베트남의 배후에는 중·소가 있었고, 미국 측에는 한국군이 참전했으며, 미국의 통제를 받던 일본의 오키나와는 미 공군의 작전기지였다. 북한은 북베트남에 공군 조종사를 파견하고, 서울로 게릴라를 침투시켰다. 베트남전쟁 역시 동아시아 전역을 끌어들인 전쟁이었고, 이 전쟁은 10년 동안 계속되었다. 이렇게 제2차 세계대전 이후에도 30년간이나 전쟁이 동북아시아 지역을 뒤덮었다.

이 동안에 소련과 중국은 대립하게 되어서 1969년에는 아무르 Amur 강(헤이룽 강黑龍江)의 다만스키Damanskii 섬, 즉 전바오 섬珍寶島에서 군사적 충돌이 일어났다.

동아시아와 동북아시아에서 치러진 전쟁을 살펴볼 때, 전쟁의 이름 때문에 혼란스러움을 느낄 때가 있다. 전쟁이 치러진 장소에 주목하여 이름을 붙이는 경우와 싸우는 당사자에 주목하여 이름을 붙이는 경우가 있는데, 그 기준이 통일되지 않았다. 여기서 개념을 정리하기 위해 과거 80년간 동북아시아에서 벌어진 전쟁을 모아, 전장戰場과 전쟁 당사자에 주목해서 명명命名해보려고 한다. 그 결과가 다음의 표이다.

표를 보면 새삼 이 지역의 계속된 전쟁 양상에 깊은 인상을 받게 된

〈 80년간의 동북아시아 전쟁 〉

연도	명칭	전장에 따른 명명	전쟁 당사자에 따른 명명
1894	청일전쟁	제1차 조선전쟁	제1차 중일전쟁
1904	러일전쟁	제1차 만주전쟁	제1차 러일전쟁
1910	한일합병	조선 식민지화	일본의 조선지배
1914	제1차 세계대전	아오시마青島전쟁	독일獨日전쟁
1918	시베리아 출병	시베리아전쟁	미러전쟁 · 제2차 러일전쟁
1924~37	중국내전	제1차 중국전쟁	군벌 대 국민당 · 공산당
1929	중소충돌	만주국경 전투	제1차 중러전쟁
1931	만주사변	제2차 만주전쟁	제2차 중일전쟁
1937	중일전쟁	제2차 중국전쟁	제2차 중일전쟁
1939	노몬한사건	몽골전쟁	제3차 러일전쟁 · 일몽日蒙전쟁
1941	대동아전쟁	태평양전쟁	미일전쟁 · 일본 대 영 · 네 · 호 · 중전쟁
1945	소련의 대일對日 참전	제3차 만주전쟁	제4차 러일전쟁
1945	중국내전	제3차 중국전쟁	국공國共내전
1946	인도차이나전쟁	제1차 인도차이나전쟁	불월전쟁
1950	한국전쟁	제2차 한국전쟁	남북내전 · 북미전쟁 미중전쟁 · 미소전쟁 · 한중전쟁
1960	베트남전쟁	제2차 인도차이나전쟁	미월전쟁 · 한월전쟁
1969	중소분쟁	아무르 강 전투	제2차 중러전쟁
1975	베트남전쟁 종전		

다. 전투가 치러진 전장이라는 면에서 볼 때, 중국 본토와 만주, 한반도와 인도차이나가 수없이 등장하고, 이 지역이 오랫동안 전쟁의 무대였다는 사실이 명백해진다. 또 동북아시아를 구성하는 모든 국가가 한번씩은 서로 전쟁을 치렀다는 사실도 알 수 있다. 이보다 더 전쟁의 피해를 입은 지역은 없을 것이며, 또 평화를 이보다 더 원하는 곳 역시 없을 것이다. 그리고 지금은 전쟁을 하고 있지 않지만, 한반도와 타이완해협에는 아직 진정한 평화가 깃들지 못하고 있다. 그런 의미에서 지난 80년간 동아시아에서 계속된 전쟁의 상처를 치유하고 긴장을 극복하여 새로운 평화와 상호신뢰, 협력, 공생의 동북아시아를 만드는 일이 급선무이다.

정치 · 경제체제의 관점에서 ●●●

이 지역에는 자본주의 거인이면서 민주주의의 총본산인 미국이 동쪽 끝에 있으면서, 일본과 중국에 영향력을 끼쳐왔다. 한편 서북쪽의 러시아에서는 20세기의 세계적인 혁명이 일어나 공산주의 대국이 출현했다. 일본은 후발 자본주의국가로서 동북아시아로 지배력을 확대하여 먼저 조선을 합병했다. 러시아혁명에는 일본과 미국이 협력하여 간섭했으나 혁명을 억제하지는 못했다. 러시아혁명이 몽골로 직접 수출되어 몽골이 공산화되었다. 러시아는 코민테른을 조직하여 중국에 공산주의를 확대하기 위해 힘을 쏟았다. 일본은 만주를 침략하여 만주국을 건설하고, 만주국을 통해 중국으로 침략을 확대했다. 일본은 천황을 신

격화하고 천황 중심의 고도 국방국가, '전체주의' 국가를 구축했다. 미국은 일본의 중국침략을 용인하지 않겠다는 태도를 취했고, 결국에는 미일전쟁을 통해 일본의 국가체제에 궤멸적 타격을 입혔다. 패전 후 일본은 미국 점령군에 의해 민주화·비군국주의화되었다. 조선은 미·소에게 분할 점령되어, 남과 북에 각각 자본주의적 권위주의체제, 공산당 주도의 국가사회주의체제가 탄생했다. 중국은 일본과의 전쟁에서 살아남은 공산당 군이 국민당 군을 격파하고 20세기 제2의 대혁명인 중국혁명을 실현하여, 중국대륙에는 공산당 주도의 통일국가가 탄생했다.

이렇게 동북아시아에서는 동남쪽으로 미국이 한국과 일본, 오키나와와 타이완을 영향권에 두고 있는 것에 반해, 서북과 서방으로는 2개의 공산주의 대국이 나란히 존재하면서 몽골과 북한을 공산주의 국가로 만들었다. 따라서 이 지역은 자본주의 진영과 공산주의 진영의 경계선 한복판에 놓이게 된 셈이다. 이 점은 유럽과도 같지만, 동북아시아에서는 소련과 중국이 나란히 위치했다는 점이 훨씬 더 심각한 대립의 요인이었다고 하겠다.

자본주의의 거인 미국과 소련·중국의 대결은 미소냉전, 중미대립으로 연결됐다. 일본은 미국의 기지이면서 동시에 손아래의 파트너였다. 그러나 1970년대에는 자본주의 국가의 정점인 미국과 GNP로는 세계 제2위인 일본이 있었고, 개발도상국으로 크게 활약한 한국과 타이완이 그 뒤를 이어, 경제적으로 공산주의 진영을 압도하고 있었다. 정치적으로는 의회제 민주주의가 일본에 뿌리를 내려 자민당 일당 영구집권체제가 계속되었고, 한국과 타이완에서는 권위주의적 독재가 이어졌다. 하지만 경제발전과 중간층의 형성에 기반한 힘겨운 민주화투쟁의 결과, 한국과 타이완도 1980년대 말에 민주화를 달성했다.

러시아 극동지역은, 혁명이 러시아 중앙부보다 개방적이어서 통일전선의 경향을 띠었다. 미국에서 귀국한 유대인 변호사 크라스노시초코프는 극동혁명의 대표적 지도자였다. 미국과 일본이 이 지역에 쳐들어가서 시베리아전쟁이 시작되자, 소비에트 정권은 스스로 해산하고 타이가Taiga의 농민들 속에 은둔하며 비정규전을 치렀다. 그리고 일본군의 철수를 촉구하기 위해 1920년에 비공산 민주국가인 극동공화국 Far Eastern Republic이 탄생했다. 그러나 일본군이 철수하자 1922년에 극동공화국은 폐지되고, 소비에트 체제가 러시아 극동지방을 장악하기에 이르렀다. 그 후 사회주의화가 진행된 1930년대의 극동지방은 수용소 지역으로 바뀌었다. 1953년 스탈린 사후, 스탈린 비판이 일어나 수용소는 폐쇄되고, 개인 독재체제도 해체되었다. 1970년대에 성숙한 국가사회주의체제는 더 이상 나아갈 곳이 없게 되었고, 1980년대 후반 고르바초프의 페레스트로이카가 시작되었다. 1991년에는 반反고르바초프 쿠데타가 일어나 사회주의의 종언을 고하기에 이르렀다. 소련 공산당은 해체되고, 소비에트연방도 해체되었다. 러시아는 자본주의와 민주주의를 향한 힘겨운 길을 걷기 시작했다. 특히 극동러시아는 더 곤란한 경제상황에 놓이게 되었다.

중국에서는 1949년에 혁명을 이루고 토지개혁이 실시되어, 소련식 사회주의화가 진행되었다. 1956년 스탈린 비판이 일어나자 중국에서도 '백화제방 백가쟁명百花齊放 百家爭鳴'(온갖 꽃이 같이 피고 많은 사람들이 각기 주장을 편다는 뜻으로 1956년 공산당 선전부장인 루딩이陸定—가 연설에서 사용한 말—옮긴이 주)책을 채택했지만, 격렬한 당 정부 비판이 분출했기 때문에 즉시 반反우파투쟁으로 전환되었다. 그 후 대약진정책이 추진되었으나 정책의 실수로 1000만 명 규모의 아사자餓死者를 낸 농업위기를 초래했다. 이를 조정·타개하려던 때에 마오쩌둥이 반격하여 프롤레타리아 문화대혁명을 일으켰다. 이에 공산당 조직을 뒤흔든 효과는 있었지만, 자기비판을 강제하거나 무력투쟁으로 말미암아 수많은 희생자가 발생했다. 마오쩌둥의 사후, 부인인 장칭江靑 등 4인방을 타도하고 덩샤오핑鄧小平이 권력을 잡아 개혁개방노선을 취했다. 중국은 사회주의적 시장경제를 지향해 나아갔고, 그 후 중국의 변모는 눈이 부실 정도였다. 특히 상하이의 발전은 놀라웠다. 중국 공산당은 잔존하여 유연한 당 국가체제를 유지하고 있다.

몽골은 1921년, 소련의 영향을 받은 몽골 인민당을 중심으로 혁명을 일으켜, 당초 티베트불교의 활불活佛(티베트 라마교의 독특한 교리적 존재인 라마의 전생轉生을 일컫는 말. 전생자轉生者라고도 한다—옮긴이 주)을 원수로 하는 체제를 세웠지만, 1924년에 이를 해산시키고 사회주의를 지향하는 인민공화국을 세웠다. 사회주의국가가 성립된 것은 제2차 세계대전 후의 일이었다. 페레스트로이카 속에서 가장 빨리 탈사회주의화를 지향하고 선언했지만, 그 길이 순탄하지는 않았다.

이 외에 국가사회주의의 고도孤島이며, 국가사회주의 중에서도 아주 독특한 개인 독재체제인 '정규군 국가체제正規軍國家體制'의 북한이 있다.

동북아시아의 정치경제체제의 분화 역시 심상치 않다.

국가의 규모, 부와 힘의 격차 ●●●

동북아시아는 한반도의 두 나라와 일본을 중심으로 러시아 · 중국 · 미국이라는 세 강대국이 둘러싼 형태를 이루고 있다. 세 강대국은 동북아시아 지역 밖으로 뻗어나가 다른 지역과 접촉하거나 다른 지역의 구성요소가 되기도 한다. 이 세 나라를 통해 동북아시아는 유럽 · 중앙아시아 · 서아시아 · 동남아시아 · 라틴아메리카와 연결되고, 폐쇄적 지역이 아닌 글로벌한 세계로 뻗어갈 수 있는 개방적인 지역으로 바뀐다.

동북아시아의 모든 나라들은 그 규모와 면적, 인구 면에서 차이가 매우 현격하다. 면적에서는 러시아와 중국, 미국이 압도적으로 크다. 중국과 러시아 극동지방이 하나의 그룹을 형성한다. 몽골과 알래스카는 같은 규모이다. 한국→북한→일본 순으로 면적이 커진다. 인구로는 중국이 압도적이고, 미국은 중국의 5분의 1을 조금 넘지만 상당히 많은 편이다. 러시아와 일본은 같은 규모이다. 그 이하는 한국 · 북한 · 러시아 · 극동지방 · 몽골 그리고 하와이 · 알래스카 순으로 이어진다.

1인당 GNP는 2000년 현재 미국이 3만 4260달러, 일본이 3만 3091달러이다. 다음으로 타이완이 1만 4188달러, 한국이 9770달러이다. 1만 달러 이상이면 선진국이라 부를 수 있다. 러시아 극동은 1955달러, 러시아 전체는 1660달러이다. 중국은 855달러이다(『アジア動向年報 2002』, アジア經濟硏究所). 중국에 관해서는 지역별로 고려하지 않으면

〈 동북아시아 국가 / 지역의 면적과 인구 〉

국가 / 지역	면적(km²)	인구(조사실시년)
몽골	1,566,500	2,383,000 (2000년)
북한	122,762	22,175,000 (2001년)
한국	99,656	47,676,000 (2001년)
일본	372,313	127,000,000 (2000년)
중국	9,596,961	1,260,000,000 (1999년)
타이완	35,982	22,270,000 (2000년)
러시아	17,075,400	145,182,000 (2002년)
러시아 극동	6,215,900	6,687,000 (2002년)
미국	9,383,123	281,422,000 (2000년)
알래스카	1,527,464	627,000 (2000년)
하와이	11,641	1,212,000 (2000년)

〈 동북아시아 주요 도시의 인구 〉

도시	인구(조사실시년)
상하이	16,740,000 (2000년)
베이징	13,820,000 (2000년)
도쿄	11,950,000 (2000년)
서울	10,260,000 (1999년)
충칭	9,692,000 (2000년)
하얼빈	9,413,000 (2000년)
선양	7,204,000 (2000년)
창춘	7,135,000 (2000년)
평양	2,740,000 (1996년)
타이베이	2,641,000 (2002년)
울란바토르	691,000 (2000년)
블라디보스토크	592,000 (2002년)
하바로프스크	583,000 (2002년)
호놀룰루	372,000 (2000년)
앵커리지	260,000 (2000년)

출전 : *Britannica Book of the Year 2003*, 『中國鄕 · 鎭 · 街道人口資料 2002』, 「러시아 국가통계위원회의 2002년 센서스 속보치」 등에서 인용.

의미가 없을 것이다. 내륙부와 연안지방 사이에는 큰 차이가 있고, 연안지방은 한국과 타이완을 뒤쫓고 있다. 1990년의 북한에 대해서는 여러 가지 계산이 있다. 마커스 놀랜드Marcus Norland의 계산으로는 1538달러, 황이궈黃義郭의 계산으로는 1031달러, 북한 정부가 UN에 제출한 숫자는 835달러이다(和田春樹, 『北朝鮮』, 岩波書店, 1998). 1990년대 전반부터 시작된 경제 붕괴, 1990년대 후반의 자연재해로 인한 식량위기로 이 수치는 오히려 내려가고 있다고 여겨진다. *Britannica Book of the Year 2003*에 의하면 1999년 북한의 1인당 GNP는 740달러이다. 같은 자료에서 몽골은 390달러이다. 500달러 이하이면 극빈국으로 본다.

군사력의 척도인 병력 수를 보면, 1995년 현재 중국이 293만 명, 미국이 154만 7300명, 러시아가 152만 명, 북한이 112만 8000명으로, 전 세계에서 100만 이상의 군대를 보유하는 5개국 중 4개국이 이 지역에 모여 있다. 한국은 63만 3000명이고 타이완은 37만 6000명이다. 그리고 일본의 자위대가 23만 9500명이다. 몽골은 가장 적은 2만 1100명이다(*Military Balance 1995~96*).

핵 대국과 피폭 민족 ●●●

미국과 러시아, 중국 이 세 대국은 모두 세계의 핵보유 3대국이기도 하다. 인류 역사상 실제로 사용된 핵폭탄 두 발이 모두 이 지역에 투하되었다. 미국의 원자폭탄이 일본의 두 도시, 히로시마廣島와 나가사키長崎에 투하되어 일본인과 조선인이 그 피해를 입었다.

현재 일본은 비핵 3원칙을 가지고 있다. 핵무기를 만들지도 소유하지도 반입하지도 않는다는 원칙인데, 핵무기를 탑재한 미국 함선의 입항에 대한 통제는 이루어지지 않고 있다. 남북한은 1992년에 남북 비핵화선언을 체결했다. 미국은 한국에서 전술핵을 철수하겠다고 발표했다. 그러나 북한은 구소련과의 동맹관계가 붕괴된 후, 미국의 공격에 대항하기 위해서는 독자적 핵무기를 반드시 보유해야 한다는 고정관념에 사로잡혀 있는 듯 보인다. 이에 대해 미국은 북한의 핵무기 보유를 인정하지 않고, 이를 저지하기 위해서는 군사적 행동도 불사하겠다는 태도를 취하고 있다. 한국과 일본, 중국과 러시아도 북한의 핵보유를 반대하고 있다. 몽골도 1992년에 비핵 국가임을 선언했다.

핵 대국 사이에 피폭 민족이 있어서, 북한의 핵무기 개발문제가 이 지역 위기의 초점이 되고 있는 것이다.

분단국가와 영토문제 ●●●

마지막으로, 오늘날 세계에 마지막으로 남은 두 개의 분단국가가 이 지역에 존재한다. 남북한과 중국·타이완이다. 남북한 간에는 전쟁이 이미 있었고, 중국과 타이완의 분열도 내전의 결과물이다. 분단을 전쟁으로 극복하는 일은 이제 불가능하지만, 아직도 분단 상황은 전쟁의 가능성을 잠재적으로 내포하고 있다.

또 이 지역에는 영토문제가 세 개나 있다. 가장 큰 문제는 일본과 러시아 사이의 북방 4개 도서문제이다.

일본과 러시아는 1875년의 조약으로 북쪽 변방에 국경을 획정하여 전체 쿠릴열도는 일본령, 사할린 전체는 러시아령이 되었다. 하지만 러일전쟁의 결과 일본은 러시아로부터 사할린 섬의 남쪽 절반을 할양받았다. 제2차 세계대전 중, 일본과 소련은 중립조약에 따라 평화적인 관계를 유지하고 있었다. 연합국은 소련에게 대일對日전쟁에 참가할 것을 요구하며, 얄타비밀협정에서 참전조건으로 남부 사할린의 반환과 쿠릴열도의 인계를 보장했다. 소련은 대일전쟁에 참전하여, 점령한 남부 사할린과 쿠릴열도 그리고 하보마이제도歯舞諸島의 병합을 1946년에 선언했다.

샌프란시스코 강화조약에서 일본은 남부 사할린과 쿠릴열도에 대한 권리를 포기했다. 강화회의석상에서 요시다 시게루吉田茂 전권위임자全權委任者는 하보마이, 시코탄 섬色丹島을 홋카이도의 일부라고 하며 영토권을 주장했다.

소련은 샌프란시스코 강화조약에 조인하지 않았으므로, 1955년 하토야마 이치로鳩山一郎 내각은 일소 국교교섭을 개시했다. 이때 마쓰모토 준이치松本俊— 전권위임자가 가지고 갔던 훈령에는 최종적으로 하보마이제도와 시코탄 섬의 반환을 목표로 하는 정책이 반영되어 있었다. 소련이 두 섬의 반환에 응하겠다는 의사를 표명하자, 시게미쓰 아오이重光葵 외무장관과 외무성 간부는 남 지시마(쿠릴)의 반환을 요구하고 그 외의 영토처리는 국제회의에 맡기자는 역逆제안 방침을 굳혔다. 교섭을 계속하려는 의도와 교섭 타결을 저지하려는 의도가 이 결정에 반영된 것으로 보인다. 당연히 교섭의 진행은 어려워졌다. 1956년 8월에 시게미쓰 외무장관이 모스크바에서 교섭을 시도했지만 소련의 양보를 얻어낼 수 없다는 사실을 깨닫게 된다. 시게미쓰 외무장관이 2개 섬 반환으로 평화조약을 조인하려 했을 때, 하토야마 총리는 이를 인정할 수가 없었다. 총리는 이러한 정세 속에서 잠정협정으로 국교를 회복하고 영토문제는 계속 교섭하는 길을 택하려 했지만, 자유민주당은 2개 섬 반환으로 국교를 회복하고 나머지 2개 섬에 대해서는 계속 심의하겠다는 새로운 당 정책을 내걸었다. 소련을 방문한 하토야마 총리가 새로운 당의 정책노선을 밀어붙인 결과, 소련은 일소공동선언에 평화조약 체결 시의 2개 섬 반환 약속을 포함시키겠다고 동의했다. 결국 이 내용을 담은 일소공동선언은 1956년 10월 19일에 조인되었다.

1960년 1월 미일안보조약이 개정되자 소련 정부는 2개 섬 반환의 조건으로 일본영토에서 모든 외국군대를 철수시킬 것을 추가하여, 사실상 반환약속을 백지상태로 되돌릴 뜻을 표명했다. 이케다池田勇人 총리는 1961년 국회에서, 지시마에는 예부터 남 지시마란 것은 없었고, 강화조약에서 포기한 지시마열도 중 에토로후擇捉, 구나시리國後 섬은 이에 해당하지 않는다고 말했다. 이때 대결 논리에 기초한 4도 반환론이 확정되었다. 교섭은 완전히 결렬된 상태로 세월이 흘러갔다.

고르바초프 서기장의 등장과 페레스트로이카의 개시는 일소관계에도 좋은 영향을 끼쳤지만, 1991년에 고르바초프가 일본을 방문했을 때에는 2개 섬의 반환을 약속한 1956년의 일소공동선언을 재확인하는 것조차 불가능했다. 귀국 후 쿠데타로 쓰러진 고르바초프의 뒤를 이어 지도자가 된 옐친에게서도 결국은 1956년 일소공동선언에서의 약속을 명시적으로 재확인받지는 못했다. 옐친은 1993년에 일본을 방문해서 4개 섬의 귀속을 결정하여 강화조약을 체결하겠다는 도쿄선언東京宣言을 했고, 1997년에는 하시모토橋本 총리의 유라시아 외교연설에 감격하여 2000년 말까지 강화조약을 체결하도록 노력하겠다고 약속했다. 그러나 4개 섬의 일괄반환론 중 가장 유연했던 가와나川奈제안을 끝내 받아들이지 않은 채 퇴진하고 말았다. 옐친의 후임으로 등장한 푸틴 대통령은 1956년 선언을 재확인하려 했고, 2001년 3월 이르쿠츠크에서 모리 요시로森吉朗 총리와 함께 이르쿠츠크 공동성명을 내기에 이르렀다. 이에 의해 2개 섬 반환을 확인받고, 나머지 2개 섬에 대해 교섭하겠다는 교섭 방식이 가능해졌지만, 이를 위험시하는 세력의 비판에 막혀 2002년 교섭의 추진력이었던 도고 가즈히코東鄕和彦 외무성 구주국장歐洲局長과 스즈키 무네오鈴木宗男 의원이 실각하면서 영토교섭은 가로막혔다.

두 번째로는 일본과 한국 사이에 다케시마竹島/독도獨島 문제가 있다. 일본에서는 다케시마, 한국에서는 독도라 부르고 있다. 일본의 오키隱岐제도 북서쪽 157킬로미터, 한국의 울릉도 동쪽 92킬로미터 지점에 있는 2개의 바위섬(한국에서는 東島·西島, 일본에서는 男島·女島)을 가리키는 말이다. 본래 무인도이며, 섬 주변은 훌륭한 어장이다. 17세기에 한·일 양국 어민이 조업 중에 대립하여, 에도막부의 명을 받은 쓰시마對馬 출신 무네宗가 조선과 교섭했으나 쌍방이 모두 자국 영토라고 주장하여 교섭은 결렬됐다. 근대에 이르러 1881년 조선은 이 섬을 독도라 부르게 되었다. 한편 일본이 다케시마라는 명칭을 채용한 것은 러일전쟁이 한창이던 1905년 1월 28일 내각회의에서 '본국소속'이라 한 것을 근거로 2월 22일 시마네島根 현이 이를 고시告示한 때였다. 러일전쟁의 과정에서 일제의 보호를 받던 조선은 1906년 울릉군수 보고에 '본부소속 독도本部所屬獨島'라고 기술했다.

1910년 일본의 조선병합 이후 독도문제는 의미를 잃게 되었다. 하지만 일본의 패전하고 조선이 독립한 후 1946년 1월 29일 연합군 총사령관 지령SCAPIN 677호에 따라 이 섬은 울릉도, 제주도와 함께 일본의 범위에서 제외되었다. 게다가 1952년 1월 18일에 설정된 이승만 라인에 포함되었기 때문에 일본 어선은 접근할 수 없었다. 한국전쟁 정전 후인 1954년 2월 10일, 일본 정부는 다케시마에 대한 영유권을 주장했지만, 한국은 10월 28일에 이를 인정하지 않는다고 통보하고, 이후 이 섬에 무인등대와 무전시설을 설치했다. 대립은 1965년의 한일조약체결에서도 결판나지 않았다. 한국은 독도가 한국 영토라고 주장하며 1997년 이곳에 500톤급 선박이 정박할 수 있는 접안시설을 만들고, 1999년 3월부터는 유인등대를 가동시키고 있다. 일본은 영유권 주장을 계속하고 있지만, 한국의 실효지배에 대항할 만한 조치는 취하지 않고 있다.

세 번째로 일본과 중국 사이에 있는 센카쿠尖閣열도/조어도釣魚島(다오위타이釣魚臺열도) 문제가 있다. 이노우에 기요시井上淸의 『센카쿠열도尖閣列島』(第三書館, 1996)에 의하면, 류큐의 섬들과 중국 푸젠福建 사이의 항로에 조어도로 명명된 섬이 있다는 기록이 16세기의 중국문헌에 등장한다. 일본에서는 1785년에 작성된 하야시 고헤이林子平의 『삼국통람도설三國通覽圖說』에 조어대釣魚臺라는 섬을 기재하면서, 중국령과 동일한

갈색으로 칠해놓고 있다. 1845년 영국의 군함 사마란호가 이 섬을 측량했는데, 그때 조어도를 'Hoa-Pin Island'라 부르고 그 동쪽 섬을 'Pinnacle Islands'라 명명했다. Pinnacle이란 그리스도 교회의 첨탑형 지붕을 이르는 말이다. 섬의 모양을 보고 이렇게 칭했을 것이다.

청일전쟁에서 일본이 청국으로부터 타이완을 할양받은 것이 1895년인데, 일본 측이 이 섬에 명칭을 부여한 것은 사실 1900년이었다. 오키나와 사범교유師範教諭였던 구로이와 고黑岩恒가 이들 섬을 조사하고 '센카쿠尖閣열도'라는 이름을 붙인 것이다. 이는 명백히 'Pinnacle Islands'를 일본어로 옮긴 것이다.

일본의 패배와 함께 타이완은 중국령이 되었지만, 오키나와를 군정하에 두고 있던 미군은, 센카쿠열도에 속하는 구바 섬久場島, 다이쇼 섬大正島을 사격장으로 사용하고 있었다. 1970년 8월 31일 미국의 시정권 아래 있던 류큐 입법원이 「센카쿠열도 영토방위에 관한 요청결의」에서 최초로 영유권을 주장했다. 이 결의를 받아 류큐 정부가 9월 중에 「센카쿠열도의 영토권에 대하여」라는 성명을 냈다. 오키나와의 일본 반환이 머지않았음을 계산에 넣은 행위였다.

이에 대해 중화인민공화국 정부는 1971년 12월 30일의 성명에서 조어제도釣魚諸島에 대한 중국의 영유권을 주장했다. 타이완의 중화민국 정부도 같은 주장을 폈다.

이렇게 대립이 명확해졌지만 1972년의 중일 국교정상화와 중일 공동성명에서는 이 문제를 다루지 않고 뒤로 미룬 채, 합의가 이루어졌다. 현재 이 섬에는 일본의 우익단체가 무인등대를 설치하고, 일본의 해상보안청이 주변해역을 실효지배하고 있다. 홍콩이나 타이완에서 해상시위를 벌이기 위한 선단이 계속 접근하고 있다.

이들 영토문제는 군사적 충돌을 일으킬 가능성은 없지만, 감정적 대립을 불러올 수 있는 문제임에는 틀림없다.

갈등과 대립의 지역 ● ● ●

전 세계적으로 동북아시아만큼 이질적이고 갈등이 심각한 지역은 없다. 물론 다양성과 대립은 이곳 외에도 있다. 북미 대륙의 캐나다와 미국, 멕시코의 경우는 원래 이민사회이므로 백인·흑인·히스패닉계·아시아계가 있어 인종적으로 다양하다. 하지만 이곳에 사회주의는 없다. 남아시아의 인도와 파키스탄은 힌두와 이슬람의 종교대립, 중동은 아랍·이슬람 세계 속에 유대교인 이스라엘이 있어서 2항 대립적二項對立的 갈등이 심각하다. 러시아와 중앙아시아를 포함하는 유라시아 세계의 경우는 슬라브·그리스도교 문화와 타타르·이슬람 문화, 또 유대인의 요소가 있어서 매우 다양하지만, 러시아의 힘이 압도적으로 강하다.

동질성이 높은 지역도 있다. 유럽은 문화적으로 동질적이다. 동유럽도 탈사회주의화했기 때문에 이곳을 포함해서 동질적이라고 할 수 있다. 물론 아랍·아프리카·터키계의 이민문제는 존재한다. 중남미도 동질적 세계이고 쿠바의 사회주의가 눈에 띄기는 하지만, 그다지 특수성을 띠지는 못한다. 아시아에서 동남아시아는 훨씬 동질적이다. 이곳엔 구舊제국주의 국가가 없으며, 모든 국가가 유럽의 진출 대상국이

었던 나라들로서 아직 핵을 보유한 대국도 없다. 동남아시아는 화교華
僑의 세계로서 이들은 타이와 필리핀에서는 지배계급에 동화되어 있고,
싱가포르에서는 지배세력이다. 인도네시아와 베트남에서는 박해의 대
상이 된다. 인도네시아와 말레이시아는 이슬람이 지배적인 국가이다.
필리핀과 동티모르는 가톨릭 국가이고, 필리핀의 반정부세력은 이슬람
이다. 베트남은 사회주의적 시장경제 국가이다.

　　이렇게 보면 전 세계에 동북아시아만큼 심각한 갈등을 겪은 지역
은 없고, 동북아시아만큼 공통 요소가 적은 동시에 이질적이며 대립적
인 지역은 없다. 유럽과 동남아시아에 지역공동체를 향한 움직임이 있
지만 동질성을 전제로 하는 것이라면 동북아시아에서는 공동의 집을
만드는 일이 불가능하다는 결론을 내릴 수밖에 없을 정도이다.

　　그러나 유럽과 같은 동질적인 지역이 하나로 뭉친다고 해도, 인류
에게 메시지를 전달하지는 못한다. 그것은 어디까지나 지역적인 존재
를 벗어나지 못하기 때문이다. 이질적인 지역이야말로 그것이 하나로
뭉치면 글로벌한 의미를 지닌다. 그러므로 동북아시아의 사람들이 과
거의 한을 풀고, 사회 시스템의 차이를 극복하면서 인간적이고 평화로
운 협력관계를 구축할 수 있다면, 그 결속은 전 세계가 평화롭게 협력
해나가는 길을 열어줄 것이다. 동북아시아에 공동의 집이 탄생한다면
전 인류적 공동의 집으로 향하는 길이 열릴 것이다.

　　이런 의미에서 동북아시아는 가능성으로 가득 찬 지역이라 할 수
있다.

제4장
한반도의 중심성과 한국의 주도권

한반도의 중심성 ● ● ●

동북아시아 각국이 공존공생하며 협력해가기 위해서는 매개체와 중심이 필요하다. 나는 그 중심이 한반도이며 한국과 북한의 블록, 더 나아가서는 통일한국이라고 생각한다.

동북아시아를 지정학적으로 볼 때 그 중심은 말할 것도 없이 한반도이다. 대륙에서 해양으로 뻗어나와 동아시아 최대의 섬인 일본과 대륙을 연결하는 한반도는 동북아시아의 중심에 적합하다. 또 한반도는 고대의 중국과 조선의 문화를 일본에 전해 일본을 키운 스승이었다.

그러나 원元나라 시대에는 원의 지배를 받았고, 원은 고려를 거쳐 일본 정벌에 나섰다. 한편 16세기에 일본의 지배자 도요토미 히데요시豊臣秀吉는 조선을 굴복시키고 명明을 공격한다는 구상 아래 두 번에 걸쳐 조선침략군을 보냈다. 근대에 이르러 일본은 조선이 러시아의 손아

귀로 떨어질 것을 경계하여 조선으로 진출, 이를 지배하려 했다. 결국 20세기 초 조선은 일본의 식민지가 되는 비운을 맞이하게 되었고, 일본은 조선을 합병하면서 대륙침략의 길로 나섰다. 일본이 제2차 세계대전에서 패배한 후, 일본과 전쟁을 벌인 미·소 양군에 의해 한반도는 해방되지만 38선을 경계로 분할 점령되기에 이르렀다. 그리하여 하나의 반도 위에 정통성을 다투는 두 개의 국가가 탄생했고, 1950년에는 무력통일전쟁이 일어나 미국·소련·중국이 전쟁에 개입하고 일본도 이에 말려들었다. 이 전쟁은 실로 동북아시아 전쟁이었다. 냉전시대의 휴전선은 동북아시아 두 체제의 대치선이었으며, 냉전이 끝난 후에도 남북 간 대립은 그대로 계속되었다. 한국에겐 미국이 있고 그 배후에는 일본이 있다. 그리고 한국은 중국·러시아와 화해한 반면 북한은 동맹국을 잃었다.

한반도는 동북아시아 전체의 운명을 좌우하는 긴장과 대결의 장이다. 따라서 한반도에 평화와 화해가 확립된다면 동북아시아 전체의 평화와 협력이 가능해진다. 또 한국과 북한 사이에 화해와 공존의 블록이 탄생한다면, 이는 동북아시아 공동의 집을 이끌어가는 원동력이 될 것이다. 더 나아가 한국과 북한의 통일이 실현된다면, 그 견인력은 더욱 강해질 것이다.

마지막으로 한국에는 민주화 혁명을 실현시킨 국민적 에너지가 있다. 한반도는 동북아시아에서 정치적 에너지의 중심인 것이다.

두 개의 한국 ● ● ●

한반도에 형성된 적대감의 성격을 파악하기 위해 역사를 되돌아보자.

36년간 일본의 식민지지배를 받았던 한반도는 1945년, 일본의 패전과 동시에 해방되었다. 그러나 한반도는 미·소 양국에 의해 분할 점령당하고 각각의 세력권 안으로 편입되었다. 1948년 8월 15일 남측에는 대한민국이, 북측에는 9월 9일 조선민주주의인민공화국이 세워졌다. 남한의 대통령은 기독교도이자 반공적 민주주의자인 이승만李承晩으로, 미국에 24년간 망명했던 인물이다. 북한의 수상 김일성金日成은 민족적 공산주의자이자 중국 공산당원으로서 1931년부터 만주에서 항일유격대의 지휘관으로 전투에 참가했고 1941년부터 소련에 피신해 있던 인물이다. 이 두 국가의 출현은 38선 이남과 이북을 각각의 영토로 하는 국가의 탄생이 아니라, 한반도 전체를 자국의 영토라고 주장하면서 상대방을 자국의 영토 일부에 기생하는 외세의 꼭두각시로 간주하는 두 개의 국가가 대항하며 탄생한 것이라 할 수 있다. 이는 공산주의적 민족주의와 반공산주의적 민족주의 간의 대립이었다.

헌법상 대한민국의 영토는 한반도 전체로 규정되어 있으며, 조선민주주의인민공화국 역시 수도를 서울로 규정하고 있다. 여기서 필연적으로 남과 북에는 모든 수단을 이용해 상대를 제거해야 한다는 의지가 발생했다. 북한에서는 그 목표가 당초부터 '국토완비國土完備'라는 이름으로 등장했고, 한국의 '북진통일北進統一'이라는 표현은 조금 늦게 등장했다. 양측 모두 1949년에 각각 미국과 소련에 무력통일 의사를 전했으나 미·소 모두 이를 인정하지 않았다. 그러나 중국혁명의 전개와 중화인민공화국 성립에 북한은 강한 자극을 받았고, 이에 1950년 1월 김일성은 다시 한번 스탈린에게 무력통일의 의사를 전하고 지지를 얻게 된다. 김일성과 박헌영朴憲永은 3월과 4월에 스탈린, 마오쩌둥과 만나 무력통일 방침을 인정받았다.

1950년 6월 25일, 조선인민군은 단숨에 38선을 넘어 공격을 개시했고 28일 서울이 함락되었다. 이승만 대통령은 이 사태를 '한반도 문제의 전면해결을 위한 최적의 기회'로 여기고, 일단 퇴각한 후에 미군과 함께 반격하여 북진하고자 했다. 미국은 UN의 안보리 결의를 얻어 전쟁개입을 결정하고 지상군을 파견했다. 그러나 조선인민군의 파죽지세는 멈추지 않았고 한국군과 미국군은 한반도 최남단까지 몰리게 되었다. 그러나 9월 15일 맥아더는 인천상륙작전을 감행, 보급선이 늘어진 북한군을 격파해나갔다. 새로운 UN총회 결의를 얻은 연합군은 38선 너머로 북진하여 평양을 함락시켰다. 한국군 선봉대는 압록강을 넘보기에 이르렀으나 10월 19일 중국인민 지원군이 참전하면서 연합군은 다시 궁지에 몰렸다.

이렇게 남과 북의 무력통일 시도는 실패로 끝나고 한반도의 내전은 미중전쟁으로 이어졌다. 소련은 중국군으로 위장한 공군을 중국 영내로 보내 한국전에 자국군을 참전시켰다. 공중전은 미국과 소련의 전쟁이었다. 1951년 봄, 전쟁은 38선 부근에서 교착상태에 빠졌고 휴전회담이 개최되었다. 휴전회담이 진행되는 동안 전쟁은 약 2년간 더 계속되었는데, 1953년 7월 27일 마침내 휴전협정을 조인하기에 이르렀다.

휴전 당시 북한에서는 전쟁을 계속 요구하던 박헌영이 숙청당했고 김일성은 자신의 세력을 강화시켰다. 그리고 전후부흥 과정에서 농업 집단화를 추진했다. 소련의 스탈린 비판 움직임에 영향을 받은 소련계와 연안계延安系의 간부들이 김일성을 비판하기 시작했으나 김일성은 '주체'라는 이름으로 반대파를 숙청했다. 이런 과정을 거쳐 1961년에 이르러 북한에 국가사회주의가 성립되었다. 한국에서는 이승만 대통령이 통일을 위해 전쟁을 진행시킬 것을 주장하며 미국과 격렬하게 맞섰고, 미국은 쿠데타로 이승만을 쓰러뜨리려 했지만, 결국 이를 단념했다. 이승만은 자신의 정권을 강화시켜 미국으로부터 한미방위조약을 획득했다. 휴전협정을 평화조약으로 승격시키기 위한 제네바회담은 결렬되고, 남과 북은 휴전상태에 머물게 되었다.

한국의 전후복구는 순조롭게 진행되지 못했고 경제발전도 저조했다. 1960년의 부정선거 문제로 일어난 학생혁명으로 말미암아 이승만 대통령은 하야해야 했다. 그러나 군인들은 박정희朴正熙를 중심으로 쿠데타를 일으켜 국가재건최고회의를 성립시켰다. 대통령에 취임한 박정희는, 1965년 한일기본조약에 조인하고 일본의 경제협력을 얻어내 이를 경제발전에 이용함과 동시에 베트남전쟁에 파병했다.

북한은 1962년 '국토의 요새화' 등의 4대 군사노선을 취함과 동시에, 한국의 군사쿠데타에 맞서 대립관계에 있던 중국과 소련 사이를 오가며 경제발전을 추진했다. 1967년에는 김일성의 지도력을 절대화했으며 유일사상 체계를 확립했다. 이로써 김일성의 주체사상이 지도사상으로 승격되고 김일성 수령을 사령관으로 하여 전 국민에게 항일유격대의 대원으로 살아가기를 요구하는 유격대국가체제가 성립했다. 더불어 1968년 게릴라를 남측에 파견했으나 이 청와대 습격은 실패로 끝 났다.

이 시기 닉슨R. Nixon의 중국방문 움직임을 발판으로 삼아 북한은 남북협상에 나섰고, 1972년 7월 4일 남북공동성명에 합의했다. 이때 이미 한국의 경제는 빠른 속도로 성장하는 중이었고 이는 북한에 강한 인상을 심었다. 북한은 유격대국가체제에서 경제발전의 가속화를 추구 했으나 오일쇼크 속에서 대외채무가 급격히 늘어나, 지불불능 상태로 전락했다. 이에 따라 경제발전을 위한 '속도전'과 '200일 전투' 등 군 사적 슬로건을 내걸게 되었다.

한국에서는 1972년에 유신독재 쿠데타가 일어나 대통령 간접선거 제가 도입되었는데, 해외에 체류하고 있던 김대중金大中이 이에 대항하 는 운동을 조직했다. 한국 중앙정보부는 1973년 8월 백주에 한 일본 호 텔에서 김대중을 납치했다. 한국에서는 1974년부터 유신체제에 반대 하는 민주화운동이 시작되었고 이는 혹독한 탄압을 받았다. 그러나 한 국의 학생과 기독교인, 지식인들은 저항을 멈추지 않았다.

1979년 10월, 마침내 박정희 대통령은 회식자리에서 부하인 중앙 정보부 부장 김재규金載圭에게 피살당한다. 1980년대에 들어서자 서서 히 김대중의 정치활동이 부활했다. 김대중의 민주화운동에 대한 지지 가 높아졌으며 노동투쟁도 빈번하게 발생했다. 위기를 느낀 세력이 결 집해 국군보안사령관 전두환全斗煥 장군을 앞세워 5월 쿠데타를 단행했 다. 이들은 북한의 남침이 가까워졌다는 정보를 쿠데타의 명분으로 이 용했다. 그러나 이때 광주시민들이 일어섰다. 시민들의 저항은 계엄군의 유혈진압을 불렀고 200여 명이 사망했다. 서울에서는 내란음모 사건으로 김대중 등이 체포되어 군법회의에 넘겨졌다. 김대중에게는 1심과 2심에서 연이어 사형판결이 내려졌다. "김대중을 죽이지 말라"는 목소리는 일본에서 전 세계로 퍼졌고, 드디어 1981년 1월 대법원에서 사형이 확정되었던 김대중은 대통령 특별사면으로 무기징역으로 감형되었다.

이즈음 북한은 한국정세에 개입하기 위해 공작원들을 한국에 침투시킬 계획을 꾸미고 있었는데, 이를 위해 일본인 납치를 자행한 것으로 여겨진다. 북한은 전두환 대통령에 대한 시민들의 증오심을 배경으로 1983년 10월 9일 랑군Rangoon을 방문한 전 대통령 일행에게 폭탄테러를 감행했다. 이 사건으로 외무부장관을 포함한 수행원 17명이 사망했으나 전 대통령은 죽음을 면했다.

1987년 6월, 한국 전역에 거대한 민주화투쟁이 고조되었다. 장성출신의 노태우盧泰愚는 전두환 대통령에게 퇴진을 진언하여 마침내 국민들의 투쟁은 대통령직선제 부활선언을 이끌어냈다. 15년간의 고통스러운 투쟁 끝에 민주화운동이 드디어 위대한 승리를 거둔 것이다.

1970~1980년대에 걸쳐 북한은 완성된 유격대국가의 간판을 여러 차례 바꿔 달면서 인민들의 의욕을 높이려 했다. 김일성의 후계자로 인정받은 김정일金正日은 주도권을 거머쥐고 1974년 김일성주의金日成主義를 제기하면서 동시에 '10대 원칙'을 제정했다. 1980년대부터는 가족국가관家族國家觀을 내걸었으며 1982년에는 인민대학습당과 개선문, 주체사상탑을 건설했다. 그리고 1986년에는 '사회정치적 생명체론'을

제기하고 1988년에는 백두산밀영신화白頭山密營神話(김정일 통치이데올로기 중 하나로, 그가 백두산에서 혁명활동 중 태어나 유아기를 보냈다는 주장―옮긴이 주)를 확정했다. 그러나 이 같은 변화에도 불구하고 체제의 구조는 전혀 변하지 않았다.

1987년 11월 인도양 상공에서 KAL기 폭파사건이 발생, 폭파범으로 추정되는 북한의 여성공작원이 체포되었다. 이는 서울올림픽을 방해하려 했던 북한의 테러사건으로 여겨진다. 남한에 대한 북한의 투쟁은 무력통일과 게릴라 남파, 마지막에는 테러로 이어졌지만 아무런 성과도 얻지 못한 채 끝나고 말았다.

한국의 대통령 선거에서는 노태우가 당선되었고 1988년 서울올림픽이 성공적으로 개최되었다. 민주화를 이루고 경제적으로 성장한 한국의 국제적 지위는 크게 향상했다. 반면 북한의 앞길은 어두워졌다.

한반도 전쟁발발의 가능성 ●●●

이 사이 한반도는 1953년 7월에 조인된 정전협정에 따라 휴전상태에 있었다. 평화조약을 체결하지 못한 채 사격정지 상태가 50년 이상 계속되어온 것이다. 그동안 북한과 한국·미국 사이에는 직접적인 적대관계가, 북한과 일본 사이에는 간접적인 적대관계가 지속되었다. 그러나 군사적 협력관계에서는 한·미 측이 시종일관 유리한 상태였다고 하겠다. 1965년 이래 8년간에 걸쳐 5만 명의 한국군이 베트남전쟁에 참가했기 때문이다. 만약 38선이 긴박한 상황에 놓여 있었다면 그만한 병력을 외국으로 내보내는 일은 불가능했을 것이다. 애당초 소련과 중국이 무력통일 계획을 다시 지지할 가능성은 없었다. 따라서 한반도의 긴장 상태는 계속되었어도 한반도에 전쟁발발 사태는 있을 수 없다는 판단 이 가능했던 것이다.

그러나 1993년 이후, 한반도 전쟁발발 가능성이 등장했다. 얄궂게 도 그 근본적인 원인은 냉전의 종결에 있었다. 페레스트로이카가 진행 되는 가운데 소련과 한국의 관계가 개선됨에 따라, 소련과 북한의 관계 가 소원해졌고 북소우호원조조약이 백지화될 우려마저 생겨났다. 소련 의 핵우산이 북한까지 미치지 않게 되자 북한은 미국의 핵무기에 대항 해 자국의 핵무기 보유를 고려하게 되었던 것이다.

1990년 9월 2일 한국과의 국교수립 의사를 전하러 온 러시아 셰바 르드나제Shevardnadze 외무장관에게 북한은 다음과 같은 내용의 각서를 건넸다.

소련이 남조선과 '외교관계'를 맺는다면, 소련 스스로 북소동맹조약을 유명 무실한 것으로 만드는 일이 될 것이다. 그렇게 된다면 우리는 지금까지 동맹 관계에 의거해왔던 몇몇 무기들을 우리를 위해 조달하기 위한 대책을 부득불 세울 수밖에 없다. (『朝日新聞』 1991년 1월 1일자)

이 시기부터 북한에게는 핵무기 보유가 일종의 강박관념으로 변했 다고 여겨진다. 핵무기는 북한이 미국과의 대립을 원할 때 항상 문제로 등장했고, 미국과 교섭할 경우에도 언제나 협상카드로 활용되었다.

북한은 1990년부터 남북 총리회담에 응했고, 일본과는 1991년부터 국교교섭을 개시했다. 또한 1991년 말에는 남북비핵화선언에 합의했다. 그러나 1992년, 미국이 북한의 핵개발 의혹을 주장하자 북일교섭도 그해 11월 결렬되고 만다. 북한은 이를 빌미로 핵개발이라는 카드를 쥐고, 미국과 벼랑 끝 협상을 개시하게 되었다.

1993년 2월 국제원자력기구IAEA가 두 지역에 대한 특별조사를 요구하자 북한은 3월 NPT 탈퇴의사를 표명했다. 그러나 5월에 미국이 북미 고위급회담 개최에 합의하자, 6월 회담에서 북한은 NPT 탈퇴발효를 정지시켰다. 7월에 다시 열린 회담에서 이뤄진 합의는 획기적인 것이었다. 그러나 사태는 1994년 1월 북한이 IAEA가 요구했던 7개 시설의 조사를 거부한 시점에서 악화되었다. 같은 해 3월 북한은 마지못해 조사에 응했으나, IAEA는 만족하지 않았고, 결국 IAEA는 이 문제를 UN 안보리에 회부하여 제재조치를 논의했다. 미국은 한국에 패트리어트 미사일을 배치하기로 결정하고, 동시에 해상봉쇄 준비와 유사시 작전지원 등을 위해 비밀리에 일본 방위청에 협력을 타진했다. 이를 받아들인 이시하라 노부오石原信雄 관방 부장관은 극비리에 방위청과 외무성에 연구를 개시하도록 했다. 북한은 한국 국민과 해외교포에게 김영삼金泳三 정권을 타도하자고 호소했다.

5월에 샬리캐슈빌리 미 합동참모본부 의장이 소집한 작전회의의 검토 결과, 북한과 전쟁을 일으킬 경우 90일간의 예상 사상자는 미군 5만 2000명, 한국군 49만 명에 달했고, 전체적으로는 미군 사상자 8만~10만 명을 포함해 군인·민간인 사상자가 100만 명에 이를 것이라는 예측이 나왔다. 5월 말부터 6월 초에 IAEA와 북한의 관계는 결렬되었다. 6월 13일 북한은 IAEA의 즉각 탈퇴를 표명하고, 안보리의 제재를 자신들에 대한 선전포고로 간주하겠다고 발표했다. 이때 페리William J. Perry 미 국방장관은 3개의 선택안 중에서 육·해·공군 1만 명 강화와 F17 스텔스 폭격기의 증파, 항공모함의 인근해역 배치라는 안을 채택할 준비를 하고 있었다. 미국 정부가 염려했던 점은 북한이 미군의 병력강화를 전쟁개시에 대한 조치로 받아들이고 이에 즉각 반응하는 것이었다. 그러나 그런 위험을 감수하면서라도 페리 국방장관은 병력강화책을 관철하려 했다. 사실 북한은 이때 전쟁을 각오하고 있었다.

이 위기에서 벗어날 수 있었던 계기는 6월 15일 카터 전 미국 대통령의 방북이었다. 카터와 만난 김일성은 NPT의 범위 내에서 IAEA 조사관의 활동을 보장하고, 경수로가 제공된다면 종래의 흑연감속형 원자로는 폐기하겠다는 의향을 표명했다. 클린턴 대통령은 북한의 태도 전환을 받아들였다. 김일성의 갑작스러운 사망에도 이 흐름은 멈추지 않은 채 10월 제3차 북미회담에서 이에 대한 합의가 이루어졌다. "북한은 영변의 흑연가압식 원자로를 폐쇄하고 사용이 끝난 연료봉을 빼내 봉인한다. 미국은 핵무기로 북한을 위협하지 않으며, 선제공격을 가하지 않는다. 또한 북한을 위해 경수로를 건설하고, 가동되기 전까지 연간 중유 50만 톤을 제공한다"는 협정이었다.

이렇게 해서 1993년과 1994년의 위기는 피할 수 있었다. 그러나 한반도 위기는 이후에도 발생할 수 있는 상황이었다. 이를 위해 미국은 본격적인 대책강구에 착수했고 일본의 협력 확보가 현실화되었다. 일본이 어떻게 미군을 도울 수 있는지에 대해, 미국의 요청으로 일본의 검토가 진행되었다.

한편 카터-김일성 회담의 합의로 남북정상회담이 열릴 예정이었으나, 김일성의 갑작스런 사망으로 정상회담은 취소되고 만다. 더욱이 김영삼 대통령과 북한 사이의 대립이 강해져 남북관계는 긴장에 휩싸였다.

경제 위기와 '정규군국가' 체제의 확립 ● ● ●

1991년 소련 사회주의가 막을 내림으로써, 북한과 소련의 관계가 단절되었다. 우대받던 무역관계가 종료되고 소련으로부터 중유 등의 수입이 격감하자 북한 경제는 정체상황에서 위기로 전락했다. 또한 주체농업의 문제점도 여실히 드러났다. 그런 상황에서 1995년 7월 30일부터 8월 18일까지 평균 300밀리미터의 비가 북한 전역에 내려 하천이 범람했는데, 이는 농업생산에 엄청난 타격을 준 동시에 관개용수로 · 주택 · 저장창고를 파괴했다. 9월 6일 조선중앙통신은 피해를 인정하고 침수된 농지 40만 헥타르, 곡물 피해 190만 톤 등 총 피해액이 150억 달러에 달한다고 전했다. 1996년 여름, 또다시 수해가 북한을 덮쳤고 1997년에는 심각한 가뭄이 발생했다. 3년 연속 자연재해가 발생한 것이다.

북한은 1995년부터 기근을 사실로 인정하고 UN에 지원을 요청했다. UN 세계식량계획WFP은 1995년 북한의 수확이 1993년 664만 톤에서 493만 톤으로 떨어졌으며, 결과적으로 총 121만 톤이 부족할 것이라고 보고했다. 1996년의 수확은 430만 톤으로 떨어져, 183만 톤이 부족했다. 1997년에는 기아로 인한 사망자가 속출했고 중국의 옌볜지방으로 탈출하는 주민들이 급증했다. 1998년부터 최악의 식량사태에서는 벗어났지만, 국내생산과 수입으로는 식량수요를 충족시키지 못했다. 따라서 만성적으로 외국의 인도적 지원을 필요로 하는 상태가 계속되었다.

이런 위기 속에서 북한은 1996년 1월 1일부터 '고난의 행군' 정신을 슬로건으로 내세웠다. 같은 해 7월에는 '혁명적 군인정신'이 고취되었다. '고난의 행군' 정신은 유격대국가의 슬로건이라고 할 수 있으나 '혁명적 군인정신'은 정규군을 찬양하기 위한 슬로건이었다. 1997년 4월 김영춘金英春 참모총장은 김일성의 '군軍중심 사상'을 설명하고, "군대는 곧 인민이며 국가이며 당이다"라고 역설했다. 이 시기에 김정일 체제는, 그가 최고사령관을 맡고 있는 정규군을 국가사회의 중심으로 내세운 체제임이 명확해졌다. 나는 이를 '정규군국가'로 불렀다. 북한은 1998년 9월 헌법개정에서 주석과 중앙인민위원장이라는 국가체제를 폐지하고, 국방위원회를 국가의 지도기관으로, 국방위원회 위원장 김정일을 최고지도자로 받드는 체제를 정비했다. 이 체제를 '선군정치先軍政治' 방식이라고 정식으로 칭하게 되는 것은 1999년 6월이다. 이는 위기에 빠진 국내체제를 다시 일으켜 세우기 위해 정규군을 활용하는 체제이다.

김대중 대통령의 햇볕정책과 「페리 보고서」 ● ● ●

한국에서는 1997년 12월 대통령 선거에서 김대중 후보가 기적적으로 승리, 다음 해 3월 대통령으로 취임한다. 김대중 대통령은 북한에 대하여 획기적인 '햇볕정책'을 내세웠고, 그 정책은 세 가지 축으로 이뤄진다고 설명했다. "첫째, 안보체제를 확실히 정비해 침략을 막는다. 둘째, 북한의 흡수통일을 추진하지 않는다. 셋째, 다면적인 교류를 추진하며, 우선 평화공존을 꾀한다"는 것이었다. 이 정책은 천천히 실행에 옮겨졌다.

그러나 1998년 가을, 북한 정세에는 또다시 긴장이 감돌았다. 8월 31일 북한은 3단식 로켓을 일본 상공에 발사했다. 이는 대포동형 장거리 미사일로 짐작되었으나 북한 측은 인공위성을 쏘아 올린 것이라고 발표했다. 일본 정부는 제재조치를 취했으며 미국 정부도 경계를 강화했다. 11월에는 금창리金倉里의 지하시설이 핵개발시설이라는 의혹이 불거지면서 미국은 북한에 사찰을 요구했다. 이에 12월 2일, 조선인민 총참모부 대변인이 성명을 발표했다.

최근 우리 공화국을 군사적으로 말살하려는 미제의 오만한 침략기도가 위험 수위를 넘고 있다. 이는 '외과수술식' 타격이자 '선제타격'이며 그러한 행동의 선택권과 타격방식은 결단코 미국만의 것이 아니다. 우리 인민군대의 타격에는 한계가 없으며 그 타격을 피할 수 있는 곳은 지구상 어디에도 없다는 사실을 알아야만 할 것이다.

이 성명은 한미연합군의 공동계획, '작전계획 5027'에 관한 것으로 이 공동계획은 11월 19일 『워싱턴 타임스』가 보도한 것이었다. 보도에 따르면, 미국과 한국은 북한이 공격을 준비하고 있다는 명확한 증거를 확보했을 경우 북한의 장거리포 부대 등을 단번에 쳐부수는 선제공격에 나설 수 있다고 규정하고 있다. 이 선제공격론이 북한을 위협했던 것이다.

1999년 3월 북한과 미국은 금창리를 몇 차례 조사하기로 합의했다. 같은 해 5월 미군 조사단이 엄밀한 조사를 펼쳤고 그 결과 그곳이 '거대한 동굴'이라는 사실이 밝혀졌다. 긴장은 순식간에 완화되고, 클린턴 대통령이 임명한 대북정책조정관인 페리 전 국방장관이 맡은 보고에 관심이 쏟아지게 되었다. 같은 해 10월 12일 드디어 「페리 보고서 Review of United States Policy Toward North Korea: Findings and Recommendations」가 발표되었다. 이는 북미관계, 북한과 외부세계와의 교섭을 총괄하고 앞으로의 방향을 제시한 문서였다. 「페리 보고서」의 기본인식은 다음과 같다.

쿠웨이트와 이라크의 '사막의 폭풍' 작전 때와는 달리 한반도의 전쟁은 인구밀집 지역에서 일어난다. 군사경계선의 근방에 100만 명의 북한군이 배치되어 있다는 점을 감안할 때 한반도에서 전쟁이 일어날 경우, 그 파급력은 미국이 1950~1953년의 한국전쟁 이후 쌓은 경험을 뛰어넘을 것이다. 수십만 명의 한국·북한·미국인이 생명을 잃고, 수백만 명의 난민이 발생하게 될 것이다.

여기서 「페리 보고서」는 "군사적 충돌이 파국을 낳는다는 것 이외의 군사적 계산이란 있을 수 없다. 현재의 상대적 안정은 그것이 흔들리지 않는 한 모두에게 한반도의 영구평화를 추구할 시간과 조건을 제공할 수 있다"고 말한다. '상대적 안정'을 혼란시키는 것은 북한이 핵무기와 장거리 미사일을 보유하는 것이다. 이를 막기 위해서는 첫째, "현존하는 북한 정부를 상대하고" 둘째, "사려와 인내를 가지고 목적을 추구하며" 셋째, "북미 제네바합의를 이행해야 한다"는 것이 「페리 보고서」의 결론이었다.

이 「페리 보고서」에 힘입어, 2000년 6월 14일 김대중 대통령은 평양을 방문, 김정일 국방위원장과의 남북정상회담을 실현시켰다. 김대중 대통령을 태운 전용기가 드디어 평양공항에 도착했다. 김대중 대통령과 마중 나온 김정일 위원장이 악수를 나누고 포옹함으로써 3일간의 드라마가 시작되었다.

6월 15일, 남북공동선언이 성사되었고 평화에 대한 의지는 공동문서의 전제로서 양국 수뇌부의 신체적 접촉에 의해 표현되었다. 공동선언에서는 남북이 '힘을 모아' '자주적으로' 통일을 추진한다고 밝히고 있다. 더 나아가 한국의 연합제와 북한의 낮은 단계의 연방제 사이에 공통점이 있다고 표명했다. 통일에 대한 이러한 언급은 같은 목표를 확인하고 화해적으로 그 길을 모색한다는 표현이었다. 김정일 위원장은 통일로 나아가기 위해서는 주한미군의 존재에 연연하지 않겠다는 태도를 보였다고 한다. 구체적으로는 8월 15일 이산가족상봉실현에 합의했고 남측은 북한행을 희망하는 비전향장기수를 송환하겠다고 약속했다.

경제교류와 협력에 대해서는 '균형 잡힌 민족경제의 발전'을 위해 협력한다는 방식이 채택되었다. 마지막으로 김정일 위원장은 서울 방문을 약속했다. 남북관계는 적대에서 평화·화해·협력으로 결정적인 전환이 이루어졌다.

북한은 이 성과를 발판으로 북미교섭을 급진적으로 추진하는 방향으로 나아갔다. 2000년 10월에는 사실상 북한의 제2인자인 조명록趙明祿 국방위원회 제1부위원장이 워싱턴으로 건너가 클린턴 대통령과 회담을 가졌다. 이에 호응하여 올브라이트 국무장관이 평양을 방문했다. 클린턴 대통령의 방북과 북미관계의 결정적인 개선이 눈앞으로 다가온 것이었다. 그러나 미국 대통령 선거에서 간발의 차로 부시 공화당 후보가 승리함으로써 북한의 대미협력은 수포로 돌아갔다.

이때 김정일은 또다시 북일교섭의 활로를 찾아 일본의 모리森 총리에게 연락을 취해, 비밀협상을 제안했다. 앞길이 막힌 외교교섭 대신 정상회담에서 획기적인 합의를 이루자고 제시한 것이었다(모리 인터뷰, 『朝日新聞』 2002년 9월 12일자). 모리 총리는 이 제안에 응하기로 했다.

2001년 1월 1일 아침, 북한은 신년항례 3대 신문 공동사설에서 현대적 기술에 의한 경제의 '개건改建'(러시아어로 '페레스트로이카')을 목표로 삼아 "새로운 시대의 요구에 합치하도록 사상관점과 사고방식, 투쟁방식과 작업방식에 대해 근본적인 개혁을 이룩해갈" 것을 호소하는 주장을 내세웠다. 이는 북일교섭을 발판으로 경제개혁을 추진하겠다는 은밀한 방침의 제시였다.

2001년 1월, 모리 총리는 나카가와 히데나오中川秀直 의원을 싱가포르에 파견했다. 김정일 위원장의 특사로 파견된 사람은 강석주姜錫柱 제1외무차관이었다. 이 비밀협상에서 강석주 차관은 경제협력방식을 받아들일 것을 표명했으며, 일본인 납치 문제에 관해서는 정상회담에서 긍정적인 회답이 있으리라는 사실을 암시했다. 그러나 모리 총리의 정치력은 바닥에 떨어진 상태였고, 이 협상은 아무런 결과도 낳지 못한채 끝나고 말았다.

남북관계에서는 정상회담 이후 인적 왕래가 급속히 진행되었다. 현대그룹이 추진한 금강산관광이 시작되고, 경의선 연결에 대한 합의가 이뤄져 이를 위한 준비가 시작되었다.

'악의 축' 규정과 두 번째 벼랑 끝 외교 ● ● ●

2001년 초부터 집무를 시작한 부시 대통령은 취임 직후 김대중 대통령과의 회담에서 김정일은 신용할 수 없다고 말했다. 부시는 김대중의 햇볕정책에 대해서도 불신감을 갖고 있었다. 같은 해 9월 11일 뉴욕과 워싱턴에서 테러가 발생한 후, 테러리즘과의 투쟁이 미국의 목표로 떠오르고 테러리스트를 돕는 국가를 군사적 수단으로 전복시킨다는 전략이 채택되었다. 탈레반Taleban 정권이 무너지고 아프가니스탄전쟁이 끝난뒤, 부시는 2002년 1월 연설에서 이라크, 이란과 함께 북한을 '악의축'으로 규정함으로써 공공연하게 대립적인 자세를 취했다. 럼즈펠드 국방장관은 북한이 이미 핵무기를 보유하고 있다고 주장했고, 같은 해미국은 북한이 우라늄농축계획을 추진하고 있다는 의혹을 품기에 이르렸다.

미국의 위협으로 인해 북한은 역시 핵무기를 보유해야만 한다는 생각을 굳혔을지도 모른다. 한편 아프가니스탄전쟁 후 김정일 정권은 또다시 북일 비밀교섭을 시도했다. 이번에는 외무성의 다나카 히토시田中均 아시아·태평양국장에게 특사를 보냈다. 고이즈미 총리가 이를 받아들여 2002년 초부터 북일 비밀교섭이 진행되었다. 북한으로서는 북일 교섭수립이 조기에 실현된다면 최종적으로 핵개발을 단념해도 된다는 생각을 지니고 있었을 것이다. 같은 해 9월 17일, 고이즈미 총리가 평양을 방문해 북일 평양선언에 합의, 북일 교섭수립의 조기 실현을 위한 노력을 약속했다. 김정일 위원장은 일본인 납치를 인정하고 이에 대해 사죄했으며 공작선의 파견에 대해서도 사죄했다. 그리고 식민지지배에 대한 보상요구, 청구권 주장을 철회하고 경제협력을 받아들이겠다고 표명했다. 이는 타결을 위한 큰 도약이었다.

미국 정부는 북일 정상회담에 대해 강한 의구심을 품고 있었다. 앞선 미일 정상회담에서 부시 대통령은 고이즈미의 방북을 지지했으나 북한의 우라늄농축계획의 정보를 접하고 난 뒤 이를 강하게 견제했다. 고이즈미 총리는 이에 아랑곳하지 않고 평양선언 문서를 기반으로 평양합의를 추진했다. 10월 3~5일, 미국의 켈리J. Kelly 국무차관보가 방북했고 북한이 우라늄농축계획을 진행하고 있다고 비난했다. 이에 대해 미국 정부는 9월 16일, 북한이 우라늄농축계획의 존재를 인정했다고 발표했다.

북한의 외무성 대변인은 10월 25일 열린 회담에서 미국이 북미 제네바협상에서 "핵을 사용하지 않을 것이며, 협박도 하지 않겠다"고 약속해놓고 북한을 선제공격 대상에 포함시키는 등 북미합의문을 위반하고 있다고 지적했다. 또한 "우리는 자주권과 생존권을 지키기 위해 핵무기는 물론, 그 이상의 것도 보유할 수 있다는 것을 명백히 밝힌다"고 발표했다. 그리고 "미국이 핵을 사용하지 않는다는 내용을 포함한 불가침조약을 확정한다면 우리도 미국이 안보상 걱정하는 문제를 해소할 생각이 있다"는 결론을 내렸다.

북일교섭은 10월 말에 재개되었지만 첫 번째 회담에서 납치 문제로 인해 결렬상태에 빠졌다. 미국은 북한이 제네바합의를 위반했다고 주장하며 11월 중순, 한반도에너지개발기구KEDO의 중유제공을 중단했다. 이에 대해 북한 측은 12월 IAEA 감시단을 추방하고 흑연가압식 원자로를 재가동시켰으며, 2003년 1월에는 NPT 탈퇴를 선언하기에 이르렀다. 미국과의 대화, 불가침조약의 체결을 요구하는 '벼랑 끝 외교'의 재연이었다.

부시 정권은 이라크와의 전쟁을 준비하면서 "북한과는 대화로 해결할 것이며 각국과 논의할 것"이라고만 할 뿐, 실질적으로는 아무것도 하지 않았다. 북한의 경제력은 1993, 1994년보다도 확연히 저하되었고, 무엇보다 북한이 평화를 원한다고 판단했기 때문에 북한의 협박에도 별다른 위협을 느끼지 않았던 것이다. 미국은 "북한이 핵개발을 포기한다면 대화에 응해도 좋다"는 자세로 당분간 양국 간 대화에는 응하지 않을 것이며 국제기구의 권고에 따르라고 요구했다. 또한 북한에 대해서 군사적인 면을 포함해 모든 조건을 검토대상으로 삼는다고 말했다. 클린턴 정권 시기에는 유효했던 북한의 '벼랑 끝 외교'가 부시 정권에서는 힘을 쓰지 못했고, 이렇게 해서 북한은 진퇴양난의 상황에 빠지게 되었다.

2003년 1월 1일, 북한의 3대 신문 공동사설에는 미국에 대한 비난과 한국에 대한 강한 호소가 실려 있었으나 일본에 대해서는 완전한 침묵을 지켰다. 그 침묵에는 북일 정상회담 후의 전개에 대한 실망과, 일본과의 가능성에 대한 희망이 드러나 있었다.

같은 해 3월에 미국은 이라크전쟁을 개시했다. 걸프전을 뛰어넘는 미국의 압도적인 군사력으로 이라크군은 붕괴되었다. 후세인 정권은 모습을 감추고 후세인의 동상이 미군에 의해 철거되었다. 이라크전쟁은 북한 지도자에게 공포감을 심어주었다.

이때, 지금껏 북미 양국 간 대화에 집착해왔던 북한은 4월 초 북·미·중 3자회담에 응하게 된다. 4월 14일, 베이징에서 개최된 3자회담에서 북한 대표는 비공식 석상에서 북한은 이미 핵무기를 보유하고 있으며 사용이 끝난 핵연료봉의 재처리는 끝났다는 내용을 전함으로써 핵개발중지 합의에 대한 북한의 4단계안을 명확히 했다. 더 나아가 북한은 6월에 방북한 미국 의원단에게 자신들은 핵무기를 보유하고 있으며, 재처리로 얻은 플루토늄으로 핵무기를 제조할 것이라고 밝혔다.

북한이 실제로 핵무기를 보유하고 있는지, 그것을 미사일 탄두로 제조할 만한 기술력이 있는지에 대해 여러 정보와 추측이 나돌고 있다. 그러나 어느 쪽이든 북한이 핵무기로 미국과 경합을 벌이려면 핵탄두를 실은 대륙간 탄도미사일을 개발해야만 한다. 그러나 이것은 어려운 사업이다. 이를 위해선 노동 미사일에 핵탄두를 실어 주일 미군기지를 노릴 수밖에 없는데, 그렇게 된다면 북일관계의 정상화를 기대하기는 불가능하다. 핵무기를 보유하게 된다면 외교카드가 되기는커녕 마이너스 효과만을 낳을 것이다. 북한이 핵무기를 제조하겠다고 협박한다면 미국 정부는 제재공격에 나설 가능성이 높다.

애당초 오늘날 북한의 능력과 의도에서 볼 때, 체제의 성격은 방위적이고 군사력은 한국·미국군보다 열세이기 때문에 북한이 전쟁을 일으킨다는 것은 있을 수 없는 일이다.

따라서 한반도에서 전쟁이 발발한다면 첫째, 미국의 공격이 임박했다고 판단하여 선제공격에 나서는 경우이다. 한국군과 미국군이 북한의 공격 경보를 접할 경우 선제공격을 한다는 것이 새로운 전쟁계획이라면, 북한도 먼저 공격당하기보다는 먼저 공격하겠다는 생각을 하고 있을 것이다. 이 경우 정보에 관한 판단착오는 치명적이다. 둘째, 미국의 '외과수술식 작전'이라 불리는 제재공격이다. 이라크전쟁의 경험에서 볼 때, 미국이 '외과수술식 작전'에서 영변寧邊의 핵시설만을 공격한다는 것은 의문스러운 일이다. 미국이 군사제재로 나설 경우 평양의 김정일 집무실을 함께 폭격할 가능성이 높다. 그렇게 된다면 '외과수술'이 아닌 전면전쟁이 된다. 셋째, 북한의 체제붕괴가 눈앞에 임박하여 붕괴 직전에 지도자가 적에게 일격을 가하기로 결단하는 경우이다. 그러나 그런 자살형 공격의 가능성은 매우 낮다. 지도자에게 아무런 득이 되지 않기 때문이다.

어찌 되었든 어느 한쪽이 군사행동을 취한다면 이는 북한군·미국군·한국군과 일본 자위대가 순식간에 휘말리는 전면전이 될 것이다. 북한은 서울에 로켓포를 발사할 것이고 노동 미사일이 주일미군기지로 발사될 것이다. 동해에 면한 일본지방에는 많은 원자력발전소가 있기 때문에 북한이 노동 미사일로 그 지역을 노린다면 핵탄두는 필요 없다. 그렇게 되면 미국은 제7함대의 토마호크 미사일로 북한을 전면 공격하여 붕괴시킬 것이다.

위기의 극복과 지역협력 ● ● ●

이러한 위기의 역사를 살펴보면 이 위기는 극복할 수 있으며 또 극복해야만 한다. 한반도에서 전쟁은 일어날 필요도 없는 것이다.

북한은 미국과의 관계에서 안전보장, 즉 미국이 북한체제가 존속할 수 있도록 보장해줄 것을 요구하고 있다. 그리고 그것을 미국과의 직접 교섭을 통해 얻을 수 있다고 믿고 있는 듯하다. 하지만 북한과 미국의 제네바합의가 붕괴된 이상, 또 한번의 '벼랑 끝 외교'를 통해 더 고차원적인 불가침조약 체결을 획득하려 한다고 해도 그것은 불가능할 것이다. 만약 획득한다고 해도 언제 파기될지 알 수 없으며 항구적인 안전보장은 얻을 수 없다. 북한이 자신의 체제를 바꾸지 않은 채 미국이라는 '민주주의의 제국帝國'과의 관계에서 미소 간에 존재했던 'a Long Peace'를 달성하기란 불가능하다. 미·소는 핵과 미사일로 균형을 이루었으나 북한의 힘으로 미국과 군사적 균형을 이루기는 불가능하다. 핵무기를 만들어 한국과 일본을 위협한다면 두 국가와의 경제협력은 있을 수 없다. 미국이라는 국가는 북한체제에 원칙적으로 부정적이다.

따라서 김정일 체제는 핵무기 개발계획을 완전히 철폐한 후, 미국과 적극적으로 긴장완화를 추구해야 할 것이다. 그런 상황에서 긴장 상태를 각오하며 동북아시아 각국과의 협정·합의 속에서 몸을 사리고 살아남는 것만이 체제를 유지하는 길이다. 한국·중국·러시아 그리고 일본도 북한이 핵무기의 개발을 중지하고 국제적인 협력 태도를 유지하는 한, 김정일 체제와의 공존을 거부하지 않을 것이기 때문이다.

북한을 둘러싼 위기의 정세를 극복하는 길은 북한이 일본·한국·몽골과 함께 핵무기를 만들지 않겠다고 서약하고 미국이 러시아·중국과 함께 이 지역에서 핵무기를 포함해 공격하지 않겠다고 서약하는 동북아평화비핵화조약 체결에 있다. 이를 위해선 조약체결국에 의한 조사가 조건이 될 것이다. 더 나아가 이 조약이 성사된다면 한국·북한·미국·중국 4국이 한국전쟁의 평화조약을 체결하게 될 것이다. 그리고 러시아와 일본이 이를 지지하는 성명을 발표하고 타이완이 독자적 성명을 발표할 수 있게 된다. 즉 한반도 위기의 극복은 동북아시아 지역 협력의 시작이라고 말해도 과언이 아니다. 한반도 전쟁발발 가능성의 제거가 동북아시아 공동의 집으로 나아가는 결정적인 첫걸음이다.

그리고 이러한 움직임을 촉진하는 데에 북일 간 국교교섭, 국교수립으로의 전진은 매우 효과적이다. 북한의 입장에서 경제재건을 위해서는 일본의 경제협력에 의지할 수밖에 없기 때문이다. 물론 한국의 경제원조도 중요하다. 그러나 일본의 경제협력은 규모가 클 뿐 아니라 협력의 성격도 북한이 받아들이기에 문제가 없다고 볼 수 있다.

한국의 입장 ●●●

한국에서는 2002년 6월 남북정상회담 이후에 다수의 국민들이 한반도의 전쟁은 있어서도 안 되며 있을 수도 없다는 생각을 하기에 이르렀다.

또 경제성장을 이룩하고 민주화를 자력으로 쟁취한 자신감에서 미국과의 관계를 대등하게 개선하려는 의지가 생겨났고, 주한미군지위협정 개정요구에서 시작된 반미 분위기가 일부 나타난 것도 사실이다.

미국의 부시 정권이 북한을 '악의 축'의 일원으로 지목한 것에 대해서 한국 정부와 여론은 당혹스러움을 감추지 못했고, 북한을 둘러싼 핵문제의 해결은 평화적 수단으로 이루어져야 한다고 강하게 요구했다.

그런 가운데 인터넷을 통한 시민의 네트워크화와 20, 30대 젊은 한국인의 지지에 힘입어 당선된 노무현 대통령은 국가목표로서 '동북아시아 공동체'를 내세웠다.

노무현 후보는 선거공약으로 '동북아시아 경제 허브 국가의 건설'을 내세웠다. 이는 2001년 1월 11일 김대중 대통령이 연두기자회견에서 내세운 "동아시아 지역의 물류와 금융, 무역과 투자 등의 비즈니스 중심지가 된다"는 구상을 계승한 것이기도 하다. 김대중 전 대통령은 이 구상 실현의 중심축으로 '경제자유구역'의 설정을 구상했고 인천·광양·부산 등을 주요 자유구역으로 계획한 바 있다. 노무현 후보는 선거공약으로 '동아시아'가 아닌 '동북아시아'로 말을 바꾸어 한국을 동북아시아의 '물류의 중심지'·'첨단산업의 클러스터cluster'·'국제금융의 클러스터'로 만든다는 구상을 내세웠다. 그러나 대통령이 된 후 2003년 2월 25일 취임사에서 노무현 대통령의 구상은 한 단계 더 비약한다.

존경하는 국민 여러분.

이제 우리의 미래는 한반도에 갇혀 있을 수만은 없습니다. 우리 앞에는 동북아 시대가 도래하고 있습니다. 근대 이후 세계의 변방에 머물던 동북아시아가 이제 세계 경제의 새로운 활력으로 떠오르고 있습니다. 21세기는 동북아 시대가 될 것이라는 세계 석학들의 예측이 착착 현실로 나타나고 있습니다. 동북아시아의 경제 규모는 세계의 5분의 1을 차지하고 있고, 장차 3분의 1에 도달할 것이라고 합니다. 한ㆍ중ㆍ일 3국에만 유럽연합의 네 배가 넘는 인구가 살고 있습니다.

우리 한반도는 동북아의 중심에 자리잡고 있습니다. 한반도는 중국과 일본, 그리고 대륙과 해양을 연결하는 다리입니다. 이런 지정학적 위치가 지난날에는 우리에게 숱한 고통을 안겨주었습니다. 그러나 오늘날에는 오히려 기회를 주고 있습니다. 21세기 동북아 시대의 중심적 역할을 우리에게 요구하고 있는 것입니다.

우리는 고급 두뇌와 창의력 그리고 세계 일류의 정보화 기반을 갖추어가고 있습니다. 인천공항, 부산항, 광양항과 고속철도 등 하늘과 바다와 땅의 물류 기반도 착착 구비해가고 있습니다. 21세기 동북아 시대를 주도적으로 열어나갈 수 있는 기본적 조건을 갖추어가고 있습니다. 한반도는 동북아의 물류와 금융의 중심지로 거듭날 것입니다.

동북아 시대는 경제에서 먼저 출발합니다. 동북아에 '번영의 공동체'를 이룩하고 이를 통해 세계의 번영에 기여해야 할 것입니다. 그리고 머지않아 '평화의 공동체'로 발전해갈 것입니다. 지금의 유럽연합과 같은 평화와 공생의 질서가 동북아에도 구축되게 하는 것이 저의 오랜 꿈입니다. 그렇게 되어야 동북아 시대는 완성됩니다. 그런 날이 가까워지도록 저는 혼신의 노력을 다할 것임을 굳게 약속드립니다.

존경하는 국민 여러분.

진정한 동북아 시대를 열자면 먼저 한반도에 평화가 제도적으로 정착되어야 합니다. 한반도가 지구상의 마지막 냉전지대로 남아 있는 것은 20세기의 불행한 유산입니다. 그런 한반도가 21세기에는 세계를 향해 평화의 신호를 발신하는 평화의 지대로 바뀌어야 합니다. 유라시아 대륙과 태평양을 잇는 동북아의 평화로운 관문으로 새롭게 태어나야 합니다. 부산에서 파리행 기차표를 사서 평양 · 신의주 · 중국 · 몽골 · 러시아를 거쳐서 유럽의 한복판에 도착하는 날을 앞당겨야 합니다.

이것은 실로 역사적 선언이라고 해야 할 것이다. 위기는 절호의 기회이기도 하다. 현실의 위기를 극복함으로써 꿈을 실현할 기회를 거머쥐게 된다. 북한의 핵무기 개발을 멈추게 하는 것, 그것을 끝까지 평화적으로 실현할 것을 호소한 것이다.

취임사의 마지막에 노 대통령은 다시 한번 동북아시아의 주제로 돌아가 다음과 같이 호소했다.

21세기 동북아 시대의 중심국가로 웅비할 기회를 맞이하고 있습니다. 우리는 이 기회를 살려나가야 합니다.

우리에게는 수많은 도전을 극복한 역량이 있습니다. 위기마저도 기회로 만들어낸 지혜가 있습니다.

한국에서는, 이 '중심국가'라는 표현이 많은 반론을 불러 일으켰다. 한국이 그럴 만한 능력도 없으면서 '중심국가'라고 표현한 것은 당치 않다는 얘기였다. 그러나 나는 이 선언에 역사적 의의를 느끼고 있다. 한국은 일본이나 중국을 추종하지 않고, 스스로 문제를 제기하고 동북아시아를 이끌어가며 자신들이 주도권을 획득해야만 동북아시아의 공동체가 가능하다는 사고를 내세우고 있는 것이다.

더욱이 노무현 정권은 출범 직후 첫 번째 정책목표를 미국과의 관계조정에 두어, 이라크전쟁을 지지하고 공병부대 등을 파견했다. 그리고 북한과의 핵문제 협의에 관해서는 북·미·중 3국협의를 받아들였다. 노 대통령은 5월 12일, 미국을 방문해 한미상호방위조약의 50년 역사를 이어갈 것을 호소하며 한미관계를 강조했고, 부시 대통령으로부터는 북한 핵문제의 평화적 해결을 꾀한다는 확인을 얻어냈다. 이것은 현명한 정책이다. 미국이 군사 옵션을 취하지 않은 것은 최종적으로 한국의 주장과 입장에 설득력이 있었기 때문이다. 이런 면에서도 한국은 책임 있는 동북아시아 정치의 주체로서 존재하고 있다.

한민족의 디아스포라 ●●●

이 한국 대통령의 선언에 국외에서 가장 먼저 답할 사람들은 동북아시아 각국에 거주하고 있는 코리안들(한국과 북한을 포함하는 한민족 전체 구성원을 일컫는 용어—옮긴이 주)이다. 역사가 낳은 한민족 디아스포라의 결과, 오늘날 동북아시아 각국에는 많은 코리안들이 살고 있다. 나라가

가난하고 피폐했던 시절, 일본의 식민지지배 시대에 한반도의 북부에서는 러시아와 중국 만주로, 남부에서는 일본으로 많은 사람들이 이주했다. 그 결과, 1999년 현재 중국에는 옌볜 조선족자치주를 중심으로 204만 명, 구소련에는 중앙아시아를 중심으로 48만 명, 일본에는 87만명이 거주하고 있다. 1970년대 이후에는 미국 이주가 급속하게 진행된 결과, 재미 한국인은 1999년에 205만 명을 넘기에 이르렀다. 전체적으로는 세계 각지에 587만 7464명의 코리안들이 살고 있는 셈이다(朴三石, 『海外コリアン』, 中公新書, 2002). 전 세계의 화교는 1500만 명으로 추정되고 있으며 가장 집중된 곳은 동남아시아이다. 동남아시아 화교의 힘에는 미치지 못하지만 동북아시아에서 한국·조선계 교민의 존재는 중요하다. 이들이야말로 한국 대통령의 호소에 답해야 할 사람들이다.

만주와 중국 동북지역은 발해의 옛 땅이며, 고구려 최초의 수도이기도 하다. 압록강과 두만강으로 가로막혀 있었을 뿐, 조선과 만주는 연결된 조선족의 거주지였다. 조선이 일본에 합병된 후에는 항일의병장들이 이 지역으로 이주하여 이곳을 근거지로 독립운동을 이어갔다. 1930년 당시 지린성 간도間島 4개 현의 인구 50만 명 중, 조선인이 39만명을 차지하고 있었다.

당시 이 지역은 조선공산주의운동의 근거지였으며, 그 조직과 활동가는 코민테른 정책으로 말미암아 중국 공산당에 흡수되었다. 만주사변이 시작되자 이 지역 조선족은 중국 공산당의 부름에 응하거나, 자신의 의지로 중국 공산당의 지도하에 항일무장투쟁을 개시하고 또 많은 인재들을 배출했다. 김일성도 그중 한 사람이다. 일본이 패전하자

이 지역에서 국공國共내전이 본격적으로 시작되었다. 조선인 부대는 중공군에서 가장 강력했고, 시종 내전의 최전선에서 싸우며 하이난海南섬 해방작전에도 참가했다. 그동안 북한의 파견요청을 받은 중국 공산당은 1949년에 2개 사단을, 1950년에 1개 사단을 북한으로 보냈다. 한국전쟁이 시작되었을 때 38선에 배치되었던 북한인민군 21개 연대 중 10개 연대가 중국 조선족의 부대였다.

휴전 후, 참전했던 사람들은 고향인 만주로 돌아갔고 그들은 중국 공민公民으로서 살았다. 옌볜 조선족자치주는 1952년에 자치구로 다시 태어났다. 초기 지도자 주덕해朱德海는 조선인 공산주의자였다. 훗날 1960년대 문화대혁명 속에서 자치주의 조선인 간부는 북한의 스파이로 규탄을 받는 곤경에 처한다.

그 후 자치구의 당서기 자리는 중국인이 거머쥐게 된다. 개혁개방 시기에 들어서 북한과 깊은 관계를 맺고 있는 옌볜 지방에는 한국의 투자가 왕성해지고 한국으로의 노동력 진출도 진행되었는데, 이들이 한국에서 받은 부당한 대우로 말미암아 불만이 자라나고 있다. 한편 1990년대 후반에는 북한의 식량위기로 인해 강을 건너오는 탈북자들이 늘어났고, 그들은 옌볜의 38만 조선족에 의지해 생활하고 있다. 이들 중엔 중국어와 한국어를 일상적으로 사용하면서 일본어를 배우는 사람도 많다.

러시아의 한인은 고려인高麗人으로 불리고 있다. 이 사람들은 현재 러시아에서 떨어진 중앙아시아 각국에 살고 있다.

1860년대 러시아가 청조淸朝로부터 획득한 연해주에 많은 한인들이 몰려왔는데, 1869년 조선 북부에 발생한 홍수로 인한 기근에서 벗어나려고 온 6500명의 사람들이 그 시작이었다. 한인들이 국경을 넘게 된 동기에는 일본의 조선합병 움직임에 대항한다는 정치적 요소가 더해졌다. 러시아 농민은 한인 이민자를 노동자로 고용하거나 토지를 빌려주면서 그들을 혹사시켰다. 한때 러시아 행정당국은 한인을 동화시키기란 매우 어렵고, 일본 혹은 중국과의 전쟁 시에 충성을 기대할 수 없다는 이유로 한인의 유입을 억제하는 태도를 취했으나, 후에는 한인 수용에 찬성하는 입장이 등장했다. 제1차 세계대전 직전에는 이미 6만 명의 한인이 러시아 제국령에 거주하고 있었다.

러시아혁명 후, 시베리아전쟁 속에서 연해주의 한인은 앞장서서 일본군에 대한 무장투쟁을 개시했다. 혁명 후 한인은 연해주에서 농사를 지으며 살았다. 그러나 한인의 지위는 혁명 후에도 여전히 낮았다. 그 때문에 1920년대 말에 소련의 한인들은 스탈린의 위로부터의 혁명, 농업집단화에 대해 적극적으로 지지하는 태도를 보였다. 그럼에도 불구하고 스탈린 정부는 1937년 8월과 9월에 "극동지방에 일본 스파이가 침투하는 것을 차단한다"는 이유로 연해주의 17만 한인을 모두 중앙아시아로 강제이주시켰다. 한인에게는 특별 정주민의 자격을 부여해 이동권을 제한했다. 또한 민족어 교육도 불가능해졌다. 한인은 열심히 일해 중앙아시아에서 모범적인 집단농장(콜호즈kolkhoz : 러시아의 집단농장)을 일궈냈다.

제2차 세계대전 후에는 점령정책 시행과 북한 건국을 위해 소련에서 수백 명의 한인이 파견되어 북한에서 당과 정부의 요직을 맡았다.

그러나 1950년대 후반에는 숙청과 추방이 행해져 소련계 거의 전원이 속수무책으로 소련으로 되돌아갔다. 북한에서 온 유학생이 소련으로 망명한 경우도 있었다. 한인은 소련사회에 완전히 동화되어 각 방면에 진출했는데, 학자·작가·가수·운동선수 등을 예로 들 수 있다. 페레스트로이카 이후에는 강제이주라는 불명예가 해소되고 한국과의 왕래도 자유로워졌다. 그러나 사회주의와 소련의 해체로 독립하게 된 우즈베키스탄과 카자흐스탄에서는 한인에게 곤란한 상황이 펼쳐지고 있다. 완전히 러시아화된 이 사람들이 새로이 공용어가 된 우즈베키스탄어나 카자흐스탄어를 배우는 것은 어려운 일이며 한국어를 되찾는 일도 쉽지 않다. 연해주로의 재이주는 페레스트로이카 시대에 큰 논란이 되었지만 이를 실현한 것은 소수에 불과했고, 1995년 현재 재이주한 인원은 7580명으로 기록되고 있다. 구소련에 사는 한인은 오늘날 가장 난처한 입장에 처해 있다.

재일 코리안과 재미 코리안 ●●●

재일 코리안은 대부분 한반도의 남부 출신자와 그의 자녀들이다. 식민지시대에 조선에서 생활이 불가능해지자 많은 사람들이 일본에 일을 하러 왔다. 15년전쟁 시기에는 더욱 많은 사람들이 징용과 강제로 인해 일본 본토와 오키나와, 사할린 등지로 보내져 광산이나 건축현장에서 혹사당했다. 해방 후 약 150만 명이 귀국했으나 100만 명 가까운 사람들이 일본에 남게 되었다. 사할린의 조선인 4만 3000명은 귀국을 허가

받지 못하고 그곳에 그대로 남게 되었다. 일본에 잔류한 조선인들은 과거 일본 공산당원이었던 조선인 공산주의자가 지도하는 재일본조선인연맹에 결집했다. 한반도에 두 개의 국가가 생겨나면서 출신지인 남측의 한국을 지지하는 사람들이 등장하여 1948년 대한민국거류민단을 발족시켰다. 그러나 다수의 재일 코리안은 북한의 입장을 지지했고 한국전쟁의 개시와 함께 합법·비합법적인 활동을 펼쳤다. 샌프란시스코강화조약과 동시에 재일 코리안은 일본국적을 박탈당하게 된다. 하지만 많은 수의 재일 코리안은 일본국적의 재취득을 거부한 채 조선국적으로 남았고, 그 속에서 한국국적을 취득하는 사람들이 늘어나기에 이르렀다. 1955년 북한의 재외공민단체인 재일본조선인연맹은 재일본조선인총연합회(조총련)으로 전환했다. 이 조직은 자녀의 민족교육을 위해 노력하면서 중·고등학교에서 대학까지 교육기관을 정비했다. 이 조직에서 약 9만 명이 1950년대 말부터 1960년대 전반에 걸쳐 북한으로 이주했다. 고학력의 전문가들 중에는 북한의 재건과 부흥을 돕기 위해 이주한 사례도 있으나, 대부분은 일본 생활에 절망한 사람들로 이주하면 멋진 미래가 펼쳐지리라는 희망을 품고 바다를 건넌 사람들이다. 그 중에는 성공한 사람도 있으나 경제적으로 어려운 생활을 하며 일본의 친척들에게 도움을 청하는 사람이 많다. 또 북한에서 요주의 인물로 낙인찍혀 억압받는 사람도 적지 않다.

따라서 북한국적의 재일 조선인은 한반도 남부 출신으로 그곳에 선조의 묘지와 친척이 있지만, 자신은 일본에 살면서 아이들과 가족의 일부가 북한에 거주하는, 이른바 삶이 3분三分된 사람들이다. 현재 한국

국적자는 40만 명, 북한국적자는 24만 명이라고 알려져 있다. 최근 일본국적을 취득하는 사람들의 수가 증가해 1952년 이후의 누계에 의하면 23만 3839명이 일본국적을 취득했다. 따라서 재일 한국인 총 수는 약 98만 명으로 여겨진다(朴三石, 앞의 책).

재일 코리안은 경제인·작가·학자·가수·야구선수로서 해당 분야의 제일선에서 활약하고 있다. 하지만 일본국적을 갖고 있지 않기 때문에 일본 정치에서 발언권을 제한당하고 있다.

미국 이민의 역사는 오래되었지만, 해방 후 이민은 그다지 늘지 않아서 1970년의 경우 약 7만 명 수준이었다. 그러나 그 이후 한국이 경제성장을 이루는 한편, 정치적 억압체제와 민주화운동의 충돌로 심각한 양상을 띠던 시기에 미국 이민이 급속히 증가, 1983년에는 68만 명에 이르렀고 민주화를 이룩한 1990년에는 총 153만 명에 달했다. 그 후에도 이민의 열기는 식지 않았고 1999년에는 205만 명을 넘어서게 되었다. 그중에는 북쪽에서 남쪽으로 도망쳐 나왔으나 한국에서 뜻을 이루지 못해 미국으로 건너간 사람들도 있다. 이들의 고향은 북한이며 그곳에 친척도 있다. 재미 코리안은 학자로 활약하는 사람이 많다.

최근에는 북한의 식량난 때문에 중국의 조선족 지역으로 도망친 탈북자가 중국 동북에서 몽골까지 달아나고 있다. 그 가운데 한국 망명을 원하는 사람이 생겨나고 있다. 한국으로 망명한 사람은 건국 이래 1996년까지 총 635명이었으나 1990년대 후반에 그 수는 급증했다. 연간 망명자 수는 1996년 56명에서 2002년에는 1141명 이상으로 증가했다.

이와 같이 한민족의 역사가 낳은 디아스포라의 결과 다양한 모습의 조선인이 각국에 거주하고 있고, 거주에 머물지 않고 이동하고 있다. 북한에서 한국으로, 한국에서 또다시 미국으로 건너간 사람, 조선에서 일본으로, 일본에서 북한으로 이주한 사람, 더 나아가 탈북하여 한국으로 망명한 사람, 중국 동북에서 한국과 일본으로 건너와 정착한 사람 등 그 이동이 활발하게 이루어지고 있다. 종종 이들의 이동은 고통과 슬픔을 동반하기도 한다. 그러나 그 고통과 슬픔을 안고서 이 지역에 사는 코리안은 한반도를 중심으로 한 동북아시아의 인간적 · 평화적 협력을 위해 일할 잠재적 가능성을 지닌 집단이라 할 수 있다.

동북아시아 코리안의 가능성 ●●●

문제는 이들이 그 역할에 대해 얼마나 자각하느냐이다. 한국에서는 재외한국인대회를 개최하고 재외국민법도 제정하고 있다. 북한도 정치적 지지자를 만든다는 관점에서 적극적인 활동을 벌이고 있다. 그러나 한반도의 두 국가가 재외 코리안을 동시에 점유하는 것은 대립을 확대할 뿐이다. 특히 일본에서는 조총련과 민단이라는 두 개의 조직이 전통적으로 대립해왔다. 한국의 민주화 이후 민단은 한국 정부로부터 자립했으나 조총련은 북한 정부의 방침을 충실히 따르고 있다. 2002년 6월 남북정상회담 이후, 민단과 조총련이 함께하는 제휴형태의 행사도 시작했다. 많은 재일 코리안은 민단, 조총련 조직과 떨어져 살아가고 있으며 그들 사이에서 새로운 문제제기가 시작되고 있다.

일본 논단에서 활발한 평론활동으로 지위를 다지고 있는 강상중 씨는 월간잡지 『세계世界』 1999년 8월호에서 요시미 슌야吉見俊哉와 함께 「내셔널리즘의 저편으로」라는 글을 게재하고, 디아스포라에서 생겨난 '디아스포라적 공간'을 "끊임없이 국경을 넘어 변화해가는 지역이면서 동시에 다국적 네트워크의 일부로 간주해야 할 것"이라고 지적했다. 구체적으로는 한반도 외부에 살고 있는 500만 명의 코리안계 사람들이 '디아스포라적 공간'을 이루고 있으며 "재일 한국·조선인이 지역적인 공공公共 공간에 참가하는 한편, 동북아시아의 다국적 에스닉 그룹으로서 등장하는 것은 그 같은 디아스포라적 공공 공간의 새로운 가능성을 시사한다"고 말하고 있다. 2001년 일본 국회에서 강상중 씨가 '동북아시아 공동의 집'을 제안했던 것은 앞서 말한 바 있다. 2002년 11월에 그는 한국인과 옌벤의 중국조선족, 재일 코리안이 참가하는 국제회의 '코리안 네트워크'를 주최했다. 거기서는 '동북아시아의 월경越境적 존재인 코리안계 마이너리티와 한반도의 연계, 그리고 마이너리티 상호 간의 네트워크'가 논의되었다.

강상중 씨가 주관한 국제회의에서 내가 지적한 것은, 동북아시아 각국에 살고 있는 코리안이 그 지역의 평화협력을 위해 일할 수 있는 현실적 주체가 되기 위해서는 의욕과 역량이 준비되어 있어야만 한다는 점이었다. 재일 코리안 사이에서 그러한 의욕이 눈에 보이기 시작했다. 강상중 씨의 적극적인 활동도 있고 '원 코리아 페스티벌'을 주관한 정갑수 씨의 '남북통일에서 동아시아 공동체로'라는 일관된 호소도 있다. 그러나 무엇보다 이들의 문제제기가 코리안 사회 안에서 진지하게 검토되어야 한다.

역량의 준비도 문제이다. 코리안은 각국의 스포츠·문화·학술·경제·정치 분야에서 일정한 세력을 지닐 때 비로소 영향력을 행사할 수 있다. 이런 측면이라면 이미 각국의 스포츠와 문화, 학술 분야에서 활약하고 있다고 할 수 있지만 문제는 정치와 경제 분야이다. 미국·중국·러시아에서 코리안은 모두 해당 국가의 국적을 보유하고 선거권을 행사할 수 있는 입장에 있으나, 일본에서는 일본국적을 지닌 자는 귀화해서 일본인이라고 간주해왔기 때문에 코리안으로서의 활동이 크게 제약되어왔다. 일본에서 코리안은 전통적으로 문화·예술·스포츠 면에서 큰 역할을 수행해왔으나 코리안이라고 자신의 이름을 내거는 것은 어려운 일이었다. 대부분은 일본식 성명을 사용하고 있다. 일본국적을 취득한 코리안으로 국회의원이 되었던 아라이 쇼케이新井將敬가 비리의 혹으로 자살한 것은 개인의 문제이기도 하지만, 그의 좌절에 일본사회의 높은 장벽이 영향을 끼친 것은 분명하다.

그러나 코리안이 가까스로 일본국적을 취득한 후에도 코리안으로서 이름을 내거는 경우가 늘어나고 있어 변화가 예상된다. 학술과 경제면에서의 활동도 활발해지고 있다. 그런 의미에서 재일 코리안은 동북아시아 코리안 중에서 중심적인 역할을 맡고 있다고 할 수 있다. 한국계와 조선계라는 분열을 안고 있는 만큼, 그 잠재적 가능성은 오히려 더없이 크다고 하겠다.

제5장
일본 문제

일본의 문제성 ●●●

제2장에서 지적한 것처럼 전후 일본은 지역주의를 버리고, 미일 양국 관계 속에 안주해왔다. 하지만 그 관계에서 탈피해야 한다는 인식은 이미 예전부터 존재해왔는데, 그 갑작스런 탈출 선언이 2002년 9월 17일의 북일 평양선언으로 발표되었다. 선언의 의의가 지극히 중요한 만큼, 정말 너무나 돌발적인 측면이 있었다. 즉 국민에게 그 의의를 이해시킬 준비도 없었고, 또한 그렇게 될 가능성도 상실한 감이 든다.

처음부터 일본이 무턱대고 이 방면에서 일본의 주도권을 주장하는 것은 현실적이지 못하다. 일본이 주체성을 발휘하는 방법은 역사적 경과를 살펴보더라도 한국의 주도권을 지지하는 형식을 취하는 것이 가장 타당하다.

일본은 '대동아공영권大東亞共榮圈' 이라는 허황된 야망을 꿈꾸다가 파괴와 치욕으로 귀결된 역사를 가지고 있다. 바꾸어 말하면, 일본의 근현대사는 아시아 국가들에 대한 침략과 지배의 역사였다. 그러한 과거 청산이 끝나지 않았기 때문에, 일본에 대한 불신이 오랫동안 표출되어왔다. 카터 대통령의 안보보좌관이던 브레진스키Zbigniew Brzezinski는 러시아 신문을 통해, 일본은 과거 문제로 인해 아시아 각국과 긴장관계를 피할 수 없으며 미국과 협력하지 않는 한 세계적인 강대국이 될 수 없다고 말한 적이 있다(「유라시아에서의 지정학적 전략」,『독립신문』1997년 10월 24일자). 다시 말해 일본은 영원히 미국과 결탁해야 한다는 우울한 예언이다. 이런 제안은 거부해야 마땅하지만, 일본이 아시아에서 지위에 걸맞은 역할과 책임을 다하려면, 우선 과거 청산을 통한 신뢰 구축이 절실하다.

역사적 과거 청산—최소한의 전제 ●●●

일본이 동북아시아 지역협력에 주체적 태도를 취하는 데 최대의 걸림돌은 한국 · 북한 · 중국 · 타이완 사람들이 품고 있는 과거 역사에서 비롯한 대일 불신감이었다. 일본은 50년에 걸친 전쟁의 역사를 직시하고, 반성을 통한 신뢰 회복에 노력해야 했다. 여기에는 오랜 역사가 있다. 뒤늦게나마 반성과 사죄를 통해 피해에 대한 조치를 취하기 시작했으나, 일본 국내 반발도 만만치 않아 이른바 필사적인 포복 전진이 계속되고 있다.

태평양전쟁 말기 오키나와沖繩전투는 비참한 옥쇄전玉碎戰으로 끝

났으며, 도쿄를 비롯한 대부분의 도시는 공습으로 파괴되었다. 게다가 히로시마와 나가사키에는 원자폭탄이 투하되었다. 그러자 천황 정부는 포츠담선언을 수락하고 무조건 항복했다. 이렇게 본토 결전을 회피한 결과, 많은 생명과 재산은 구할 수 있었지만 구체제 또한 고스란히 살아남았다. 국민들은 공습에서 자신들을 지켜주지 못한 군부에 철저하게 등을 돌리게 되었고, 반대로 종전선언방송[玉音放送]으로 공습을 멈추게 해준 천황에게 친애하는 마음을 품었다. 천황은 1945년 9월 4일 제국의회 개회식에서 '평화국가 확립'을 패전국 일본의 목표로 제시했고, 국민들은 이를 비무장국가로 이해하고 지지했다. 이런 정서는 점령군의 방침과 일치하는 것이기도 했다. 이로써 군대는 신헌법의 적용을 받아 완전히 해체되었지만, 천황과 관료는 그대로 온존하게 되었다. 또 극동국제군사재판으로 군부지도자들이 재판을 받아 공직에서 추방된 것 이외에는, 전쟁 책임에 대한 어떠한 추궁도 이루어지지 않았다. 천황에게 법적 책임이 있든 없든 간에, 자신의 이름으로 수행된 전쟁에 대해 천황은 어느 시기에건 도의적 · 정치적 책임을 지고 물러나야만 했다. 그러나 그것은 끝내 실현되지 않았다. 이는 수도 결전에서 히틀러 정부가 옥쇄하고, 나치스가 완전 해체된 토대 위에 전후 국가를 탄생시킨 독일과는 전혀 다른 출발이었다. 그리고 이것은 일본인에게 주어진 전후 역사의 토대였다.

　그대로 남게 된 주류 관료 대부분은 중일전쟁 이후, 특히 미일전쟁은 과오였다고 인정하면서 군국주의를 반성하는 부류와, 그 전쟁은 아시아 해방전쟁이라고 주장하며 아무런 반성도 하지 않는 부류로 나뉘었다. 전자는 요시다 시게루吉田茂로 대표되는 보수 본류를 탄생시켰고, 후자의 지지를 받으며 전후 정치무대에 부활한 도조 히데키東條英機 내각 출신의 세 관료 중 기시 노부스케岸信介는 나중에 총리가 되었다. 따라서 자유민주당으로 대표되는 전후 일본의 보수정당은 당연히 전쟁에 대한 통일된 역사인식을 지닐 수 없었던 것이다.

일본 정부 관료 또한 국익을 내세워 배상하지 않는다는 방침으로 일관했다. 샌프란시스코 조약에서 일본은 배상 의무가 있었지만, 경제적 능력이 없다는 이유로 연합국은 배상청구권을 포기했다. 1952년 중일 평화조약 교섭에서 중국은 샌프란시스코 조약과 같이 일본이 배상 지불 의무를 인정하면 자신들도 배상청구를 포기하겠다고 요구했지만, 일본 정부 대표는 일본의 '국민감정'을 이유로 이를 거부하여, 샌프란시스코 조약에 명시된 역무배상役務賠償(전쟁 중 부당한 피해를 입힌 가해국이 피해국에 각종 서비스를 제공함으로써 그 손해를 배상하는 것—옮긴이 주)조차 인정하지 않았다. 그 후 타이완으로 쫓겨난 중화민국 정부의 발목을 잡아, 불과 2개월 만에 일본의 주장을 관철하는 조약을 체결했다. 이로써 일본은 중국에 대한 배상지불을 완전히 거부하게 된 것이다.

동시에 한일회담도 시작되었으나, 한국은 일본의 입장을 인정하지 않았고 교섭은 13년간 계속되었다. 겨우 일본은 한국인의 감정을 고려하여 "과거를 유감스럽게 생각하고 반성한다"고 표명하면서도, 식민지배가 합법적이었다는 판단 자체를 바꾸지는 않았다. 결국 한일 쌍방이 한일합병 무효화 시점을 두고 하나의 조약을 각자의 입장에 따라 해석하겠다는 타협에 의해 조약은 체결되었다.

결국 일본이 이러한 태도를 계속 고수할 수 있었던 것은, 일본 패전 후 30년에 걸쳐 아시아 여러 나라가 국내외적으로 공산·민주진영으로 나뉘어 전쟁을 계속하고 있었기 때문이다. 또한 미국과 중국이 대립하는 한, 일본은 미국의 그늘 아래서 전쟁 책임을 피할 수 있었다. 그러나 베트남전쟁의 결과 미국과 중국이 화해를 하자, 일본은 1972년 중일공동성명을 통해 비로소 "과거, 일본이 전쟁으로 중국 국민에게 막대한 손해를 입힌 데 대해 책임을 통감하며 깊이 반성한다"고 표명하게 되었다. 전후 27년이 지나서야 비로소 명확한 반성을 표명했던 것이다.

그러면서도 동시에 일화日華(일본-타이완) 평화조약을 계승하는 형태로, 이 성명서에 중국이 '배상청구권을 포기한다' 는 조항을 집어넣었다. 중국이 일화 평화조약의 파기를 요구했기 때문에, 내용을 모순없이 계승해야만 했던 것이다. 대국적인 견지에서 보면 이는 큰 화근을 남기는 것이었는데, 청일전쟁에서 일본이 배상금을 받은 것은 천하가 다 아는 사실이기 때문이다. 그 후 일본은 중국에 차관제공과 무상원조도 실시했으나, 그렇다고 해서 이미 중국 국민에게 각인된, 일본이 배상하지 않았다는 인식을 불식시키지는 못했다.

1975년 아시아의 30년 전쟁이 끝나자, 일본의 전쟁시대 50년에 관한 사람들의 기억이 되살아났다. 일본에 대한 아시아 인접국가의 압력은 해를 더해갈수록 강해졌다. 1982년에는 역사교과서 왜곡의 조짐이 불거져 한국과 중국에서 격렬한 비판이 일어나자, 일본 정부는 미야자와 기이치宮澤喜— 관방장관의 담화발표를 통해, 과거 한국과 중국에 표명한 역사 반성에 입각하여 교과서 서술을 개선하겠다고 약속했다. 나를 포함한 지식인 8인은 연명을 통해, 중국은 제쳐두더라도 한국에는 어떠한 반성과 사죄도 이루어지지 않았으며, 식민지배를 사죄하는 정부 선언을 발표해야 한다고 비판했다.

더욱이 한국과는 1984년 전두환 대통령이 일본을 방문했을 때, 천황의 인사말이 문제가 되었다. 나는 지식인과 기독교인 132명의 연명으로, 국회에서 다음과 같은 결의를 통해 한국 대통령의 방일 분위기를 조성하고, 동시에 북한과의 정부 간 교섭도 시작해야 한다고 요구했다.

> 일본 국민은 한일합병이 한민족의 의지와는 상관없이 강행된 것임을 인정하고, 일본이 식민통치를 통해 헤아릴 수 없는 고통을 안겨준 점을 반성하며, 깊이 사죄한다.

한국 대통령을 영접한 9월 6일의 궁중만찬에서 천황은 "근대의 한 시기에 양국 간에 있었던 불행한 역사는 정말로 유감이며, 또다시 반복되어서는 안 된다고 생각합니다"라고 말했다. 이것은 한일조약을 가조인假調印할 때 시나 에쓰사부로椎名悅三郎 외무장관이 발표한 "과거 불행한 기간에 대해 정말로 유감스럽고, 깊이 반성한다"는 언급을 반복한 것이다. '유감遺憾'이라는 말은 '안타깝다殘念だ'는 의미로, 사죄의 뜻이 없다. 1980년대 말 나는 식민지배 청산을 핵심으로 북일교섭을 개시하라는 '북한정책 개선을 촉구하는 모임'의 활동을 야스에 료노스케安江良介, 스미야 미키오隅谷三喜男 등과 함께 추진했다. 그리하여 식민지배 반성에 대한 국회결의안은 마침내 도이 다카코土井たか子 사회당 위원장의 지지를 얻어내는 데에 성공했다. 그리고 쇼와 천황昭和天皇이 사망한

1989년, 우리는 식민지배 사죄를 위한 국회결의를 촉구하는 국민운동을 전개했다.

처음에는 반성과 사죄의 표명만을 촉구했다. 그러나 1990년대에 들어서면서 일본의 전쟁책임을 추궁하면서, 개인 보상 등을 촉구하는 여론이 고조되었다. 그리고 드디어 '종군위안부' 문제가 불거져나왔다. 이 문제는 식민지배 반성의 필요성을 인식하는 사람은 누구나 의식하고 있던 문제였다. 물론 전쟁 당시의 군인들도 모두 알고 있던 문제였다. 그러나 일본인 중 누구도 현실을 살아가면서 이 사실을 고통받는 동시대인의 문제라고는 생각지 않았다. 한국에서는 이 문제의 해결을 위해 활동해온 윤정옥尹貞玉 여사를 중심으로 1990년 정신대문제대책협의회가 결성되고, 드디어 이 활동에 용기를 얻은 피해자 김학순金學順 씨가 일본의 책임을 고발하기에 이르렀다. 이 사태의 여파로 일본에서도 여성단체를 중심으로 운동이 급속도로 확산되었다. 역사가들이 자료를 발굴하여 일본군이 관여한 사실을 밝혀내자, 당시의 미야자와宮澤 내각도 어쩔 수 없이 조사에 착수하게 되었다. 내각 책임하에 이루어진 조사 결과는 1993년 8월 4일에 고노 요헤이河野洋平 관방장관의 다음과 같은 담화로 발표되었다.

본건은 당시 군의 관여하에 수많은 여성의 명예와 존엄을 크게 훼손한 사건이다. 정부는 출신지를 불문하고, 이른바 종군위안부로서 많은 고통과, 심신에 치유할 수 없는 상처를 입은 모든 분들께 진심으로 사죄와 반성의 마음을 전한다.

이렇게 해서 정부는 책임을 인정하고 사죄와 어떠한 속죄 행위라도 하지 않으면 안 되게 되었다.

미야자와 내각 퇴진 후 반反자민당 연립내각이 탄생했다. 1955년부터 38년간 계속된 자민당 단독통치가 드디어 막을 내린 것이다. 비非자민 연립정권의 수반으로 등장한 호소카와 모리히로細川護熙 총리는 첫 기자회견을 통해 과거의 전쟁을 '잘못된 침략전쟁'이라고 언급하여, 세간을 놀라게 했다. 더욱이 호소카와 총리가 직접 한국을 방문, 처음으로 식민지지배를 '식민지지배'라고 인정하고, 과거의 일본 정책이 가져다준 고통에 대하여 사죄했다. 그러나 이것은 어디까지나 총리의 개인적 견해에 그쳤지만, 우익세력은 심각한 위기의식을 느끼고 호소카와 발언을 용서하지 말라며 궐기에 나섰다. 1994년 자민 · 사회 · 사키가케さきがけ 3당 연립의 무라야마 도미이치村山富市 내각이 탄생했다. 사회당 소속인 무라야마 총리는 전후 50년을 맞이하여, 내각 책임하에 사죄와 속죄 문제에 착수했다. 그러나 자민당 국회의원 3분의 2가, 반성도 사죄도 국회에서 결약해서는 안 되며, 이전의 전쟁은 '자존자위自存自衛'와 '아시아해방'을 위한 전쟁이었다고 주장하는 오쿠노 세이스케奧野誠亮 회장이 조직한 전후50년의원연맹(사무국장 이타가키 다다시板垣正, 사무국차장 아베 신조安倍晋三)에 가입하는 등, 위태로운 상황 속에 3당 간의 격렬한 논쟁이 계속되었다. '종군위안부'에 대해서 사회당은 정부 예산에 의한 개인 보상을 촉구했지만, 자민당과 관료는 사죄는 인정하나 개인 보상은 반대했다. 이 문제로 사회당을 탈당한 이가라시 고조五十嵐廣三 관방장관은 정부기금을 설립하여, 국민의 모금을 통해 종군위

안부에 대한 배상을 실시하고 또 의료복지 원조를 실시한다는 중재안을 마련하여, 이를 3당 합의로 채택했다.

1995년 7월 19일 여성을 위한 아시아평화 국민기금이 설치되어, 모금을 개시했다. 이보다 앞서 3당이 합의했던 전후 50년에 대한 국회 결의는 자민당의 반발로 표현이 많이 약해졌지만, 6월 9일 중의원에서 찬성 다수로 채택되었다. 결의는 "세계 근대사에서 행해진 수많은 침략적 행위와 식민지배를 상기할 때" 일본도 "과거에 그러한 행위를 하여" "아시아 여러 국민에게 고통을" 안겨준 사실을 "인식하고 깊은 반성의 뜻을 표명한다"고 했다. 자민·사회·사키가케 3당이 찬성하고, 공산당은 반대, 신진당은 불참했다. 본회의에 불참한 우익의원들은 결의 채택을 인정하지 않는다고 표명했다. 그러나 8월 15일, 국회 결의내용보다 내용이 훨씬 심화된 무라야마 총리담화가 발표되었다. 담화는 다음과 같은 내용이었다.

우리 일본은 오래지 않은 과거 한 시기, 국책을 잘못하고 전쟁의 길을 선택하여 국민을 존망의 위기에 빠뜨렸고, 또 식민지배와 침략으로 많은 나라, 특히 아시아 여러 국가 국민들에게 막대한 손해와 고통을 안겼습니다. 나는 ······ 그 역사적 사실을 겸허히 수용하고, 새삼 통절한 반성의 뜻을 표하는 바이며, 진심으로 사죄를 표명합니다.

국회 결의에 바탕을 두고 나온 무라야마 총리의 담화는 전후 50년에 이르러 자민당과 사회당 연립내각이 확립한 역사인식이며, 중요한 성과였다. 이때 일본은 비로소 그 전쟁과 식민지배에 대해 정식으로 반성과 사죄를 표명하게 된 것이다. 국민적 배상실시 방법인 아시아 여성기금에 대해, 국가 배상을 촉구하는 측에서는 강한 비판도 있었지만, 도의적 책임을 인정한 정부와 국민의 공동 배상사업 실시 또한 가까스로 획득한 전진이었다.

교과서 문제—우익의 반격 ●●●

패배한 우익세력은 반격의 시기를 노렸다. 1996년 가을, 우익세력은 대오를 정비하여 다시 행동에 나섰다. 그해 검정을 통과한 모든 중학교 사회교과서에 '종군위안부'에 관한 서술이 포함된 데 항의하는 운동이 일어난 것이다. 1996년부터 활발한 역사교육 비판에 앞장서온 도쿄대학 후지오카 노부카쓰藤岡信勝 교수를 중심으로, 니시오 간지西尾幹二·사카모토 다카오坂本多加雄·고바야시 요시노리小林よしのり 등이 함께 뭉쳐, 언론매체를 동원하여 '종군위안부'의 강제연행은 없었으며 사죄나 보상도 필요 없다고 주장했다. 젊은 국회의원들 역시 '일본의 미래와 역사교육을 생각하는 젊은 의원들의 모임日本の前途と歴史教育を考える若手議員の會'(대표 나카가와 쇼이치中川昭一, 사무국장 아베 신조)을 조직하여, 종군위안부에 관한 고노 관방장관 담화를 집중적으로 비난했다. 그러나 무라야마 담화는 하시모토 류타로橋本龍太郎 내각에 계승되어, 고노 담화에 바탕을 둔 하시모토 총리의 사과편지가 필리핀에서 보상을 처음으로 받아들인 피해자에게 전달되기도 했다.

고스기 다카시小杉隆 문부장관은 교과서 기술을 옹호했다. 그러나 우익세력이 종군위안부 문제에 대한 일본인의 대처에 상당한 방해를 해온 것은 사실이다. 그리고 이어서 1996년 12월, 자신들의 주장을 펴기 위해 '새 역사교과서를 만드는 모임新しい歷史敎科書をつくる會'(회장 니시오 간지, 발기 호소인 고바야시 요시노리·사카모토 다카오·후지오카 노부카쓰. 이하 '만드는 모임')을 만들었다. 이는 무라야마 담화의 역사인식에 대한 공공연한 도전이었다.

1998년 김대중 대통령이 방일하여, 오부치 게이조小淵惠三 총리와 함께 한일공동성명을 발표했다. 여기에는 무라야마 담화를 계승하겠다는 오부치 총리의 의사를 김대중 대통령이 수용한다는 내용이 표명되었다.

> 오부치 총리대신은 금세기 한일관계를 회고하며, 우리 일본이 과거 한 시기에 한국 국민에게 식민지배로 막대한 손해와 고통을 주었다는 역사적 사실을 겸허하게 받아들이며, 통절한 반성과 함께 진심으로 사죄한다고 말했다.
> 이에 대해 김대중 대통령은, 오부치 총리가 표명한 역사인식을 진지하게 수용하고 높이 평가하면서, 동시에 양국이 과거의 불행한 역사를 극복하여 화해와 선린우호에 기초한 미래지향적 관계로 나아가기 위해 서로 노력하는 것이 시대의 요청이라는 취지를 밝혔다.

과거는 지울 수도 잊어버릴 수도 없다. 그러나 최소한의 반성과 사죄가 있으면, 미래지향적인 공동노력 가운데 과거의 고통을 극복할 수가 있다. 무라야마 담화를 이러한 최소한의 반성, 사죄로 받아들인다는 김대중 대통령의 발언은 획기적인 것이었다.

하지만 이 합의에 반대하는 세력의 저항도 만만치 않았다. '만드는 모임'은 1999년 10월 우선 니시오 간지가 저술한 『국민의 역사國民の歷史』를 출판하여 이를 대량으로 살포하고 여론형성을 꾀한 다음, 자신들이 집필한 교과서를 2001년도 검정본으로 제출했다. 이를 출판한 후소샤扶桑社는 산케이신문産經新聞 계열의 출판사이다. 이 백표지본白表紙本(검정을 통과하기 위해 미리 제작한 견본용 교과서─옮긴이 주)은, 기본적으로 일본 과거사를 전적으로 미화함으로써 일본인에게 잘못된 자긍심을 심어주려는 사상에 입각해 있었다. 무라야마 담화에서 표명된 일본 정부와 일본 국민의 역사인식을 부정하려는 생각이 전면적으로 깔려 있었던 것이다. 또한 이웃 여러 국가 국민들의 이해와 협력을 위해 교과서가 지켜야 할 요건을 정해놓은 '근린제국조항近隣諸國條項'(1982년 교과서 왜곡 파동을 계기로 문부성은 교과서 검정기준에 이른바 근린제국조항을 삽입했는데, 이는 "근린의 아시아 국가들과의 사이에 발생한 근현대의 역사적 사상事象을 취급할 경우 국제적 이해와 국제적 협조라는 견지에서 필요한 배려를 한다"는 내용이다─옮긴이 주)에도 명백히 위반되는 것이었다.

이 백표지본에 대해 검정심의회는 137군데의 수정을 요구했다. 그 내용을 보면, 오류가 있고 부정확·난해한 표현이 있는 부분이 69군데, '오해의 소지가 있는 표현'이 있는 부분이 50군데, '기본사항을 습득시키는 데에 부적절한 사항을 선정한' 부분이 9군데, '구성이 부적절한' 부분이 3군데, '발전단계에 부적합한 높은 난이도' 부분이 4군데, '전체적으로 조화를 이루지 못한' 부분이 2군데이다. 이만큼 이 교과서는 결함투성이였다.

'만드는 모임'과 후소샤는 137군데 모두를 수정하도록 요청받았다. 특히 한국관계 기술에서는, 강화도조약이 군사적 압력으로 불평등하게 체결되었다는 사실, 한일합방이 강제적으로 단행된 점, 격렬한 독립운동이 지속된 사실, 토지조사사업을 통한 토지약탈, 동화정책에 대한 반감, 관동대지진 당시 조선인 살해가 자경단自警團의 소행이라는 것, 제2차 세계대전 때에 이루어진 징병과 징용, 황민화정책의 일환인 창씨개명 등이 새롭게 더해졌다. 그리고 한일합병이 "국제원칙에 의거하여, 합법적으로 이루어졌다"는 기술은 삭제되었다.

'만드는 모임'이 편찬한 교과서가 이와 같이 많은 수정을 요구받았다는 것은, 이들의 패배를 의미했다. 그런 의미에서는 무라야마 담화와 '근린제국조항'이 기본적으로는 준수됐다고 하겠다. 그러나 후소샤가 펴낸 교과서에는 수정된 부분 이외에도 과거사를 미화하는 기술이 여전히 많이 남아 있었다. 예컨대 중국에 관한 기술과 '대동아전쟁'에 관한 기술은 여전히 문제였다. 게다가 수정부분과 원래의 기술이 제각각이어서 모순이 많았다. 교과서의 완성도가 더욱 떨어진 것이다. 그러나 마치무라 노부타카町村信孝 문부장관이 "한국과 중국의 우려는 대략 해소된 것 아닌가"라며 이례적인 코멘트를 달았고, 좀더 수정된 뒤에 "매우 균형 잡힌 교과서"가 됐다고 말한 것은 부당한 개입이었다.

뒤늦게 역사가들은 수정본에 여전히 남아 있는 잘못된 점을 지적하고 비판했다. 나를 포함한 7명의 학자 역시 근현대사 부분에서만 52군데의 문제점을 지적하고 재검토를 촉구했다. 더욱이 한국 정부와 중국 정부도 교과서의 문제점을 비판하는 문서를 일본 정부에 전달했다. 이에 문부과학성은 한국과 중국의 비판에 대한 검토를 실시하고 그 결과를 발표했다. 그러나 비판점의 대부분을 수용하지 않은 것은 문제 있는 검토였다고 말할 수밖에 없다.

후소샤는 검정을 통과한 교과서를 시판했고, 초판 30만부가 다 팔렸다고 선전했다. '만드는 모임'은 구세대가 느끼는 전쟁 전의 일본에 대한 향수와 자국의 역사를 사랑하자는 젊은 세대의 내셔널리즘을 잘 흡수했다고 볼 수 있다.

그러나 비판의 힘 또한 강했고, 비판 운동은 전국적으로 고조되었다. 특히 이제는 한일 우호를 중시하는 일본에게 한국의 비판이 매우 중요하다는 사실을 인식하게 만들었다. 이 같은 공방을 주시하며 진행된 각지의 교과서 채택결과는 '만드는 모임'의 참패였다. 전국 중학생 중 1%도 이 교과서를 사용하지 않는 결과로 나타났다. 이에 우리는 안도의 한숨을 내쉬었고, 한국인들도 기뻐했다. 우익세력이 또다시 패배한 것이다.

이렇게 해서 무라야마 담화는 지켜졌다고 말할 수 있지만, 실로 위태로운 승리였다. 한국과 중국 양 국민은 이 같은 교과서가 일본에서 검정을 통과했다는 사실 자체에 큰 우려를 나타냈다. 그러나 이렇게 혼란한 사태 속에서 한걸음 더 전진하여 이웃 국민의 신뢰를 얻는 길 외에 달리 대안은 없다. 보상 면에서는 '종군위안부' 이외에 강제 연행된 중국인과 조선인, 그리고 또한 731부대에 의한 희생자 등에 대한 조치를 어떻게 실현시킬 것인가 하는 문제도 있다.

이 같은 노력이 인근 국가들에 전달되고 사람들의 인식이 바뀌게 될 때, 비로소 일본은 동북아시아 공동의 집을 만드는 일에 진정 공헌할 수 있을 것이다.

야스쿠니 신사 문제 ● ● ●

이 밖에도 한국과 중국 국민의 비판을 초래하는 문제가 또 하나 있다. 바로 야스쿠니 신사靖國神社 문제다. 이 문제는 고이즈미 총리의 집요한 참배가 계속 이어져 커다란 정치 쟁점으로 떠올랐다.

야스쿠니 신사는 메이지유신明治維新 이듬해인 1869년, 반혁명군, 즉 막부幕府군과 싸우다 숨진 전사자를 위령하는 도쿄 초혼사招魂社로 구단九段이라는 곳에 창건되었다. 1877년 반정부 반란인 세이난전쟁西南戰爭(메이지유신 초기, 사이고 다카모리西郷隆盛를 중심으로 한 최대의 반정부 반란—옮긴이 주)을 진압한 후 그때 죽은 정부군 사망자를 위령하고, 안세이의 대옥安政の大獄(1858년 막부의 이이 나오스케井伊直弼가 반대파를 탄압한 사건—옮긴이 주) 이후 국가 순직자(유신 공헌자) 등을 합사合祀하는 교토京都 초혼사와 합하여, 1879년에 야스쿠니 신사로 개칭했다. 말하자면 육·해군 장병 전사자를 추도하기 위한 군의 기구였다.

일반 신사와는 달리 야스쿠니 신사는 육·해군성의 소관이었고, 구지宮司(신사의 관리책임자—옮긴이 주)는 육군대장이 맡고, 운영비는 육군성 예산에서 지출되었으며, 또한 경비도 헌병이 담당했다. 그러던 것이 전후 정교분리 방침에 따라 야스쿠니 신사는 국가에서 분리되어 하나의 종교법인으로 바뀌었다.

　국가·국토·국민을 지키기 위해서 싸우다가 전사한 군인들을 위해 군 추모시설을 국가가 갖는 것은 일반적인 일이다. 그러나 전후 일본 헌법은 전쟁을 포기하고 일체의 군사력을 보유하지 않는다고 명시했기 때문에, 일본에 그와 같은 추도시설은 필요가 없었다. 지금까지 전쟁에 관해서 전후 일본은 국가적으로 통일된 평가를 내리지 못하고 있다. 야스쿠니 신사는 구 일본 육·해군과 결부된 시설이며, 게다가 지금은 종교법인이므로 전후 일본은 과거 전사자의 추도시설로 인정할 수가 없었다.

　1954년 자위대의 창설과 함께 헌법해석이 바뀌게 되고 자위를 위한 무력 보유가 가능하게 된 단계에서 자위대의 순직자를 추모하는 국가 시설이 문제가 되었다. 그러나 정부는 이를 애써 무시해왔다.

　한편 우익세력은 야스쿠니 신사를 국가 관리 아래 두자는 운동을 일으켰다. 1969년 11월 8일 야스쿠니 신사와 신사본청 관계자를 중심으로 신도정치연맹神道政治連盟이 설립되고, 이와 연계된 의원조직으로서 신도정치연맹 국회의원간담회神道政治連盟國會議員懇談會가 1970년 5월 11일에 발족되었다. 초대회장인 아오키 가즈오青木一男는 1942년에 도조 내각에서 대동아장관大東亞相을 역임한 인물이다. '야스쿠니 신사 국가호지國家護持법' 성립을 목표로 신도정치연맹과 국회의원간담회는 1971년부터 매년 법안을 제출했지만, 1974년 6월 이 조직이 제출한 네 번째 법안이 폐기되면서, 국가호지법 성립을 단념하기에 이르렀다.

　1978년 급기야 야스쿠니 신사 측은 사형당하거나, 옥사한 A급 전

범 14명을 비밀리에 합사하기에 이르렀다. 게다가 1980년부터 우익세력은 총리의 야스쿠니 신사 공식참배를 요구하기 시작했다. 1981년 '함께 야스쿠니 신사에 참배하는 국회의원의 모임みんなで靖國神社を参拝する國會議員の會'까지 발족되었다. 또한 1983년과 1984년에 신도정치연맹과 동同 국회의원간담회는 총리의 공식참배 요망서를 제출했다. 1985년에는 동 국회의원간담회의 간사였던 내각 관방장관 후지나미 다카오藤波孝生가 자문기관 '각료의 야스쿠니 신사참배 문제에 관한 간담회閣僚の靖國神社参拝問題に關する懇談會'를 설치하여, 급기야 공식참배가 합헌이라는 결론을 내렸다. 그러한 결론이 나고 이를 받아들인 나카소네 야스히로中曾根康弘 총리는 그해 공식참배했으나, A급 전범 합사사실을 알고 있던 중국 정부는 곧바로 맹렬하게 항의했다. 그러자 총리는 자신의 의지를 굽히고 다시는 공식참배를 하지 않았다. 1986년 신도정치연맹은 외압에 굴하지 말라는 요망서를 제출했지만, 아무런 효과 없이 또다시 우익세력이 패배하는 결과가 되었다.

이후 매년 8월 15일이 되면 '함께 야스쿠니 신사에 참배하는 국회의원의 모임' 소속 국회의원과 관료들이 참배하여, 이것이 공적 행위냐 사적 행위냐라는 참배 자격이 계속 논란거리로 남았다. 1986년 총리에 오른 하시모토 류타로橋本龍太郎는 일본유족회의 회장이었으므로, 우익세력에서는 총리 자격으로 공식참배가 이루어지는 것이 아닐까 하는 기대를 품고 있었다. 그러나 하시모토 총리는 자신의 생일날 신사를 참배하고 그마저도 비판을 받게 되자, 다음 해부터는 참배를 중지했다.

그런데 2001년에 총리가 된 고이즈미 준이치로小泉純一郎는 자민당의 총재선거 공약으로 야스쿠니 신사참배를 내걸었기에 큰 논란을 불러일으켰다. 안팎의 비판 속에 고이즈미 총리는 후쿠다 야스오福田康夫 관방장관의 설득에 따라, 과거를 반성하는 성명서를 발표한 후에 날짜를 이틀 앞당겨 8월 13일에 참배했다. 이 총리 성명서에서 새로운 비종교적 국립추도시설 검토를 약속한 것은, 드디어 전후 일본이 국가적 차원에서 문제 해결에 필요한 하나의 행보를 내딛었음을 의미했다.

2001년 말, 후쿠다 관방장관의 사적 간담회인 '추도·평화기원을 위한 기념비 등의 설치방식을 생각하는 간담회'가 설치되었다. 이 간담회 소속위원의 면면을 보면, 다나카 아키히코田中明彦와 같은 자유주의자가 있는가 하면 우에사카 후유코上坂冬子 같은 보수파, 사카모토 다카오坂本多加雄 같은 우파도 있었는데, 사카모토가 사망한 후인 2002년 12월 24일에 제출된 제언은 '국립 비종교 영구시설' 신설을 주된 내용으로 했다.

이 제언에서는 추도의 대상으로서 '메이지유신 이후 일본이 겪은 대외분쟁의 사망자'와 함께 '전후 일본과 관계된 국제평화를 위한 활동에서 사망한 자'를 포함하고, '과거 일본이 일으킨 전쟁으로 목숨을 잃은 외국 장병과 민간인'에 대해서도 '일본인과 동일하게 취급한다'고 말하고 있다. A급 전범(사형자)은 대외전쟁의 사망자가 아니므로 포함하지 않는다. 자위대 사망자에 관해서는 명시적으로 검토하고 있지 않다. 그러나 2004년에 창건 50주년을 맞이하는 자위대는 이미 각종 사고로 많은 순직자가 발생했다. 이 제언에 의하면 이들을 야스쿠니 신사에 위령할 수 없는 것은 확실하다. 다만 해외협력대원으로서 사망한 자와 PKO 부대원 사망자를 추도한다면, 자위대 사망자의 경우도 당연히 그 대상이 된다. 한층 더 면밀한 검토가 필요하지만, 답신으로 제출된 제안은 합리적인 선택이었다.

그러나 고이즈미 총리는 이 같은 검토에 무관심하다는 듯, 또다시 2002년 야스쿠니 신사의 춘기례대제春期例大祭(야스쿠니 신사가 매년 봄철 지내는 제사—옮긴이 주)를 기해 이곳을 전격 참배했다. 다음 해인 2003년 1월 14일에도 전격적으로 야스쿠니를 참배했다. 이미 2002년도 신사참배 문제로 중국 방문이 무산되었던 사실을 감안할 때, 이후의 전망도 그리 밝지만은 않다. 이는 국가지도자로서 판단력이 결여된 처신이었다고밖에 달리 말할 수 없다. 그리고 2003년 봄이 되어서야 겨우 답신을 진지하게 검토하겠다는 표명이 뒤따랐다.

야스쿠니 신사 문제는 중국과 한국의 신뢰획득을 위한 현안이지만, 이에 앞서 일본의 국가 문제이기도 하다.

자폐 외교 — 북방영토 문제 ●●●

또 하나의 일본 문제는 일본 국민과 언론의 외교감각 결여이다. 이는 일본이 전후 줄곧 미국과의 양국 간 관계 속에 안주해왔기 때문에 발생한 병리적 결함이다. 헌법에서 전쟁포기와 전력보유 금지가 명시되었다면, 즉 국제분쟁의 해결 수단으로 군사력을 행사할 수 없다면, 자신을 보호할 수단은 외교수단밖에 없다고 확신하고 정부와 국민 모두 노력했어야 했다. 그러나 보수파는 미국의 보호에 안주하여 외교의 필요성을 느끼지 못했다. 이에 비해 헌법옹호파였던 혁신야당은 공산권 국가들과의 야당외교에 주력했다. 물론 그것도 필요한 일이지만 질적으로는 떨어지는 것이어서, 때때로 상대국가의 주장에 안이하게 동조하여 당 내에 소련파와 중국파가 대립하는 등 문제를 야기했다.

정치적으로는 보수파와 혁신파 그리고 언론까지 포함하여, 국민 전체의 외교감각, 외교역량이 너무도 낮다는 생각이 든다. 그 첫 번째 예가 최근의 러시아 외교와 북한 외교에서 잘 나타나고 있다. 단적으로 2002년에 발생한 스즈키 무네오鈴木宗男 소동(자민당 소속 스즈키 의원의 각종 비리가 국회에서 폭로되어 끝내 사임하게 된 정치스캔들—옮긴이 주)이 그렇다.

'북방영토' 문제는 일본 국익과 직결되어, 영토반환 달성이야말로 전후 일본외교의 과제였다. 일본과 러시아는 예부터 북방의 아이누족 거주지역인 쿠릴열도와 사할린 섬을 남과 북에서 침입하여 이 지역의 패권을 놓고 항상 경쟁해왔다. 1855년 첫 조약에서 일본과 러시아는 쿠릴열도를 1대 1로 나누었다. 1875년 조약에서는 러시아가 사할린 전역을, 일본은 쿠릴 전역을 취해 2대 2가 되었다고 할 수 있다. 그러나 러일전쟁으로 일본은 새롭게 남 사할린을 획득하여 3대 1이 된다. 하지만 제2차 세계대전 말기, 일소전쟁에서 소련은 미국과 영국의 지지로 쿠릴열도와 남 사할린을 점령하고 합병을 선언, 4대 0이 되어버렸다. 결국 일본은 샌프란시스코 강화조약으로 쿠릴열도와 남 사할린을 포기해야 했다. 이래서는 구소련의 일방적인 독점이 아닌가, 일본에 일부라도 돌려줘야 하는 것이 아닌가 하는 것이 이른바 북방영토 문제의 본질이다.

샌프란시스코 회의에서 요시다 내각은 하보마이歯舞와 시코탄色丹 이 두 섬은 홋카이도北海道의 일부로서 절대 포기할 수 없다고 밝혔기 때문에, 초기 영토반환 요구는 이 두 섬에 한정되어 있었다. 1955년부터 시작된 소련과 일본의 국교교섭도 처음부터 두 섬의 반환이 최종 목표였다. 그러나 소련이 두 섬을 양도한다고 밝히자, 일본은 에토로후擇捉와 구나시리國後 섬까지 요구하여, 한때는 교섭이 결렬상태에 빠졌다. 러시아인의 상식으론 에토로후 섬이나 구나시리 섬은 쿠릴열도의 일부였기 때문에 소련은 돌려주려 하지 않았다. 결국 1956년에 하토야마 이치로鳩山一郎 총리가 소련을 방문하여 영토문제를 보류한 채 국교를 수립하게 되었고, 하보마이와 시코탄 두 섬은 일본의 요구에 부응하여 강화조약이 조인된 다음에 양도하기로 약속한 일소공동선언이 체결되었다.

그 후 1960년에 미일안보조약이 개정되자, 소련은 두 섬의 반환에는 외국 군대 철수, 즉 미일안보조약 파기가 선행돼야 한다고 주장했다. 이에 대해 이케다池田 총리는 에토로후와 구나시리 섬은 쿠릴열도, 지시마열도千島列島에 포함되지 않는다는 새로운 '지리상의 발견'을 내세워, 4개 섬의 일괄반환을 주장했다. 그러자 소련은 이제 러일 간의 영토문제는 이미 끝났다고 하며 무응답 자세로 전환했다. 이렇게 냉전시대에는 일본의 4개 섬 반환 요구와 러시아의 철저한 무시라는 교착상태가 지속되었다. 영토문제는 전혀 해결의 실마리도 없이 양국 관계만을 긴장시켰고, 오히려 미일동맹을 유지하는 데에 공헌하게 되었다.

페레스트로이카 정책과 함께, 영토문제는 해결해야 하며 또한 해결 가능한 문제로 변했다. 그러나 냉전시대의 대결 논리는 변함없이 계속되었다. 일본은 4개 섬 일괄반환론에 집착하고, 러시아는 2개 섬 반환 약속조차 지키지 않았다. 옐친 정권 말기, 하시모토 총리는 유라시아 신 외교를 주창하여 영토문제에 새로운 전기를 만들기 위해 노력했다. 그리하여 4개 섬의 주권만이라도 인정해준다면, 언제 반환해도 상관없다는 가와나川奈 제안이 가까스로 양보안으로 나왔다. 옐친은 흥미를 보였지만, 이미 실권을 잃은 그로서는 러시아 국민을 설득할 힘이 없었다. 4개 섬 일괄반환이라는 주장은 최대한의 양보안으로도 수용되지 않은 것이다. 이제 전환은 불가피했다.

여기서, 신임 푸틴 대통령이 등장하자 1956년 일소공동선언에서 약속한 2개 섬 반환을 재확인하고, 남은 에토로후와 구나시리 섬도 반환하도록 교섭한다는 단계론적 채택을 목표로 했다. 이를 추진한 사람이 스즈키 무네오 의원, 외무성의 구주국장 도고 가즈히코東鄕和彦와 주임분석관 사토 마사루佐藤優이다. 모리 요시로森喜朗 총리와 연계하여 추진된 이 노선은 2001년 3월 이르쿠츠크 성명으로 결실을 맺었다. 푸틴 대통령은 일소공동선언을 전면적으로 인정하고, NHK와의 인터뷰를 통해 2개 섬 반환은 의무적인 것이라고 분명히 밝혔다. 더욱이 남은 두 섬에 대해서 교섭해간다는 도쿄선언에 기초한 교섭방침을 분명히 했다. 이것은 일본으로서는 매우 획기적인 성과였다.

그러나 이에 대해 외무성 내부는 물론, 전문가와 정계·언론에서도 강한 반발 여론이 일었다. 그러한 방식은 2개 섬 반환론에 불과한 것이고 결과적으로 일본의 국익을 훼손하는 행위라는 비난이 쏟아졌다.

2002년 2월 시작된 스즈키 무네오 소동의 핵심은 여기에 있다. 표면적으로는 스즈키 의원의 수많은 비리가 표적이었다. 2월 13일 국회에서 공산당 소속인 사사키 겐쇼佐佐木憲昭 의원은 구나시리 섬에 있는 러일 우호의 집을 '무네오 하우스'로 소개하고, '스즈키 씨, 당신은 우리의 친구입니다'라는 현수막을 제시하며, 이 건물의 건설업자가 제공한 정치헌금 비리를 들춰냈다. 그 현수막은 구나시리 섬 사람들이 제작한 것이었다. '무네오 하우스'는 러시아어가 아니다. 즉 논의방식 자체가 구나시리의 러시아인을 우롱하는 결과가 되었다. 당시 국회에서 스즈키 의원 비난의 선봉에 섰던 국회의원들에게 이것이 고도의 외교문제라는 인식은 전혀 없었다. 그리고 '무네오 하우스'는 그해 유행어 대상大賞을 받게 되었다.

이런 호기를 그냥 놓치지 않은 사람이 있었다. 다나카 마키코田中眞紀子 의원과 스즈키 의원의 참고인 소환일인 2월 20일 아침, 사사키의 사무소에 구나시리 섬 우호의 집 입찰과 관련하여 스즈키 의원의 개입을 보여주는 외무성 내부자료가 도착했다. 이 자료는 엄청난 태풍을 몰고 왔고, 이후 1개월간 스즈키 스캔들의 연쇄폭발로 일본은 잠잠할 날이 없었다. 외무성은 스즈키 의원이 7년 전, 영토교섭은 중단해야 하며 경제 협력만이 중요하다고 주장한 내부자료를 공개했다. 더욱이 시이 가즈오志位和夫 공산당 위원장 앞으로 스즈키 의원과 알렉산드르 로슈코프 러시아 외무차관의 회담에서 수정된 비밀기록이 배달되었다. 이에 스즈키 의원은 자민당을 탈당, 국회의원을 사임했고 곧이어 체포되었다. 도고 전前 국장은 네덜란드 대사에서 해임되고 외무성에서 쫓겨나,

현재 국외망명 중이다. 또한 도고 국장의 부하로, 스즈키 의원의 협력자였던 사토 주임분석관도 체포되었다.

이로써 이르쿠츠크 성명은 백지화되고, 일본의 영토문제는 다시 4개 섬 일괄반환론으로 되돌아갔다. 이런 식으로는 영토문제의 해결은 불가능할 것이다.

북일 평양선언, 무위로 끝날 것인가 ●●●

북일교섭 또한 한층 심각한 상태에 놓여 있다. 조선민주주의인민공화국은 일본이 국교를 맺지 못한 유일한 국가이다. 식민지배는 1945년에 끝났지만, 북한과는 55년 이상 과거 청산이 이루어지지 못했다. 게다가 한국전쟁 때부터 적대관계로 돌아선 이래, 공작선의 영해 침범과 공작원 잠입, 정보 수집과 한국 공작 활동, 일본인 납치 등 불법적인 행위가 계속되었다. 국교교섭을 통해 식민지배 청산과 적대관계의 종식, 부당행위의 해결이 필요하다. 북한과의 국교교섭은, 일본이 과거 식민지배에 대한 반성을 표명함으로써 가까스로 1991년 시작되었으나, 8회를 채우지 못하고 과거 청산을 둘러싼 이견으로 팽팽하게 대립했다. 북한은 합방조약이 처음부터 무효라고 주장하며 사죄와 보상을 요구했고, 일본은 한일협정 때와 같은 인식으로 접근하여 양국의 주장은 계속 대립했다. 그리고 일본이 이은혜李恩惠(KAL기 폭파 사건 주범인 김현희金賢姬의 일본어 교육을 담당했다고 알려진 피람 일본인으로 다구치 야에코田口八重子로 추정된 인물)의 납치 문제와 핵 개발 문제를 거론하자, 회담은 곧 결렬되었다. 이후 7년 남짓한 공백기간을 거쳐 북일 국교교섭은 2000년에 재개되지만, 또다시 의견 대립으로 3회 만에 중단되었다. 당시 일본은 무라야마 담화에 입각하여 교섭에 임했는데, 과거청산 방식을 두고 일본은 경제협력을, 북한은 보상을 주장하여 양국의 의견이 대립한 가운데 교섭이 중단되었다.

2000년 말 부시가 미국 대통령에 당선되자, 북한은 북일교섭 타개를 위해 모리 총리에게 비밀 회담을 제안했다. 정체된 외교루트가 아닌, 정상회담을 통한 전격 타결을 제안한 것이다. 당시 모리 총리는 취약한 정권기반 때문에 누구와도 상의하지 못한 채 그 제안에 응하게 된다.

그리하여 2001년 1월, 모리 총리는 여성 스캔들로 관방장관 자리에서 막 물러난 심복 나카가와 히데나오中川秀直 의원을 싱가포르에 급파했다. 김정일 위원장 특사인 강석주 외무1차관은 나카가와와의 이 비밀회담에서, 지금까지의 보상 요구를 철회하여 경제협력 방식을 수용하겠다고 표명한 후 납치 문제에 관해서는 정상회담에서 "해결해달라", 또 거기서 "모두 밝히겠다"고 회답했다(모리 담화, 『諸君』, 2002년 12월호). 모리 총리는 그 결과를 가와시마 유타카川島裕 외무차관과 마키다 구니히코槇田邦彦 아시아국장에게 전했다고 한다. 외무성 수뇌부는 러시아와의 정상회담을 앞두고 있는 상황에서 모리 총리의 정치기반이 약하다는 점을 고려하여 대응을 주저했던 것으로 여겨진다. 그리고 모리 총리는 이르쿠츠크 회담을 끝내고 바로 2001년 4월 퇴진했다.

모리에 이어 당선된 고이즈미 총리는, 경이적인 국민적 인기를 얻어 정권기반이 매우 견고한 듯 보였다. 아시아국장에는 마키다 후임으로 다나카 히토시田中均가 취임했다. 2001년 9월 11일, 뉴욕과 워싱턴에서 일어난 동시다발 테러는 미국의 대외행동을 부추겼고, 즉시 아프가니스탄의 탈레반 정권에 대한 전쟁을 촉발했다. 이에 북한은 심각한 위기의식을 느끼고, 일본과 긴밀한 접촉을 재개하려 했던 것으로 보인다. 10월 다나카 국장은 북한 밀사와 접촉했다. 다나카 국장은 고이즈미 총리의 승인하에 노가미 요시지野上義仁 차관의 지지를 받아 비밀접촉을 개시했다(『朝日新聞』 2002년 9월 19일자). 다나카 국장의 교섭상대는, 이번에는 북한의 국방위원회 관계자로 김정일의 직계 인물이었다.

2002년 1월 부시 대통령이 북한을 '악의 축axis of evil'으로 지명하는 연설을 행하자 북한은 한층 긴장하게 되었을 것이다. 그리고 보상이 아닌 경제협력은 이미 모리 총리 때에도 표명된 것이므로, 이번 비밀절충의 핵심은 납치 문제와 핵과 미사일, 안전보장 문제였을 것이다.

한편 일본에서는 2002년 3월, 스즈키 의원 문제로 외무성이 크게 타격을 입은 후, 야오 메구미八尾惠의 아리모토 '납치' 관여 증언이 있어, 납치의혹 문제가 새로운 관심을 불러일으켰다. 그리고 아베 신조安倍晋三 관방 부장관을 필두로, 외무성 아시아국의 '저자세 외교'를 공공연하게 비난하는 움직임도 나타났다. 4월에는 국회결의가 이루어진 후, 구납치의원연맹이 해체되고 '북한에 납치된 일본인을 조기에 구출하기 위한 의원연맹北朝鮮拉致日本人早期救出行動議員連盟'(약칭 신납치의원연맹)이 탄생했다. 신납치의원연맹은 대북지원의 전면 동결, 일시 귀국한 재일교포의 재입국 금지조치 등 강력한 제재조치를 촉구했다. 그러나 이 같은 주장은 일종의 압력으로는 작용했지만, 교섭의 기본노선에는 영향을 주지 못했다.

비밀접촉은 계속되어 마침내 합의가 이루어졌다. 외무성에서는 가와구치 요리코川口順子 외무장관·다케우치 유키오竹內行夫 사무차관·다나카 국장·하라마쓰 겐지平松賢司 동북아과장 등이, 관저에서는 고이즈미 총리·후쿠다 관방장관·후루카와 사다지로古川貞二郎 관방 부장관 등 7명만이 관여한 결단이었다. 당연히 대북 강경파인 아베 관방 부장관에게 이 과정을 전혀 알리지 않은 것은 어쩔 수 없는 총리의 선택이었을 것이다.

4월과 8월에 열린 북일 적십자회담은 표면적인 접촉에 지나지 않았지만, 7월 브루나이에서 열린 북일 외무장관 회담에서 양국이 국장급 회담의 개시에 합의한 것은 중요한 성과였다. 8월 25일부터 평양에서 열린 국장급 회담은 비밀접촉을 공식화하는 계기가 되었다. 다나카 국장은 북한 외무성의 마철수馬鐵洙 아시아국장과 회담하고, 동시에 홍성남洪成南 총리와 강석주 제1외무차관을 만나 고이즈미 총리의 메시지를 전달하고 김정일 국방위원장의 메시지를 받고 돌아왔다.

평양에서 돌아온 다나카 국장은 기자회견을 통해 "포괄성과 시한성, 정치적인 의사 이 세 가지가 포인트"라고 설명했다. 즉 납치와 핵문제를 식민지배 청산과 함께 일괄 해결하겠다는 방침으로 국교정상화를 조기에 달성하도록 노력할 것을 정상회담에서 합의한다. 이것이 북일 비밀절충에서 도달한 합의였다(『朝日新聞』 8월 27일자). 1개월 이내에 국교교섭을 재개하는 문제에 대해 합의하도록 노력하겠다고 발표했으나, 이미 이때 답은 나온 것이나 마찬가지였다. 그리고 8월 30일 고이즈미 총리는 북한을 방문하겠다고 발표했다.

9월 17일 고이즈미 총리는 다나카 국장과 아베 관방 부장관을 대동하고 평양을 방문하여 김정일 국방위원장과 정상회담에 임했다. 북한은 13명의 납치사실을 인정하며, 그 중 8명 사망, 5명 생존이라는 통보를 했다. 그리고 김정일 위원장은 이에 대해 사죄를 표명하고, 또한 공작선에 대해서도 두 번 다시 이런 일이 일어나지 않도록 하겠다는 의사를 표명했다. 회담의 결과, '북일 평양선언'에 두 정상이 서명했다.

정상회담을 통한 일괄타결 방식으로 획기적인 돌파구가 모색되었다. 두 정상은 "국교정상화를 빠른 시일 내에 실현시키기 위해, 모든 노력을 경주하겠다"고 약속하고, 국교교섭을 10월 중에 재개하자는 데에 의견을 함께했다. 일본은 식민지배로 고통과 손해를 끼친 것에 대해 반성과 사죄를 표명하고, 쌍방은 청구권을 포기하며, 일본은 북한에 경제협력을 이행한다고 약속했다. 이에 대해 북한은 '비정상적 적대관계'가 존재했던 시대에 발생한 일본인에 대한 생명위협 사태가 다시는 재발하지 않도록 하겠다고 표명했다.

더욱이 핵과 안보문제에 대해서는 기존 협정들을 준수할 것을 쌍방이 표명하고, 추후 안보에 대해 협의해나가기로 약속했다. 평양선언은 북일 국교정상화를 통해 '동북아지역 평화와 안정'을 위한 협력과 그 위상을 확립하고, 동북아시아 여러 국가 간의 '상호신뢰에 기초한 협력관계'를 구축하며, '지역의 신뢰조성을 도모하는 틀'을 정비해나가겠다는 의욕을 표명한 것이다. 이는 '대동아공영권' 구상 실패 후,

미일 양국 간 관계 속에 안주해온 일본이 전후 57년을 거쳐 처음으로 발표한 '동북아시아' 신지역주의 선언으로, 지극히 획기적인 것이었다. 강상중 도쿄대학 교수도 "사실상 냉전 종결 후의 한반도와 동북아시아의 새로운 지역질서 형성에 대한 전망을 보여준 것이었다"며 높이 평가하고 있다(『日朝關係の克服』, 集英社新書, 2003).

국민은 고이즈미 총리가 내린 이 같은 결단을 지지하여 고이즈미 내각 지지율도 높아졌다. 그러나 사태는 급격히 반전되었다. 납치 문제에 대한 국민의 반응이 급격하게 격양된 것이다. 납치 문제는 9월 17일 이전에는 '납치 의혹'이었다. 증거가 있는 것은 신광수辛光洙가 관여한 하라 다다아키原ただあき의 경우뿐이며, 북한행에 관여한 사람이 진술한 것도 구메 유타카久米裕와 아리모토 게이코有本惠子 두 건에 불과했다. 다른 건은 모두 간접적인 자료와 전문, 북한에서 그 사람을 만났다고 하는 망명 공작원의 증언뿐이었다. 정말로 '납치 의혹'이었다. 이것이 김정일 국방위원장의 고백과 사죄로, '납치 사건'이 되었다. 그때까지 반신반의했던 언론과 국민도, 정말로 북한에 납치됐다는 사실이 알려지자 경악과 분노를 금치 못했다. 피해자 가족도 물론 예외는 아니었다. 그리고 이것은 어느 정도 불가피한 현상이었다.

그러나 북일 정상회담과 평양선언으로 납치 문제는 해결의 실마리를 잡았다. 국교수립을 목표로 한다는 큰 결단 속에 납치 문제의 기본적인 해결이 비로소 가능하게 된 것이다. 따라서 납치 사실과 8명 사망이라는 통보의 충격은 물론 컸지만, 그 분노와 반감을 억누르고 문제의 해명과 해결을 위해 외교적 노력을 더 기울였어야 했다.

그런데 납치 문제를 계기로 북한에 대한 분노와 반감을 조장하는 보도를 진행해온 언론의 책임은 매우 크다. 더욱이 여기에는 정치세력들의 입김이 개입하고 있었다. 납치 문제를 다루고 있던 이른바 스쿠우카이救う會전국협의회(북한에 납치된 일본인을 구출하기 위한 전국협의회의 총칭. 이하 '구출회'로 약칭─옮긴이 주)와 납치의원연맹拉致議連은 납치된 일본인의 즉각적인 석방을 요구하고, 북한이 성의를 보이지 않는 한 재일교포 재입국금지, 만경봉萬景峰호의 입항금지 등 제재조치를 취해야 한다고 주장했다. 덧붙여 인도적 지원도 중단하고 국교교섭도 재개해서는 안 된다고 주장했다. 즉 김정일 체제와 같은 '테러국가'와는 절대 교섭할 수 없다는 인식이었다. 그래서 김정일 체제가 붕괴될 때 특별구조대를 파견하여 납치된 사람들을 구출하자는 제안도 나왔으니, 이를테면 김정일 체제의 타도가 오히려 당면과제라는 식이었다. "전쟁을 하고 있다고 인식해야 한다"는 주장에서도 알 수 있듯이, 한반도 전쟁발발 사태를 각오하는 입장이기도 했다. 이들은 평양회담과 평양선언에 충격을 받았고, 그래서 북한이 일본을 속이고 있다는 생각에 극단적인 주장을 내놓은 것이다. 이들은 납치사건이 이슈가 된 후로는 아예 피해자 가족을 앞세워 정부와 언론에 더 강력한 주장을 하게 되었다.

결과적으로 고이즈미 총리는 정치적 책임을 다하지 못한 채, 인기하락을 염려하여 북일교섭을 포기해버렸다. 비밀교섭으로 정상회담을 추진한 다나카 국장 등을 몰아내고, 비밀교섭에서 소외되었던 아베 관방 부장관이 주도권을 쥐게 되었다. 그리고 외무성이 북한과 교섭을 통해 일시 귀국한 5명의 일본인 생존자를 북한에 돌려보내지 않는다는 결정을 아베 부장관의 주도로 밀어붙여 마침내 일본 정부의 방침으로 확정되었다. 또한 재개된 북일 국교교섭에서 일본은 5명의 생존자의 아이들도 신속히 보내라는 주장을 했다. 이에 북한은 5명을 일단 북한에 돌려보낸다는 약속을 일본이 위반한 것은 부당하다고 주장하면서 5명의 북한 귀환을 요구했고, 이에 따라 교섭은 곧바로 결렬되었다.

상황이 이렇게 전개되자 의기양양해진 이들은 2002년 말, 자신들의 생각을 조금도 숨김없이 주장했다. 구출회의 회장인 사토 가쓰미佐藤勝巳는 그가 쓴 『납치가족 '김정일과의 투쟁' 전 행적拉致家族 '金正日との戰い' 全軌跡』(小學館文庫)이란 책에서 "구출회는 앞으로도 피랍자 전원의 귀국을 목표로 활동을 계속한다. …… 김정일 정권이 존재하는 한 납치 문제 해결은 불가능하며, 김정일 정권의 붕괴가 절대 필요조건이다"라고 썼다. 더욱이 그는 11월 24일 '구출회' 전국협의회 특별연수회 기조연설에서는 한층 명확하게 "북한 군사독재정권을 내부에서 붕괴시키는 공작을 해야 한다. 정치·외교적으로 모든 압력을 동원하고 내부공작까지 펼치면, 내부모순이 확대되어 김정일 정권이 붕괴될 것이며, 그러면 납치 문제와 군사위협 모두 한번에 해결할 수 있다"(『現代コリア』 2002년 10월호)고 주장했다. 또 12월에는 국회의 안전보장위원회에 참고인으로 나가, 김정일 정권은 "대화의 상대가 아니며, 모든 수단을 강구하여 붕괴시켜야 할 정권이라고 생각한다"고 진술했다.

2003년 납치 피해자 가족들은 납치의원연맹과 '구출회' 회원들과 함께 미국을 방문하여, 미 국무성으로부터 납치는 '현재 진행 중인 테러'라는 확인을 받고 돌아왔다. 그리고 가와구치 외무장관에게 동일한 내용을 확인하고 북한에 대한 경제제재 조치를 취하도록 압력을 가했다. 가와구치 외무장관이 이를 거부하자 '외무성은 적'이라는 비난을 퍼부었다. 그리고 5월 7일 도쿄에서 '납치는 테러다'라는 집회가 열려 1만여 명이 참석한 가운데 경제제재를 촉구하는 결의를 채택했다. 이런 움직임이 미국 정부의 의향과 맞물려 자민당과 언론에 적지 않은 영향을 주고 있다.

미국이 북한의 우라늄농축 계획을 공개함으로써 북일관계 진전을 가로막은 측면도 부인할 수 없지만, 북일국교 조기수립이라는 평양합의가 중단된 최대요인은 일본 국내의 격양된 대북감정 때문이다. 이러한 분위기 조성은 텔레비전 방송과 주간지가 주도했다. 지금까지 과거청산 없이 적대관계에 있던, 다시 말해 상호신뢰가 전혀 없었던 양국이 문제를 해결하고 관계를 정상화할 수 있도록 정부를 측면에서 도와주는 국민적 분위기 조성은 전혀 보이지 않았다. 북한이 문제가 있는 것은 부인할 수 없는 사실이다. 북한은 테러, 납치도 했다. 김정일 체제는 억압적이며, 그 외교정책 또한 이해할 수 없을 정도로 강경한 것이 사실이다. 북한에서는 현재 굶주림을 못 이기고 탈북하는 사태가 잇따르고 있고, 그 속에는 일본인 아내도 있다. 이는 분명한 사실이다. 그러나 그런 내용만이 모든 민영방송 채널을 통해 아침부터 밤까지 방영되었다. 어떤 텔레비전 방송은 '김정일의 기쁨조'를 소재로 한 프로그램을 3일간이나 연속 방영했다. 텔레비전 프로그램 제작자나 시청자 모두 이런 국가와는 국교를 수립할 가치가 없을뿐더러 아예 체제를 붕괴시켜야 하며, 그러기 위해서는 전쟁도 불사해야 한다는 분위기를 조장하는 듯했다. 실제로 모두 그러한 각오나 준비를 하고 있는 것은 아닌데도 감정에 치우친 프로그램만 계속 방영하고 있는 것이다.

　대국적인 견지에서 불쾌하더라도 해야 할 일은 해야 하고, 분노를 억누르면서 타개할 것은 타개하는 것이 바람직하다. 과거 일본이 북한에 고통을 주었다면 보상해야만 하고, 납치 문제를 해결하려 한다면 교섭을 개시해야 한다. 또한 귀국한 피랍 일본인 자녀 문제도 진정으로 해결할 생각이라면 북한이 본인들의 의사에 따른 것이라고 주장하는 이상, 우선은 교섭을 재개하여 해결방안을 모색해야 한다. 그리고 정부가 전쟁이나 김정일 체제 타도를 목표로 하지 않는 이상, 외교를 통한 대화해결이 가장 바람직하다. 자국과 상대국, 더 나아가 지역 전체의 이익이 보장되는 선택이라면 그 방향으로 전진해야 한다. 이러한 외교 인식과 감각이 없는 국민은 이 세계의 주체가 될 수 없다. 즉 영원히 미국의 종속국 지위에서 탈피할 수 없는 것이다.

　북방영토 문제를 주요 선진국 정상회의에 상정하여 러시아에 압력을 넣었지만, 얼마나 효과가 있었는가. 또 납치 문제를 미국의 신문에 보도하여, 부시 정권을 지지하는 미국 국민에게 호소하고 UN과 EU에도 호소했다. 철두철미하게 남에게 의존하는 자세만 보일 뿐 분골쇄신하려는 노력을 하지 않는 국가가 바로 일본이다. 북한은 38년간 일본의 식민지배를 받은 국가이며, 김일성은 당시 일본의 군과 경찰이 '공비共匪'의 지도자로 지목하여 축출하려 애썼던 인물이다. 김정일의 정치체제에 어떠한 문제가 있더라도, 그가 항일유격대 캠프에서 유격대 군가를 자장가로 들으며 자라난 인간이라는 사실은 부정할 수 없다. 2천만 북한 국민들이 걸어온 건국 55년의 길은 정말로 '고난의 행군'이었다. 북한의 아이들이 기아로 죽지 않도록, 그 생활이 조금이라도 나아질 수 있도록, 억압이 완화되도록, 또 핵문제가 파국으로 치닫지 않도록 북일 간의 문제를 해결하여 북한을 설득하는 것은 세계에 대한 일본의 의무이다.

환상으로서의 군사화 열망 ●●●

이렇게 일본의 자세가 결정되지 않는 이유는, 기본적으로 국가관·국가의식·국가에 대한 책임감이 결여되어 있기 때문이다. 그리고 이것은 헌법에 대한 의식으로 귀결된다.

태평양전쟁 말기, 본토의 일본인들은 미군의 공습을 받고서야 비로소 전쟁을 이해했다. 그리고 군대가 자신들의 생명과 재산을 보호해주지 못한다는 사실을 깨달았다. 즉 군대에 대한 결정적 불신감이 싹튼 것이다. 이러한 공포에서 벗어나게 해준 것은 1945년 8월 14일의 천황조서와 8월 15일의 종전방송이었다. 천황이 항복문서에 조인하고 나서 이틀 후, 9월 4일 제국의회 개회의 서두에 칙어로서 일본의 방향에 대해 '평화국가의 확립'을 목표로 제시한 것을 일본 국민들은 지지했다. 그것은 일본의 비무장, 즉 군대를 보유하지 않고 전쟁을 하지 않는 일본을 받아들인 것이다.

따라서 맥아더 사령부가 제시한 초안을 기초로 제정한 일본의 평화헌법을 일본 국민들은 열렬히 지지했다. 헌법 제1조인 상징적 천황제의 존속과 제9조 전쟁포기와 전력비보유는, 국민들이 특히 마음에 들어했던 조항이었다. 제9조는 당시 비무장규정이라고 여겨, 일본의 안전보장은 '평화를 사랑하는 여러 국민들의 공의와 신의', '국제사회', 구체적으로는 연합국의 합의에 의거하여 확보된다고 생각했다. 그러나 1950년의 한국전쟁에서 미국과 중국이 전쟁에 돌입하자, 일본의 안전보장을 그저 '국제사회'에만 맡길 수는 없게 되었다. 그리하여 1951년 샌프란시스코 평화조약과 함께, 일본은 미일안전보장조약에 조인하여 미군에 기지를 제공하고 그 대신 일본의 방위를 미군에 맡기게 되었다. 그리고 1954년에는 자위대를 창립하게 된다. 여기에서 헌법 제9조의 해석은 사실상 수정되어, 자위대의 존재와 그 자위를 위한 최소한의 군사력 보유는 합헌이라는 해석이 채택되기에 이르렀다. 해석상의 개헌이라고 말해도 좋을 것이다. 이에 종래의 헌법 해석에 입각한 혁신파는 미일안보조약과 자위대를 위헌이라고 생각했다. 1955년에 창당한 자유민주당의 일부 당원은, 실질적인 개헌을 요구하기도 했으나 1955년의 선거에서 개헌에 필요한 3분의 2 의석 획득에 실패했다. 그리고 1960년에 개헌을 강력히 주장한 기시 노부스케 내각이 무너지면서 사실상 개헌론은 보수파 비주류에 머물게 되었다.

이렇게 창설된 자위대는, 헌법 제9조에 입각하여 헌법의 제약을 받는 군사력으로 정비되어갔다. 그 제약의 예는 유사입법과 군법회의, 군사기밀보호법이 없다는 점에서 찾을 수 있다. 이들 제약은 자위대가 통상의 전력, 곧 군대로 발전하는 것을 막기 위한 것인데, 이는 제도의 결함이라고 볼 것이 아니라 제도의 특징으로 간주해야 할 터이다. 요컨대 자위대는 2중, 3중의 안전장치가 달린 특수한 군사력으로 볼 수가 있다.

유사입법이 없다는 점은 전쟁발발 시 자위대의 최고지휘관인 내각 총리대신이 자신의 책임하에 법규를 초월한 조치를 취하여 자위대를 움직여야 한다는 것을 의미한다. 또한 국민들은 그것을 이해해야 한다. 그렇게 하면 방위출동 명령을 받은 자위대는 충분히 활동할 수 있게 된다. 초법규적인 행동에 대한 책임 문제 해소는, 전후에 총리대신이 사임하는 것으로 되어 있었다.

고이즈미 총리는 얼마 전 유사입법의 입법취지를 '유비무환'이라는 비유로 설명했지만, 유사입법의 부재가 유사시에 대한 준비가 없다는 것을 의미한다면 유사시 도움도 되지 않는 자위대에 50년간이나 막대한 국고를 쏟아 부은 꼴이 되고 만다. 또한 자위대 간부도 유사시에 아무 쓸모도 없다는 사실을 알면서 급여를 받았다는 얘기가 된다. 그러한 논리는 말이 안 된다.

2003년 6월 6일, 이른바 유사3법이 성립됐지만 본질적인 변화는 없었다. 유사시에 대한 법률의 정비가 끝난 것도 아니고, 여전히 총리의 초법규적인 명령의 범위도 작은 것은 아니다.

일본이 공격을 받는 유사시, 자위대와 주일미군이 공동으로 군사행동에 나서지만, 공동작전의 조직에 대한 법제상의 규정이 없기 때문에 초법규적인 행동을 할 수밖에 없다. 해상자위대와 미 제7함대는 일상적으로는 일체화된 체제로 일본 주변을 수호하는 것이 기본이다. 그러나 아마도 유사시가 되면, 미 제7함대 사령관이 해상자위대를 지휘하는 것은 아닐까. 또한 그렇게 되면 자위대 최고사령관인 총리의 명령권은 어떠한 기능을 발휘할 수 있을까. 그리고 한반도 유사시, 한국에서는 주한미군 사령관이 한국군을 지휘한다. 그러면 자위대와 주일미군을 지휘하는 것은 주일미군 사령관이 아닌가. 유사 문제의 핵심은 바로 여기에 있는 것이다.

이런 식으로 자위대는 일본헌법하에서 엄연하게 존재해왔으나 혁신파의 자위대 위헌론, 비非무장론은 사라지지 않았다. 사회당의 당수 무라야마가 자민당과의 연립내각을 통해 총리가 되어 미일안보조약과 자위대를 긍정한 것은 획기적이었으나, 사회당 지지자들 사이에 제대로 된 토론도 없이 혼란만 가중시킨 채 끝나버렸다.

그런데 1994년 이후 미국의 계속된 요청과 한반도 유사사태가 발발할 수 있다는 것을 전제로, 미일안보조약의 재정의, 가이드라인 설정, 주변사태법 · 테러대책 특별조치법 제정 등이 실현되었다. 미국의 요청에 답하는 형식으로 자위대의 해외파견도 이루어졌고 또 이라크전쟁에서는 드디어 해상자위대의 보급함이 미국 항공모함 키티호크에 연료를 보급하는 등의 활동이 이루어졌다. 2003년 6월 유사입법 3법이 제정되고 자위대를 이라크에 파병하는 특별입법까지 추진되었다. 이와 같은 일련의 동향에 대해, 주변국이 일본의 군사력이 공격 가능한 체제로 전환되었다고 간주하는 것이 우려되는 바이다.

더욱이 헌법과 자위대의 불명확한 관계의 기저에는 일본인들의 애매모호한 국가의식이 있다고 하여, 헌법을 개정하고 자위대를 정식군대로 인정함으로써 집단적 자위권의 행사와 해외파견 모두 가능하도록 해야 할 필요가 있다는 의견이 일본 내에 분명 존재한다. 헌법조사회를 양원에 설치한 의도에는 이 같은 동기가 있다고 볼 수 있다.

그러나 그렇게 하면 무엇이 변하는가? 무엇을 얻고 무엇을 잃는가? 일본은 이미 50년간 전쟁을 하지 않는 '평화국가'로 존재해왔다. 50년간 일본 병사들은 누구 한 사람 죽지도 죽이지도 않았다. 전후의 일본 사회는 비군사문화로 형성된 것이다.

전쟁 전에는 상황이 달랐다. 징병제를 실시한 제국군대가 있었을 뿐 아니라, 군사문화가 사회의 심층까지 침투해 있었다. 일본제국을 비판하는 입장에 있던 일본 공산당의 간부마저도 당연한 듯 총으로 무장하고 있었다. 경찰에게 체포될 상황에 이르면 총을 발사하며 극렬히 저항했다. 일본 공산당 간부의 한 사람인 와타나베 마사노스케渡邊政之輔는 타이완의 키룽基隆 항에서 총격전 끝에 사망했다. 그런데 전쟁 후에 좌익운동이 무기로 삼은 것이라곤 각목과 쇠파이프 정도였다. 물론 여기서 적군파赤軍派의 아사마淺間 산장 사건(적군파들이 아사마의 어느 산장에 잠입하여 극렬한 투쟁을 벌인 사건—옮긴이 주)은 예외라고 하겠다.

일반적으로 전후 일본에서는 살인사건이 비교적 적었다. 최근 보도된 하세가와 마리코長谷川眞理子 와세다대학 교수의 연구를 보면, 인구 10만 명당 살인피해자는 0.6명으로 선진국 중에서도 가장 적은 것으로 밝혀졌다. 마찬가지로 살인자 비율도, 전전과 전후에는 10만 명당 3~4명 정도였으나, 1950년대에 들어서 급격히 감소하기 시작하여 1990년대에는 거의 1명에 이르렀다고 한다. 또한 살인을 가장 범하기 쉬운 20대 남성의 살인율도 1955년 23명이었던 것이, 1970년 10명 이

하, 1980년 5명 이하로 낮아지다가, 1990년 이후에는 2명 전후가 되었다(『朝日新聞』 2003년 4월 4일자).

이러한 원인에 대해 『아사히신문』 기자는 "60년 가까이 전쟁도 하지 않고 징병도 없었던 선진국은 거의 없다"는 가게야마 진스케影山任佐 도쿄공업대 교수의 견해와 함께 "전쟁에 참가한 국가의 살인율이 증가하고 있다"는 캘리포니아 대학 샌타크루즈 공대 아처 교수의 연구성과도 소개하고 있다(『朝日新聞』 2003년 4월 5일자). 이 낮은 살인율은 전후 일본의 비非군사문화와 유관하다고 볼 수 있다.

더욱 내가 주목하는 것은, 적은 살인 건수 중에서도 주방용 칼에 의한 살인이 압도적 부분을 차지하고 있다는 사실이다. 주방용 칼은 물론 가정용품이다. 이를 이용한 살인과, 무기를 사용하는 전쟁과는 천지 차이다. 그런데 미국과 같은 총기 사회에서는 일상과 전쟁은 구분되지 않고 연속적이다.

일본인의 군대 혐오는 50년이나 계속되어 이제 의식 속에 완전히 정착되었다는 사실을 인정해야 한다. 물론 전쟁 게임을 좋아하는 사람이나 총기 마니아도 있지만, 그들의 취미문화를 실제 전쟁 수행이 가능한 군사문화로 바꾸는 것은 지극히 어려운 일이다.

또한 적지 않은 사람들이 UN의 평화유지활동에 자위대를 파견하고, 현행 헌법하에서도 집단적 자위권을 인정해야 한다는 의견을 내고 있다. 그러나 외국에 자위대를 파견하고 군사행동에 참가시키는 것은 모든 국민이 그것을 인정하고 지지해야 가능한 일이다. 미국의 전쟁은 문제지만, 그와 같은 강압적인 전쟁이 가능한 까닭은 의회의 지지와 국민 80% 이상의 지지가 있기 때문이다. 북한도 미국이 공격할지 모른다는 불안감 때문에 국민을 군사 활동에 동원하고 사회를 군사화하고 있는 것이다. 그러나 일본의 일반 국민은 해외에 가서 군사행동을 하는 것을 자신의 문제로는 생각하지 않는다. 자위대의 파견에 찬성하더라도, 그것은 자신과 직접적으로는 무관한 일로 간주하고 있는 것이다. 헌법 개정안의 어디에도, 병역 의무를 헌법에 넣자는 의견은 없다. 이렇게 된다면 자위대원도 참고 있을 리가 없다. 자위대원은 자신이 해외에 파병될 수도 있다는 사실을 전제로 입대한 것이 아니다. 따라서 미국의 이라크전쟁과 같은 상황에 육상자위대를 파병한다는 정부안이 결정되면, 자위대원 중에는 자위대를 퇴직하는 군인도 적지 않을 것이다.

노래를 잊어버린 카나리아 새에게 노래를 부르게 하는 것은 지극히 힘든 일이다. 이제부터 전쟁을 수행할 수 있는 체제로 전환하여 사람들을 교육한다는 것에 얼마나 시간이 걸릴 것인가. 앞으로 10년 안에 일어날지도 모를 한반도 전쟁발발을 생각한다면 이미 늦은 선택임에 틀림없다.

분명한 인식과 마음을 한데 모아 세계 속에 살아가는 우리의 책임을 고려해야 할 시기에, 일본이라는 국가의 존재방식에 대해 비현실적인 전환이나 무책임한 환상에 입각해 있어서는 안 된다. 지나온 역사와 그 유산에 기초하여, 반성해야 할 점은 파헤쳐서 확실히 바꿔야 한다.

이런 의미에서 현재 일본이 준수해야 할 기준은 역시 일본 헌법뿐이다. 대일본제국 헌법 아래 55년간 전쟁을 해온 일본은 평화헌법하에서 56년간 전쟁 없이 살아왔다. 이런 역사를 되돌리기란 불가능하다.

평화헌법하에서 자위를 위한 최소한의 군사력을 보유하고, 거기에 2중, 3중의 안전장치를 마련하여 최악의 사태에 대비하고, 국제분쟁을 비군사적으로 해결하기 위해 총력을 다하는 국가, 이것이 바로 일본이 나아가야 할 길이다. 망설이지 않고 자신있게 훌륭히 이를 추진한다면, 세계 여러 국민들에게 존경받을 수 있을 것이다.

그러기 위해 평화국가로서 평화외교에 전력을 기울이면서, 동시에 전쟁으로 고통받는 세계의 국민들에 대한 비군사적인 모든 지원, 즉 경제적·인적 공헌을 꾸준히 추진해야 한다. 정부와 국민 모두 이러한 자세를 갖춰야 한다. 자위대만 하면 된다고 하는 생각은 버려야 한다.

일본 문제를 해결하기 위해서 지금까지 여러 가지 노력을 경주해 왔다. 과거청산 문제에 대해서는 결정적인 진전도 있었다. 그러나 국민적인 확고한 입장이 정립되지 않고 있고, 솔직히 정부의 입장도 동요하고 있는 상태이다. 그리고 외교적 의식과 감각의 결여 문제는 여전히 정부와 국민 모두가 미약하며, 국가의식과 책임의식 역시 혼란스러워 사태의 심각성을 더하고 있다. '동북아시아 공동의 집' 창출에 주도적인 역할을 하려 한다면, 한국인과 손잡고 함께 일하려 생각한다면 일본인에겐 정신적 비약이 필요하다. 감히 말하건대 정신적 혁명에 가까운 무엇이 필요한 것이다.

제6장
미국 · 중국 · 러시아 3대국

한국 · 북한 · 일본 · 몽골과 함께 동북아시아를 구성하는 국가는 미국
과 러시아, 중국이라는 3대국이다. 중국은 티베트 고원과 타클라마칸
사막 지역을 제외한 전 지역, 곧 수도 베이징과 인구밀도가 높은 연해
주 등 주요 지역이 동북아시아에 위치한다. 러시아의 경우, 수도는 유
럽 지역에 위치하나 극동 지역과 동東시베리아 지역이 동북아시아에 속
해 있다. 미국 또한 수도는 아메리카 대륙의 끝인 대서양 쪽에 위치하
지만 한국과 일본에 미군 10만 명이 주둔하고 있으며, 하와이와 알래스
카가 동북아시아에 속한다.

중국이 동북아시아의 주요 구성원임에 틀림없지만, 러시아와 미국
역시 절대적인 영향을 미치는 지역 구성원이라고 말할 수 있다. 그리고
역사적으로 보더라도 동북아시아의 동과 서에 위치한 미 · 중 양국관계
가 이 지역에 결정적인 영향력을 끼치고 있다. 한편 한발 뒤에 물러나

있는 입장이지만 러시아도 여전히 이 지역의 정치에 개입하고 있다. 이런 세 강대국이 한국·북한·일본·몽골을 둘러싸고 있다.

중국, 성장하는 거인 ● ● ●

고대문명의 발상지이자 몰락한 세계제국인 중국은 근대에 구미열강과 일본의 침략을 받았다. 그러나 중국 공산당이 지도한 혁명으로 1949년 10월 중화인민공화국이 성립함에 따라 이후로 외국의 지배를 받는 일은 사라졌다.

건국 초기, 중국은 한국전쟁에 참전하여 한반도에서 미국과 본격적인 전쟁을 치렀다. 이때 총력전체제를 정비하는 가운데 중국은 소련식 국가사회주의를 도입했다. 이는 혁명전쟁의 과정에서 구축된 인민전쟁체제 위에 세워진 것이다. 중화인민공화국은 연방구조가 아닌 많은 자치구와 자치주로 구성된 단일 공화국이며 공산당이 단독으로 통치하고 있다. 그러면서도 중앙집권구조하에서 분권적인 구조가 존속하고 있다.

중국은 소련 일변도를 지향하며 국가운영 시스템의 대부분을 소련을 모방하여 구축했다. 그러나 1956년 소련에서 스탈린에 대한 비판이 일어나자 마오쩌둥毛澤東은 독자적인 길을 모색했다. 그에 따라 '백화제방 백가쟁명百花齊放 百家爭鳴'으로 자유로운 언론활동을 인정하자 공산당 비판이 일어났고, 이에 1957년에는 반우파투쟁을 발동하여 지식인층에 커다란 타격을 가하기도 했다. 이와 더불어 소련과의 논쟁도 시작되었다. 1958년에는 소련 모델에서 적극 탈피하여 환상적인 대약진정책을 취했다. 그 결과 농공農工 간 불균형이 야기되고, 대기근까지 발생하여 굶어 죽는 사람이 1000만 명에 이르렀다. 1960년대에는 소련과의 논쟁이 공공연하게 벌어졌는데, 중국은 소련을 '현대 수정주의'라고 비난하며 세계 각지에서 소련과 대립했다. 한편으로 국내정책 조정도 추진하면서, 1966년부터는 다시 마오쩌둥의 지시로 프롤레타리아 문화대혁명을 추진하여 홍위병紅衛兵(중국의 문화대혁명 당시 활약한 대학생과 고교생 집단으로 이루어진 준군사적인 조직─옮긴이 주)들로 하여금 공산당의 종래 조직과 정책을 공격하도록 했다. 이는 새로운 사회주의 모색이라는 명목으로 이루어졌으나, 곧 전면적 무력투쟁으로 확산되어 많은 이들에게 정신적·육체적인 고통과 상처를 안겨주었다.

이러한 진통 가운데 중국은 베트남전쟁이 한창이던 1972년, 미국과 화해하고 닉슨 대통령의 중국 방문을 수용했다. 이어 중일국교도 수립되었다. 마오쩌둥 사후에는 부인 장칭江靑을 비롯한 4인방을 배제한 채, 프롤레타리아 문화대혁명의 수습에 들어갔다. 1977년 4대 현대화가 주창되고, 1978년에는 개혁개방 노선이 추진되었다. 미·일과의 관계 개선은 소련, 타이완과의 대결 준비라는 명분으로 추진되었다. 이후 중국은 덩샤오핑鄧小平의 강력한 지도하에 공산당 체제를 유지하면서 시장경제화를 추진했다. 사회주의 시장경제라고 일컬어지는 혼합체제로의 이행은 실질적으로는 국가사회주의의 퇴진으로 이어졌다. 그러나 정치적 민주화를 요구하는 움직임은 1989년 톈안먼사건天安門事件에서 민중과 군대가 충돌하여 커다란 퇴보를 맞게 되었다.

중국은 개혁개방 정책을 펼치기 시작했고 이로 인한 중국 사회의 변화는 거대했다. 13억 중국 국민이 윤택한 생활을 바라며 변화하기 시작한 것이다. 홍콩과 접한 광둥성 선전深圳에 경제특구를 1980년에 조성하고 화교자본의 투자를 유치하여 눈부신 발전을 이루었다. 이윽고 상하이지구에도 급속한 개발이 진행되어 푸둥浦東지구가 새로운 발전 지구로 주목을 받게 되었다.

1997년 7월 중국은 홍콩을 회수했다. 일국양제一國兩制라는 원칙 아래 홍콩에 대해 중국 본토와 다른 사회제도의 존속을 인정했다. 이는 타이완 회복에 대한 의욕을 더욱 강하게 만들었다.

군사 면에서 중국은 걸프전쟁과 코소보전쟁을 통해 유럽과 미국의 하이테크화된 군사력에 충격을 받고 군의 현대화를 위해서도 경제발전에 주력하게 되었다.

그러나 중국은 몇 가지 당면한 문제점이 있다. 혁명 역사는 긍정적으로 기억되어 있기 때문에 정체성의 위기는 우려할 만큼 심각하지 않다. 그러나 사회주의 이데올로기와 마르크스주의는 이미 과거의 유산으로 변했기 때문에 시장경제의 왜곡을 억제할 수단이 전통적 정치 지혜뿐이다. 국제주의가 결여된 내셔널리즘이 건전성을 유지할 수 있을지도 의문이다. 이런 면에서도 정치적 민주화 과제가 부상하지만 민주화는 곧 주변 지역의 자립화를 의미한다. 그리고 티베트와 신장웨이우얼 자치구는 민족적 불만이 팽배해 있다. 또한 민주화가 진행되면 공산당이 어떻게 될지도 큰 문제이다. 다시 말해 소련과 같은 전철을 밟는다면 공산당은 무력화되고 분산될 게 분명하다.

국제적으로는 타이완과의 재통일 과제가 남아 있고, 타이완 독립을 견제하기 위해 군사력 행사도 불사하겠다는 방침이 국제적 긴장을 초래하고 있다. 바로 이로 인한 미중 긴장이 최대 문제이다. 타이완 전쟁발발 시 오키나와 기지에서 출동한 미 폭격기가 중국 본토를 폭격하는 사태는 틀림없는 악몽이며 절대 일어나서도 안 된다.

또한 중국 경제가 좀더 발전하고 내셔널리즘이 강화된다면 중국의 군사력 증대는 인접국가의 불안을 초래할 것이고, 이러한 면에서 미국과의 관계도 긴장상태에 있을 것이 예상된다. 남중국해에서 영토분쟁이 일어날 위험도 있다. 또한 장래 미 제국에 도전할 수 있는 대국은 바로 중국이라고 인식될 수 있다.

한편 중국은 지역주의에서 오랫동안 소극적이었다. 중국은 1990년대에 비로소 동북아시아 경제협력에 참여했는데, 이른바 두만강 하구에 있는 황금 삼각지대 개발계획이 그것이다.

그 후 국경을 접한 러시아, 중앙아시아 국가들과의 정치적 제휴를 시작했다. 1996년 4월 26일 러시아·카자흐스탄·키르기스스탄·타지키스탄과 '국경지대 군사 분야의 신뢰양성에 관한 협정'에 이어 1997년 4월 24일에는 '국경지구 군사력 상호삭감 협정'을 차례로 체결했다. 1999년 7월과 2000년 8월에는 장쩌민江澤民 국가주석이 중앙아시아를 방문하고 5개국 수뇌회담에 참석했다. 이와 같이 지역협력 관계를 점차 확대해가는 가운데, 2001년 6월 14일 상하이에서 우즈베키스탄을 포함하여 6개국으로 구성된 상하이 협력기구를 설립했다. 이 기구의 목적은 지역안전과 안정강화이다. 동시에 '반테러·반분리주의·반과격주의에 관한 상하이조약이 체결되었다. 이 조약의 주안점은 이슬람 과격파에 대한 대처였다. 이때에 탄도탄요격미사일ABM 제한조약을 유지하기로 합의하였고, 미국의 미사일 방위구상 반대를 표명하는 '군비관리에 관한 협정'도 조인되었다. 중국은 국경을 접한 러시아, 중앙아시아 국가들과 안보협력·신뢰 양성을 추진하는 등 의욕을 보이고 있었다. 그러나 이는 자신의 배후를 공고히 하고 전방의 동북아시아와 태평양 지역에 맞서려는 자세이기도 했다.

2000년 무렵부터 중국은 동남아시아 국가들, ASEAN과의 접근에 의욕을 보이기 시작했다. ASEAN＋3 회의에서 대두된 '동아시아 공동체' 구상에 적극적으로 참여하면서 동남아시아 국가와의 자유무역협정 체결에도 적극성을 띠고 있다. 동남아시아가 화교 세계라고 한다면 중국이 동남아시아 국가들과의 지역협력에 관심을 보이는 것은 지극히 당연한 일이다.

이러한 변화로 미루어볼 때, 중국은 미국을 포함한 지역 협정에는 소극적이라고 생각한다.

단일 패권국가 미국 ●●●

미국은 냉전기에 핵무기와 대륙간탄도탄 면에서 소련과 부단히 군비확장 경쟁을 벌여온, 문자 그대로 초군사대국이며 전 세계 곳곳에 그 영향력을 미치고 있는 제국帝國이다. 냉전기간 중 미국이 1964년에서 1975년까지 벌였던 베트남전쟁의 패배는 역사상 최대 실패로 기록되었다.

베트남전쟁으로 미국 사회 내부가 해체되는 심각한 영향을 받았지만 미국은 본질적인 반성 없이, 흑인과 여성의 동권화同權化 정도로 개혁을 마무리하고 체제를 재정비했다. 1980년대 레이건Ronald Reagan 정권은 아프가니스탄전쟁을 일으킨 소련을 '악의 제국'으로 지목하면서 새로운 군비확장 경쟁을 벌였다. 이후 소련은 고르바초프 아래에서 냉전을 종결하고 페레스트로이카를 추진했는데, 이 과정에서 국가사회주의 체제는 종언을 맞이하게 되었다. 동유럽 국가들도 사회주의를 탈피했으며 베를린장벽마저 붕괴되었다. 이로써 미국은 냉전을 자신들의 승리로 선언하고 이라크의 쿠웨이트 침공에 대해 걸프전쟁으로 맞서 전세를 주도했다. 쿠웨이트에서 이라크를 밀어내 항복시켰고, 전 부시 George Bush 대통령은 베트남전쟁 증후군에서의 해방을 선언했다.

세계전쟁의 시대가 끝이 나고 세계경제의 시대가 도래했다고 생각되는데, 이 새로운 시대는 돈과 정보가 인터넷을 통해 순간적으로 전 세계를 오가는 것을 특징으로 하는 '글로벌라이제이션'의 시대라고 할 수 있다. 이런 세계의 중심에 선 미국은 군사력 개발에 힘써 단일 초강대국이 되었고, 세계의 경찰국가로서 코소보분쟁 때에도 군사력 행사의 선두에 섰다. 민주당의 클린턴Bill Clinton 정권도 인권 외교에 힘을 기울여 미국적 가치와 정치제도를 절대시하는 경향을 보였다. 북한과의 대립으로 한때는 전쟁 위기도 있었지만 북미 제네바합의로 한반도의 전쟁 발발위기를 모면했다. 그 후 페리의 보고서를 기초로 한 관여정책Engagement Policy을 추진했지만, 민주당 대통령 후보 고어Al Gore의 낙선으로 클린턴의 북한 방문은 성사되지 못한 채 막을 내렸다.

2000년 대통령선거에서 근소한 차로 당선된 사람은 공화당의 부시 2세George W. Bush Jr.였다. 그는 기독교 원리주의자로 그의 정권은 신보수주의자의 영향력이 강했다. 정권에서 신보수주의파로 불리는 사람들은 딕 체니Dick Cheney 부통령, 도널드 럼즈펠드Donald H. Rumsfeld 국방장관, 폴 울포위츠Paul Wolfowitz 국방차관, 존 볼턴John Bolton 국무차관, 리처드 펄Richard Pearl 국방위원회 위원장 등이다. 이들이 콜린 파월Colin Powell 국무장관과 리처드 아미티지Richard Armitage 국무차관 등의 현실주의 · 국제협조주의를 억누르는 형태가 되었다.

2001년 9월 11일, 뉴욕의 세계무역센터 빌딩과 워싱턴 국방성에 대한 알 카에다al Qaeda 테러사건은 두 빌딩을 붕괴시키고 3000명의 사망자를 내어, 미국 정부와 국민에게 커다란 충격을 안겨주었다. 이에 부시는 테러리즘에 대한 전쟁을 선포하고 이 전쟁에 협력하지 않은 국가도 미국의 적이라는 태도를 분명히 했다. 그리고 알 카에다를 비호하는 아프가니스탄의 탈레반 정권에 대해 전쟁을 개시하여 그 정권을 붕괴시켰다. 그러나 테러리스트 중심인물 오사마 빈 라덴Osama bin Laden을 체포하지 못한 채, 미 석유자본과 이해관계가 깊은 하미드 카르자이Hamid Karzai를 수반으로 한 정권을 탈레반 정권 대신 세웠다.

그러나 한번 시작한 과정은 멈출 수가 없다. 2002년 1월 부시 대통령은 이라크 · 이란 · 북한을 대량살상무기를 제조하고 테러리스트를 도와주는 '악의 축'으로 규정하고, 이를 결코 좌시하지 않을 것임을 분명히 했다. 이들 정권을 절대적 군사력으로 제거하고 미국적 정치제도를 대신 세워, 미국적 가치를 전 세계에 보급하려는 방향을 명확히 했다. 미국의 다음 목표는 이라크의 후세인Saddam Hussein 정권이었다. 대량살상무기에 대한 UN 국제원자력기구IAEA 조사가 재개되고 미군의 중동지방 집결도 함께 이루어졌다. 사찰은 효과를 거두었으나 미국과 영국은 그 결과를 기다리지 않고 군사행동 개시를 안보리에 주장했다. 이 주장은 기각되고 무력행사 결의안이 철회된 2003년 3월 18일, 부시 대통령은 후세인 대통령과 두 아들에게 48시간 이내에 망명할 것을 요구했고, 이 요구가 거부당하자 3월 20일 전쟁을 개시했다. 전쟁은 '이라크의 자유Freedom of Iraq' 작전이라는 이름으로, 후세인 독재정권에서 이라크 국민을 해방시킨다는 명분 아래 수행됐다.

이와 같은 미국의 행동은 UN헌장에 대한 명백한 위반이며 UN의 존재를 부정하는 것과 같다. 미군은 후세인 부자를 표적 삼아 특수폭탄으로 공중폭격을 가하여 전쟁을 개시하고 압도적 공군력과 첨단무기로 이라크군을 궤멸시키며 4월 9일 바그다드에 입성했다. 후세인 정권은 타도되고 후세인은 지하로 숨어 들어갔지만, 시아Shia파 이슬람교도들의 반발로 미 점령군은 군정을 선언하지 못했고, 이라크인 정권을 옹립하는 작업은 난항에 부딪혔다. 미국은 이라크를 시작으로 중동 전체를 민주화·미국화해서 중동 내 이스라엘의 지위를 안정시킨다는 구상을 세우고 있지만 이는 그리 낙관적이지는 않다. 이라크를 민주화하면 국민의 60%를 넘는 시아파가 다수파로 부상하여 같은 시아파 국가인 이란과 제휴를 꾀할 것이다. 그것을 피하려면 미국은 친미적인 새로운 독재자, 즉 제2의 후세인을 옹립하지 않으면 안 된다. 그렇게 되면 미국 민주주의는 단지 독재자의 허울일 뿐이다.

미국식 민주주의의 확대라는 면에서 미국이 성과를 내세울 수 있는 지역은 먼저 유럽이다. 미국은 나치를 독일에서 밀어내고 민주화했다. 동유럽과 구소련에서 미국의 압력과 공작은 효과를 올렸다고 보이지만 민주화는 그 당사국 국민들이 노력한 성과이다. 한편 비서구세계에서 미국이 성공을 거둔 지역은 동북아시아이다. 첫 번째 우등생은 일본이다. 미국은 일본을 군사력으로 굴복시키고 독자 점령하여 민주화·친미화하는 데 성공했다. 원자폭탄을 투하하고 전범처리도 실시했지만, 일본인은 미국을 증오하는 감정을 품지 않았다. 미국이 준비한 헌법을 받아들여 군대를 보유하지 않는다는 전제하에 미군에게 방위를 위임하는 방향을 선택했다. 한국도 미군정 아래 건국의 길을 걸어 한국전쟁에서는 미국의 도움으로 국가의 붕괴를 막을 수 있었다. 이후 한국군은 미군 사령관의 지휘하에 머물러 있다. 한국은 오랜 기간 민주화를 이루지 못하고 있다가 1987년 마침내 민주화를 달성했다. 미국과 일본이 지지해온 독재자에 대해 한국 국민이 피를 흘려 얻어낸 승리였다. 물론 최후에는 민주화운동에 지지를 보낸 미국은, 한국의 민주화가 자신들이 노력해서 이룬 성과물이라 치부하고 있다. 1994년 워싱턴에 한국전쟁 기념비를 처음 건립하면서는 "자유는 희생 없이 얻을 수 없다 Free is not free"는 말을 새겨놓았다. 또한 미군은 한국전쟁 때에 타이완도 군사적으로 방위한다는 결정을 내려, 대륙의 중화인민공화국과 국교를 수립한 후에도 계속해서 타이완을 방위하겠다고 공약하고 있다. 타이완은 오랫동안 계엄령하에 있었지만, 2000년에는 완전한 민주화가 실현되었다. 미국은 그것마저 자신들이 노력한 결과로 생각하고 있을 것이다.

　이렇게 동북아시아는 미국식 민주화, 미국화 정책에 성공한 세 명의 우등생을 낳은 지역이다. 따라서 미 대통령은 북한의 김정일 체제를 붕괴시켜 민주화해야 한다는 기분이 쉽게 들지도 모르겠다. 부시 대통령은 2002년 8월 우드워드Bob Woodward 기자와의 인터뷰에서 다음과 같이 말하고 있다.

> 나는 김정일이 정말 싫다. 마음 깊은 곳에서부터 혐오를 느낀다. 그는 자국민을 굶기고 있다. …… 그는 가족을 갈라놓고, 많은 사람을 고문하기 위해서 수용소를 사용하고 있다.
> 　가령 김정일을 무너뜨리려 할 경우 …… 국민의 재정부담이 막대하기 때문에 성급한 행동을 해서는 안 된다는 의견도 있다. …… 자유를 믿는다면 …… (그 견해에는) 찬성할 수가 없다. (Bob Woodward, *Bush at War*, Simon & Schuster, 2002)

　여러 가지 옵션을 생각하고 있음은 분명하다. 기본적으로 부시 정권은 북한 핵문제는 교섭을 통해 평화적으로 해결한다는 원칙을 표방하고 있지만, 군사력 행사를 완전히 배제하고 있지는 않다. 김정일 체제가 고르바초프의 페레스트로이카로 나아가지 않는 한, 부시 정권의 기본적 태도는 변하지 않을 것이다. 민주당의 인권외교 측면에서 보더라도 북미 간의 안정적인 화해는 어려운 현실이다.

　최후의 문제는 중국이다. 부시 정권이 안고 있는 세 가지 문제는 테러리즘과 대량살상무기, 그리고 중국이라는 견해가 있다. 중국의 대두, 즉 13억 인구, 눈부신 경제성장, 군사력 증강에 미국은 위협을 느끼고 있다. 신보수주의파는 미중 대립은 불가피하다고 생각하고 있을 것이다. 우선 타이완 문제가 당면한 대립점이다. 미국은 한국과 일본, 오키나와 타이완을 영향력 아래 두고 중국과 대치한다는 자세이다. 한미상호방위조약과 주한미군, 미일안보조약과 주일미군, 오키나와 미군기지 등은 기본적으로 미국에게는 자산이라고 할 수 있다. 또한 미중 대립에서 민주주의 · 인권문제 · 티베트 문제도 쟁점이 되고 있다.

그러나 미중 대립은 냉전이란 악몽의 재현이지만, 그렇다고 미중 대립이 불가피한 것만은 아니라고 생각하는 사람도 있다. 중국과의 공존이 가능하다는 견해이다. 하버드대학 아시아센터의 중국연구자 로버트 로스Robert S. Ross가 다음과 같은 구상을 언급한 적이 있다. 미국은 해양국가로서 대륙국가인 중국과 공존이 가능하다. 중국이 한반도를 자신의 세력권으로 넣는 것도 좋다. 미국은 일본과 함께한다. 이 경우 타이완도 중국으로 인정하지 않으면 안정은 없을 것이다. 그러나 이 전망에서 보면 일본은 영원히 미국 비호 아래에서 한심한 존재로 남게 된다.

미중 대결인가, 공존인가. 결국 패권국 미국과 중국의 관계가 동북아시아의 미래를 결정한다는 암울한 전망에 대해, 이에 대항할 수 있는 것은 단 하나 '동북아시아 공동의 집'을 지향하는 길뿐이다.

거꾸로 말하면 중국까지 포함한 동북아시아 지역협력체 구상을 미국은 여전히 비현실적이라고 생각하고 있다. 그것은 미국의 제국적 존재방식을 부정하는 길이기 때문에 이를 인정하는 것은 그리 간단하지가 않다. 그러나 동북아시아 공동의 집에 미국을 끌어들이는 것이 가능하다면 큰 성공이라 할 수 있을 것이다.

재생을 꿈꾸는 대국 러시아 ●●●

소련은 제2차 세계대전 후에 동유럽을 세력권에 넣고 미 · 영과 대립하여 냉전에 돌입했지만, 동북아시아에서는 친소적 북한 정권을 옹립했을 뿐, 기본적으로 미국이 구상하는 전후 질서에 도전하려 들지 않았다. 중국에서는 국민당 정권의 존재를 인정했지만, 중국 공산당이 내전에서 승리하자 이를 인정하고 중국혁명 노선을 지지했다. 1949년 소련은 일본 공산당에도 공공연히 지령을 내리고 미국 점령군과의 대결을 요구했다. 북한의 무력통일 방침도 지지했다.

한국전쟁은 1950년 6월 소련의 전면적인 군사원조를 받으며 시작되었다. 한미연합군의 반격을 받아 평양까지 점령되었을 때 스탈린은 북한의 요청을 받아들여 중국의 참전을 설득했다. 스탈린은 소련 공군을 중국 공군으로 위장하여 만주와 북한 국경으로 출동시켜 사실상 한국전쟁에 참전했다. 소련이 전후 미국과 직접적으로 싸웠던 것은 이때가 유일했다. 그리고 냉전이 본격적으로 시작되었다.

한국전쟁 후, 소련은 중국과 북한의 부흥과 건설에 막대한 원조를 실시했다. 샌프란시스코 평화조약에 조인하지 않았던 소련은 1955년에 일소 국교교섭을 진행, 1956년 10월 일소공동선언에 조인하여 국교를 수립했다. 그러나 공동선언에서 일본으로 하여금 쿠릴열도와 남 사할린에 대한 포기와 소련으로의 양도를 인정케 하지는 못했다. 역으로 공동선언에는 일본에게 하보마이齒舞와 시코탄色丹 두 섬을 평화조약 체결 후에 양도하겠다고 약속했다. 일소국교는 재개되었지만 일소 관계는 냉각된 상태로 지속되었다. 50년대 후반에는 중소논쟁이 시작되었고 이는 곧 중소분쟁으로 확대되었다. 북한 또한 국내정치에 소련이 개입하는 것에 반발했다. 무엇보다도 북한과 소련의 관계는 몇 번이나 긴장되었지만 소련이 부여한 안정보장 약속과 경제원조는 북한의 '자주'와 '자력갱생' 노선을 가능하게 한 필수요소였다.

이후 소련은 고르바초프 아래에서 페레스트로이카를 추진했고, 이 때 고르바초프는 중국과 화해를 선언했다. 중국과 국경교섭을 진행하고 최종적으로는 구소련 붕괴 후 중국과 러시아는 파트너임을 선언했다. 한국에 대해서는 동유럽 국가들에 이어 국교수립을 추진했다. 1990년 6월 4일 노태우 대통령과 고르바초프 대통령은 샌프란시스코에서 회담을 개최하고 국교수립 방침에 합의했다. 이 사건은 소련과 북한과의 관계에 커다란 균열을 낳았다. 9월 2일 셰바르드나제 외무장관이 북한을 방문하여 해명하자, 북한은 한소 국교수립에 반대하는 각서를 건넸다. 북한이 소련의 핵우산에서 벗어난다면 한미의 핵에 대항해서 북한 자신의 핵을 가질 수밖에 없다는 암시를 했다.

1991년에는 구소련 공산당과 소비에트연방이 해체되고 사회주의 러시아는 옐친Boris Yeltsin의 러시아로 바뀌게 되었다. 구소련은 한국과의 우호증진에 주력하여 북한과의 관계는 극도로 냉각되었다. '공산주의적 전체주의'와의 결별을 목표로 옐친 정권에 모인 자유주의자들에게 북한은 마치 스탈린주의의 화신처럼 비쳤다. 러시아와의 특수한 우대무역 관계의 단절은 북한 경제에 궤멸적 타격을 안겨주었다.

이 대립의 결과, 1994년 북미 관계가 핵문제로 극한 대립 상태에 빠졌을 때도 러시아는 수수방관했다. 한편 북한은 러시아 공산당의 정권복귀에 기대를 걸고 1996년 대통령선거를 기다렸다. 반反고르바초프 쿠데타를 준비한 공산당 서기 올레그 셰닌Oleg Shenin과 국방장관 드미트리 야조프Dmitri Yazov 등이 북한의 초청을 받았다. 그러나 6월의 대통령선거에서 .옐친이 재당선되었고, 공산당의 쥬가노프Gennady Zyuga-nov는 패배했다.

그 후 러시아 외무성은 아시아정책 재건에 대해서 북한과의 관계를 포기한 옐친 노선을 수정했다. 1996년 10월 11월에 수산업 분야의 협력과 투자장려, 투자보호에 관한 협정이 체결되고 1997년에는 새로운 선린우호조약에 관한 교섭도 진행되었다. 1998년에 들어서면서 러시아와 NATO의 관계가 긴장되고, 러시아의 유라시아적 지향도 더욱 명확하게 되었다. 역으로 이 해 10월에는 한국대사관 직원의 스파이사건으로 한러 관계가 긴장되었다. 북러 교섭은 가속화되었다. 곧이어 1999년 3월 북러 선린우호조약이 가조인되었다. 그해 말 옐친의 퇴진 표명 이후, 2000년 2월 북러 선린우호조약은 정식 조인되었다.

1999년 7월 19일 푸틴Vladimir Putin 대통령이 방북하여 김정일 국방위원장과 회담하고 공동선언에 서명했다. 이 선언의 제2항에는 "침략 위협이 조성되거나, 평화와 안전에 위협을 안겨주는 상황이 되어 협의와 상호 협력할 필요가 있을 경우 지체 없이 상호 접촉할 용의가 있음을 표명한다"고 되어 있다. 또한 제8항에서 "동북아시아가 평화와 선린, 안전과 평등한 국제적 협조의 시대로 들어가는 것에 이해관계가 있음을 확인한다"는 대목도 주목된다.

북한은 푸틴의 '강한 러시아' 건설의 기본방침에 따른 국가권력의 강화, 군대와 질서의 중시, 서유럽에 대한 자기주장, 미국 일극세계一極世界 수립의 움직임과 국가미사일방어체제NMD 반대 등을 "높이 평가하며 지지한다"고 하면서 자신들의 '강성대국건설' 목표와 유사함을 시사하고 있다. 푸틴의 러시아가 페레스트로이카와 사회주의의 종언에서 태어난 이상, 푸틴의 러시아를 인정한다는 것은 구소련에서 일어난 변화를 북한이 받아들인 것을 의미한다. 러시아에서 공산주의자들의 권력이 재생하고 사회주의 러시아가 되살아날 수 없다는 사실을 현실로 받아들인 것이다.

김정일은 2001년 7월부터 8월에 걸쳐 러시아를 방문하고, 2002년에도 러시아 극동 지방을 방문했다. 러시아와의 유대감과 러시아의 현실에서 경제개혁의 힌트를 얻으려 한 심정이 엿보인다. 한편 러시아는 이런 유대감을 이용해서 북한에 대한 영향력을 과시하고자 했다. 북한의 NPT 탈퇴 이후 러시아의 알렉산드르 로슈코프Alexandre Losyukov 외무차관이 방북하여 김정일 위원장과 회담한 것에도 이런 의욕이 나타나 있다. 그러나 로슈코프 공작으로부터 아무런 결과도 나오지 않았다.

러시아와 한국의 관계에는 그 후 특별한 진전은 없지만, 한국 기업은 이미 러시아 시장에 지부를 설치하는 등 한러 관계는 일단 양호하다고 말할 수 있다.

한편 러시아는 일본과 영토 문제를 안고 있다. 이 문제를 해결하고 러일 관계를 개선하기 위한 노력이 2001년 3월의 푸틴 · 모리의 이르쿠츠크 회담과 공동성명이었다. 그러나 푸틴의 이러한 전진은 일본의 평가를 받지 못한 채 끝났다. 현재 영토 문제는 보류한 채, 러일 관계를 진전시키려는 노력이 이루어지고 있다.

러시아는 아시아 · 태평양 지역뿐 아니라, 동북아시아에 대해서도 적극 참여하고 싶어하지만 힘이 미치지 못하는 상태이다. 러시아가 소련시대 이래 북한에 대해서 전통적으로 가졌던 특수한 영향력을 발휘하기 위해서는 일본과의 협력이 필요할 것이다. 이 점에서 러일 관계가 소원하다는 것은 치명적이다. 석유 파이프라인의 설치 루트가 확정되고 사할린과 동시베리아 석유와 천연가스 공급이 순조롭게 시작된다면, 러시아가 이 지역에서 갖게 될 이해관계가 분명해지고 대화도 진전될 것이다.

제7장
섬의 연결

동북아시아는 대륙과 섬으로 이루어져 있다. 일본이 최대의 열도이고 그 밖에 타이완·오키나와·사할린·쿠릴열도 그리고 하와이가 있다. 이들 섬의 역사는 독특하며 그 존재 또한 중요하다.

타이완 ● ● ●

타이완은 평후열도澎湖列島를 포함하여, 총 86개의 섬으로 이루어져 있다. 총 면적은 3만 5982평방킬로미터로, 일본을 제외한 동북아시아 제2의 섬이다. 인구는 2000년 현재 2227만 명으로 북한과 거의 비슷하며 몽골보다는 많다.

원주민은 인도네시아계나 말레이시아계의 고산족高山族이며 여기에 한족漢族이 대륙에서 이주해왔다. 원대元代에 순검사巡檢使라는 행정기관이 처음 설치되었고, 명대明代에는 '소류구小琉球'라고 불렸다. 17세기에 들어와, 1624년 네덜란드의 동인도회사가 타이완 남쪽 일대를 점령하자, 스페인이 이에 대항하여 북부 일대를 점령하고 성을 쌓았다. 그 후 네덜란드가 스페인을 몰아냈지만, 1661년 명나라 유신遺臣 정성공鄭成功이 타이완에 상륙해 네덜란드를 몰아냈다. 이후로 정씨 일족의 지배는 3대에 걸쳐 22년간 계속되었다.

1683년 청나라가 타이완을 복속시키고 타이완부臺灣府를 설치했다. 이 후로 한족의 타이완 이민은 계속되어 1684년 30만 명이던 한족이 1893년에는 255만 명으로 크게 증가했다.

메이지유신 후 오키나와를 완전 병합한 일본은, 1874년에 군대를 타이완에 파견하여 원주민 마을을 파괴했다. 이는 1871년 오키나와 주민이 타이완에 표류하여 현지 주민에게 54명이 살해당한 일과 또 1973년 오카야마岡山 현의 주민 4명이 타이완에 표류하여 폭행·약탈당한 사건에 대한 응징을 명분으로 내세운 출병이었다고 설명한다. 즉 일본은 타이완을 '주인 없는 땅[無主地]'으로 생각했고, 이를 영유하려는 생각도 없지 않았던 것 같다. 그러나 청나라가 강력하게 항의하자, 일본은 위로금 명목으로 50만 냥을 받아, 점령지를 반환하고 철수했다(毛利敏彦, 『臺灣出兵』, 中公新書, 1996).

그리고 21년 뒤인 1895년, 청일전쟁에서 승리한 일본은 청나라에게 타이완을 할양받아 결국 자국의 영토로 삼았고 여기에 총독부를 설치하여 식민통치를 시작했다. 일본은 타이완을 통치하면서 저항하는 자들을 철저히 탄압하는 한편, 일본의 이익을 위해 타이완의 근대화를 꾀한다는 이른바 '당근과 채찍' 정책을 추진했다. 그러나 타이완 자체가 중국의 지배를 받던 지역이었으므로, 한편으로는 이러한 식민통치를 환영하는 타이완인도 없지 않았다.

1945년 일본의 패배로 타이완은 일본의 지배에서 해방되었다. 10월 국민당 정권이 임명한 타이완성臺灣省 장관 천이陳儀가 군대를 이끌고 타이완에 들어왔다. 이렇게 외부에서 들어온 새로운 지배자에 대해 토착 타이완인들의 불만은 나날이 커졌고, 이는 1947년 2월 28일 비극적인 민중폭동과 대탄압으로 발전했다. 이 사건으로 희생자가 얼마나 나왔는지는 아직도 확인되지 않을 정도이다.

이렇게 국민당의 타이완 통치는 유혈참사로 시작되었고, 1949년 장제스蔣介石 정권이 중공군에 밀려 타이완으로 쫓겨남에 따라 확고한 지배체제가 확립되었다. 그 후에도 적색분자 색출이라는 명분을 앞세워 수많은 공산주의자와 토착 타이완인들이 처형 또는 투옥되었다. 당초 타이완은 미국의 지지를 받지 못해 언제 중국 공산당군이 침공할지 모르는 불안감에 항상 시달렸으나, 1950년 한국전쟁이 발발하자 미국이 제7함대를 타이완해협으로 파견해 국민당 정권을 방위하게 되었다. 이로써 국민당은 정권의 안정을 보장받게 되었다. 또 1952년 일본과의 일본-타이완日華 평화조약 조인도 정권 안정에 이바지했다.

타이완은 일상적인 계엄령 상태가 지속되는 가운데 국민당의 독재체제가 계속되었다. 그 과정에서 장제스·장징궈蔣經國 부자가 권력을 계승했다. 장징궈는 1925년 소련으로 유학을 가 2년 후 부친의 반공쿠데타를 비난하고 소련에 머물면서 소련 공산당에 입당, 소련 여성과 결혼한 인물이다. 1937년 항일투쟁을 위한 국공합작이 다시 이루어지자, 귀국해 장제스를 도왔다. 장징궈는 군과 특무기관, 청년조직 등을 장악하여 실권을 잡았다. 1972년에 행정원장行政院長(총리)이 되었고, 1975년 부친의 사후 국민당 중앙위원회 주석을 거쳐 1978년 총통에 올라 실질적으로 부자간 권력계승에 성공했다(若林正丈,『蔣經國と李登輝』, 岩波書店, 1997).

국민당 통치는 국민당 정부의 타이완 망명과 더불어 대량으로 유입해온 외성인外省人의 통치였다. 일본의 식민지였던 타이완에서 태어나 자란 토착 한인과 본성인本省人은 외성인의 지도를 감수했다. 그러나 이에 불만을 품고 있던 본성인 중에는 민주화를 요구하고 타이완 독립운동을 추진한 이들도 있었다. 그리고 고사족高砂族 등의 원주민이 타이완 사회의 저변을 형성하고 있었다. 한편 타이완의 엘리트층은 미국으로 유학하는 이들이 많았고 그들은 미국 문화를 타이완으로 유입, 전파했다. 다른 한편으로는 일본과의 관계도 깊어갔다. 그것은 식민통치 당시부터 시작되어 반공 이데올로기로 이어지면서 형성된 인연과도 관계가 있지만, 새로운 세대가 출현함에 따라 옛날 전통과는 단절된 형태로 나타났다.

영국은 일찍이 공산 중국을 승인하고 국민당 정부와의 외교관계를 단절했으나 미국은 냉전시기 오랫동안 공산 중국을 인정하지 않고 국민당 정부와만 국교를 유지했다. 또한 일본에 대해서도 공산 중국과의 관계를 허용하지 않고 국민당 정부와의 국교 유지를 강요했다. 한편 한국은 원래 이승만 시대부터 장제스와 특별한 우호관계를 유지하고 있었다. 그러나 이런 상태는 1971년 닉슨의 중국방문을 계기로 급변하여 미국과 중국이 화해하고 1972년에는 중일 국교도 수립되었다. 이어서 일본은 타이완과 맺었던 평화조약을 파기하고 타이완과 단교했다. 미국도 1978년 12월 미중 국교수립을 선언하고 타이완과 단교하여, 미국-타이완 간 상호방위조약도 파기했다. 그 대신 1979년 4월 미국은 국내법으로 타이완 관계법을 제정하여 타이완의 장래를 비평화적인 수단으로 해결하려는 시도를 서태평양 지역에 대한 위협으로 간주하고 타이완 방위를 위한 무기제공방침을 분명히 했다. 한국도 1992년에 중국과 국교를 수립하면서 타이완과 단교했다. 따라서 국제정치적으로 타이완의 중화민국은 1970년 이후, 시대의 흐름에 따라 국제적으로 고립되고 말았다.

그러나 경제상황은 이와는 매우 달랐다. 국민당의 강권통치하에서 타이완은 1970년대부터 비약적인 경제발전을 달성했다. 그리고 이런 성장은 오늘날에도 계속되고 있다. 그 가운데 장징궈는 정권 말기에 일정한 정치개혁을 시도하여 본성인인 국민당 간부 리덩후이李登輝를 1984년 부총통으로 선출했다. 그 후 1988년 장징궈가 사망하자 리덩후이가 총통에 취임했다.

한편 중국은 1978년 개혁개방 정책 실시 후, 경제발전 과정에서 타이완 자본의 본토유입 결정을 단행했고 게다가 인적 왕래까지 허용했다. 이로써 타이완에서 본토로 투자하는 사람이 비약적으로 증가하고 다수의 관광객들도 본토를 방문했다. 이러한 화해 분위기 조성과 더불어 중국 정부는 국민당 정권에게 국공합작을 권유하여 단계적 통일정책을 추진했다. 1993년에는 타이완의 해협교류기금회海峽交流基金會와 중국의 해협양안관계협회海峽兩岸關係協會의 접촉이 시작되었지만, 1995년 리덩후이의 미국 방문으로 다시 관계가 단절되었다.

그 후 타이완에서는 리덩후이 하에서 민주화가 진행되었다. 1996년 3월 23일에 총통 직접선거가 실시되어 야당인 민진당民進黨 후보를 누르고 국민당의 리덩후이가 당선되었다. 총통선거에서 타이완의 독립 경향이 거세질 것을 극도로 경계한 중국은, 이에 앞선 3월 8일 미사일 발사훈련을 실시하여 타이완의 지룽基隆과 가오슝高雄 근해에 미사일 3발을 발사했다. 이에 대해 미국은 감시를 위해 항공모함 2척을 11일에 파견했다. 중국은 13일에도 가오슝 앞바다에 4번째 미사일을 발사하고, 18일부터는 푸젠성福建省 근해에서, 육·해·공 3군의 합동훈련을 실시했다.

선거 후 긴장은 겨우 완화되었고, 1998년 10월에는 해협교류기금회의 이사장이 중국을 방문하여 대화를 재개했다. 그러나 리덩후이가 1999년 7월 독일 방송국과의 인터뷰에서 중국과 타이완의 관계는 '특수한 국가와 국가 간의 관계'라고 설명하며 2국론을 분명히 한 발언에 중국은 거세게 반발했다. 9월에는 또다시 저장성浙江省과 광둥성廣東省 해안에서 육·해·공군과 전략 로켓부대의 통합훈련을 실시하여 타이완에 압력을 가했다.

2000년 3월 총통선거에서는 민진당의 천수이볜陳水扁이 총통에 선출되었다. 그는 민주활동가로서 정치범 출신이었다. 민진당은 강령 제1조에서 '주권독립과 자주적 타이완공화국 수립'을 내세움으로써 중국의 반발을 샀지만, 다행히 이번에는 중국이 무력시위를 벌이지는 않았다. 천수이볜은 취임연설에서 중국이 무력행사를 의도하지 않는 한, 재임 중에 독립을 선언하지 않을 것이며, 중화민국 국호를 변경하지 않고 2국론을 헌법에 넣지 않으며, 또 통일인가 독립인가를 묻는 주민투표를 실시하지 않을 것이라는 방침을 밝혔다.

그 후 리덩후이 전 총통의 일본 방문, 천수이볜 총통의 미국 방문 등에 대해 중국 정부는 극도로 민감한 반응을 보이며, 타이완의 국제활동의 완전 봉쇄에 주력하고 있다. 이에 대해 타이완의 긴장도 고조되었다. 한편, 타이완 자본의 본토 투자는 2001년에는 27억 8000만 달러로 증가하고, 홍콩을 경유한 타이완의 본토 수출은 313억 달러로, 대미 수출 348억 달러에 근접하고 있다. 즉 경제적으로는 타이완과 본토의 결속이 더욱 강해지고 있다고도 볼 수 있다.

타이완은 중국과 연계하면서, 자주성을 보전하며 살아가기를 바라고 있을 것이다. 그러나 타이완 독립을 주장하는 것으로는 그 지위를 보장받을 수 없다. 타이완의 독립은 중국과 극도의 긴장을 초래하고 최종적으로는 전쟁으로 향하는 길이다. 그렇다면 타이완은 독립을 주장하기보다는 중국에 속하되 자주성 있는 독자적 지위를 갖는 식의 새로운 활로를 모색해야 한다. 한편 중국도 타이완의 대외교섭을 어느 정도 허용해야 한다. 타이완은 '동북아시아 공동의 집'으로 확실히 자리 매김하도록 해야 한다. 2003년 중증급성호흡기증후군SARS이 유행하고 있는 가운데 타이완의 세계보건기구WHO 가입을 중국이 거부한 것은 실로 유감스러운 일이다.

타이완은 예로부터 중국과 오키나와를, 그리고 중국과 일본을 연결시키는 존재였다. 앞으로도 그러한 존재이기를 바란다. 한국이 동북아시아의 가교라면, 타이완과 오키나와는 중국과 일본을 연결하는 동북아시아의 징검다리이다.

오키나와 ● ● ●

오키나와는 오키나와 본도本島 외에 100여 개의 섬으로 이루어져 있다. 그 중 44개가 유인도이고 나머지는 무인도이다. 총 면적은 2271평방킬로미터이며, 인구는 2003년 현재 134만 명으로 사할린보다 많고 하와이와 거의 같다.

오키나와는 과거 류큐로 불렸다. 이 땅에 통일왕국이 세워진 것은 1429년으로, 류큐 왕국은 동남아시아·중국·일본·조선과의 교역을 중심으로 번영했다. 특히 명나라 당시 명 조정의 해외무역에 대한 통제가 이루어졌기 때문에, 중국 상인을 대신해 류큐가 조공무역이라는 형태로 활발한 교역을 전개했다. 이러한 경제력에 주목한 시마즈 번島津藩은 1609년 에도막부의 허가를 얻어 류큐에 출병, 이를 정복했다. 이로써 류큐 왕국은 시마즈 번의 통치를 받게 되었다. 그러면서도 류큐 왕국은 중국과의 전통적 관계를 유지하고 조공무역을 계속했다.

이후 19세기에 들어서자 구미제국의 선박이 내항했다. 특히 1853~1854년에는 페리Perry 함대가 네 차례나 내항하여, 류큐–미국 간 수호조약을 체결했다. 당초 페리는 류큐를 미국에 병합할 것을 고려했다

(페리, 『日本遠征日記』, 雄松堂出版, 1985).

메이지유신 후 유신정부는 류큐 왕국을 폐하고 오키나와 현을 설치하려 했지만, 왕국은 강하게 저항했다. 마침내 1879년 메이지정부는 군대를 파견하여 왕국을 폐지하고 오키나와 현의 설치를 선언했다. 청나라는 이에 강하게 항의했지만 소용이 없었다.

근대 일본 역사 가운데 오키나와는 경제적으로 가장 피폐한 현에 속했다. 이때부터 많은 해외이민이 발생했다. 또한 오키나와에서는 도쿠다 규이치德田球一와 미야기 요도쿠宮城與德 등 공산주의운동에 기여한 인재들을 배출했다.

태평양전쟁에서 오키나와는 본토 방어의 방패막이가 되었다. 미군의 오키나와 상륙작전은 1945년 3월부터 시작되어 6월 23일 우시지마 미치루牛島滿 제32군 사령관 등의 자결로 끝이 났다. 그러나 이 전투에 수많은 오키나와 주민들이 휘말려 군인과 민간인을 합해 20만여 명의 사망자를 낳았다.

전후 오키나와에는 미군정이 실시되어 많은 토지가 미군기지로 바뀌었고, 이어지는 한국전쟁 때문에 기지는 더욱 확장되었다. 그리고 샌프란시스코 조약에 의해 오키나와는 일본에서 분리되어 미국의 통치를 받게 되었다. 1952년 미군 아래 류큐 정부가 설치되었는데, 미군의 통치는 이후 20여 년간 지속되었다.

이후 1972년이 되어서야 오키나와는 일본에 반환되었다. 그러나 미군기지는 그대로 존속되었다. 물론 여기에는 미국이 오키나와 기지에 대해 베트남전쟁의 전초기지로서 그 중요성을 높이 평가하고 있었다는 사실이 반영되었다고 본다.

오키나와에는 42개의 미군기지가 있고, 그 면적은 245.26평방킬로미터이다. 이는 오키나와 현 면적의 10.8%에 달한다. 미군 병사는 이곳에 해병대를 중심으로 2만 9000명이 주둔하고 있다. 미군기지의 존재가 오키나와 현민들에게 큰 고통을 주고 있는 것은 사실이다. 그러나 오키나와의 독특한 문화는 미국 문화의 영향과도 결부되어 강한 문화적 메시지를 발신하고 있다.

오키나와는 섬 전체가 '특구特區'로, 일본의 법 규제에서 상당한 자유를 획득하여 타이완, 중국과도 긴밀한 교류를 바라고 있다.

사할린 ● ● ●

사할린 섬은 유라시아 대륙에 근접한 섬으로서 대륙과 가장 가까운 곳은 폭이 7.2킬로미터밖에 안 된다. 홋카이도와의 사이에 있는 소야宗谷 해협은 폭이 40킬로미터이며, 총 면적은 7만 6400평방킬로미터이다. 일본을 제외하면 동북아시아 최대의 섬이다. 그러나 인구는 쿠릴열도를 포함하여 2002년 현재 54만 6500명으로 오키나와나 하와이의 절반에 조금 못 미친다.

사할린 섬의 북부에는 니브히Nivkhi인, 중부에는 오로크Orok인, 남부에는 아이누Ainu인이 거주해왔다. 그러던 중 13세기 원元의 침략을 받은 아이누인은 용감히 싸웠으나 결국 패배하여 조공을 바치게 되었고, 이 조공관계는 명·청과도 계속되었다.

17세기가 되자 일본이 남쪽에서 사할린으로 진출했다. 스테판의 연구에 의하면, 마쓰에 번松前藩 번주가 1635년 처음으로 순견사巡見使를 파견한 이래, 수차례나 순견사가 파견되었고 1679년에 사할린 남단, 아니바Aniva 만에 파수막番屋(경비를 위한 막사─옮긴이 주)을 설치했다고 한다. 한편 이에 대해 러시아의 카자크Kazak가 1640년대에 북쪽의 아무르 강 하구에서 사할린을 멀리서 보고 발견했다고도 한다. 그러나 17세기 중반 이후 러시아는 청나라와의 전투에서 패배하는 바람에 1689년 네르친스크 조약으로 아무르 강 하류지역 출입이 금지되었고, 결국 사할린 진출은 무산되었다. 마쓰에 번은 1790년 사할린 섬에 상설어장을 열고 무라야마 덴베이村山田兵衛를 관리책임자場所請負人로 파견하여 남단의 시라누시에 교역소를, 동안東岸의 구슌코탄과 서안西岸의 돈나이에 파수막을 설치토록 했다. 그리고 1792년에는 모가미 도쿠나이最上德內 등의 막부 조사대도 사할린 섬에 들어갔다.

19세기에 들어서, 러시아 황제의 정식 사절인 레자노프Nikolay P. Rezanov를 태우고 온 나데즈다 호의 크루젠스테른 함장은 처음으로 사할린 남단의 일본 어업시설을 관찰하고 이를 점령·탈취하려는 아이디어를 냈다. 후에 국서 수령거부를 구실로 레자노프는 미국 선박과 함께 사할린의 일본 파수막을 공격하는 사건을 일으켰다. 그러나 나중에 러시아 측이 사죄했다. 19세기 전반에는 전적으로 일본이 아니바 만 지구의 경영을 맡았고, 마미야 린조間宮林藏 등이 사할린 섬을 탐험했다.

1848년 러시아 해군 소속의 네벨스코이가 아무르 강 하구로부터 대륙을 따라 남하하는 코스를 탐험했고 사할린 서안의 점령을 제언했다. 이리하여 1853년 4월 러시아 정부는 마침내 사할린 섬의 점령을 결정했다. 네벨스코이는 9월 아니바 만에 상륙하여 일본인 마을 안에 울타리를 설치했다. 이와 함께 러시아 특사로 푸차틴E.V. Putiatin을 파견하여 사할린 지역에 대한 교섭도 추진했다. 이 교섭에서 사할린 섬 대부분의 영유를 주장하는 러시아와, 북위 50도에서 분할하자는 일본의 제안이 맞서 끝내 합의에 이르지 못했다.

결국 사할린 섬의 처분은 오랫동안 결정되지 못하다가 1875년의 조약으로 러시아가 모든 섬을 영유하게 되었다. 그러나 러시아는 이 섬에서 석탄 채굴을 조금 시도했을 뿐이었고, 기본적으로는 죄수들의 유배지로 활용했다.

1905년 러일전쟁 말기에 일본은 사할린 전역을 점령하자 강화회의에서 그 할양을 요구했다. 그러나 러시아의 전권대사 비테Sergei Y. Vitte 재무장관은 사할린 남부만을 양도하기로 하여 사할린은 50도선에서 남북으로 분할되었다. 이후 1920년 시베리아전쟁 중에 일어난 니콜라예프스크 사건尼港事件(일본영사 이하 거주민 약 700여 명이 소련 빨치산에게 몰살된 사건─옮긴이 주)의 책임을 물어 일본은 북 사할린까지 점령했다. 이후 이 상태는 1925년까지 계속되었고 소련이 일본에 석유채취권을 양도하는 조건을 제시하자 일본군은 이를 받아들이고 철수했다. 이렇게 해서 사할린은 양국 국경이 접한 유일한 지역으로 계속 존재하게 되었다. 1938년에는 이 국경을 넘어 여배우 오카다 요시코岡田嘉子와 연출가 스기모토 료키치杉本良吉가 소련으로 망명을 꾀하다가 그대로 소련에 의해 투옥되었다.

1945년 소련의 대일참전 당시 소련군은 북 사할린에서 남 사할린으로 진격하여 점령했다. 곧이어 1946년 소련은 남 사할린의 병합을 선언했고 일본인 주민은 모두 일본으로 추방되었다. 그러나 일본이 전쟁 중 이주시킨 한국인은 잔류되었고 이들은 1990년대에 이르러서야 한국 땅을 밟을 수 있었다.

오늘날 사할린은 해저 석유와 천연가스, 어업자원의 개발이 진행되고 있는 지역으로 미국과 일본의 자본도 대량 투입된 상태이다.

사할린과 시베리아 본토 사이에는 스탈린의 결정으로 1950년대부터 해저터널 건설을 진행해왔으나 중도에 좌절되었다. 사할린과 일본은 매우 가까우며 또 사할린이 일본과 러시아를 연결하는 섬이라는 사실은 분명하다.

쿠릴열도 ● ● ●

쿠릴열도는 홋카이도와 캄차카Kamchatka 반도 사이에 길게 늘어선 23개의 섬으로 이루어져 있다. 가장 큰 섬은 에토로후擇捉 섬으로, 면적은 3139평방킬로미터이며 오키나와 섬의 약 1.5배이다. 제2의 섬은 구나시리國後 섬으로 1500평방킬로미터이며, 오키나와 본도本島보다 크다. 그러나 인구는 남쪽의 세 섬을 합쳐, 1998년 7월 현재 1만 6140명이다.

예로부터 우루프Urup 섬(得撫島) 이남의 남쪽 섬들에는 홋카이도의 아이누인, 북쪽 섬들에는 캄차카의 아이누인이 살면서 독자적 세계를 형성했다. 이곳에는 17세기부터 북쪽으로부터는 러시아인이, 그리고 남쪽으로부터는 일본인이 침입하여 조사를 시작했다. 러시아인과 일본인의 본격적인 진출은 18세기 후반에 진행되는데, 이는 이곳에 사는 아이누인에게는 비극의 시작이었다.

먼저 러시아인이 아이누인에게 재앙을 가져왔다. 카자크의 초르누이가 1766년, 1767년에 우루프 섬과 에토로후 섬에 사는 아이누에게 모피세를 부과했다. 그는 탐욕스럽고 난폭하기도 하여 우루프 섬에서 많은 아이누 여성들을 모아 하렘harem을 만들었다고 한다. 자신들에게 채찍을 휘두르며 노동을 시키는 초르누이에 대한 아이누인들의 불만은 커져갔다. 초르누이는 1769년 9월에 섬을 떠났지만, 러시아인에 대한 우루프 섬 아이누인들의 증오는 커졌다. 그 후 러시아인에 대한 습격사건이 빈번해져 2년간 21명이나 되는 러시아인이 살해되었다.

일본의 북상 속도는 여전히 완만했다. 구나시리 섬으로 마쓰에 번의 '장소場所' 설정이 이루어진 것은 1754년이며, 이후 정기적으로 마쓰에 번 무사가 섬으로 들어가 교역을 펼쳤지만, 그 규모는 크지 않았다. 1774년에 이르러 구나시리 장소가 아스케시, 기타프 장소와 함께 히다야 규베飛彈屋久兵衛에게 위임되었다. 그러나 아이누 측에서 교역을 거부했다. 러시아인들은 우루프 섬에 집단수용시설을 유지했지만 지진이 빈발하여 1782년 결국 철수했다.

러시아가 후퇴하자 이번에는 일본이 전진해왔다. 1782년 아이누의 추장 스키노에가 일본 측에 화해를 제의해왔고 구나시리 섬에 교역선 파견이 재개되었다. 히다야는 오랜 공백을 만회하려는 듯 맹렬한 기세로 구나시리와 아이누인에 대한 착취를 시작했다. 먼저 비료용의 니신카스鯡粕(청어를 물에 쪄서 압착기로 압착한 뒤 건조한 것으로 비료에 쓰인다—옮긴이 주) 생산에 아이누인을 동원했다. 이는 아이누인의 생활을 파괴하고 그들에게 많은 고통을 안겨주었다. 가혹한 개발경영의 결과, 1789년 5월 메나시, 구나시리 등지에서 반란이 일어났다. 홋카이도 동쪽 연안의 메나시와 구나시리 섬 두 군데에서 아이누인들은 일본인을 습격하여 71명을 살해했다. 추장 스키노에의 설득으로 반란자가 투항하자 37명의 주동자가 체포되어 전원 처형되었다.

그 후 막부 조사대가 몇 번이나 구나시리와 에토로후 섬을 방문했다. 1798년, 모가미 도쿠나이最上德內, 곤도 시케조近藤重藏 등은 에토로후 섬에 러시아인이 세운 십자가를 넘어뜨리고 '대일본 에토로후大日本惠登呂府'라는 푯말을 세웠다. 그리고 다음 해부터 막부는 에조지蝦夷地(홋카이도의 옛 이름—옮긴이 주)와 지시마千島를 시험적으로 직할통치했다. 또한 에토로후 섬의 아이누인에게 우루프 섬의 러시아인과 교역하는 행위를 금지시켰다. 그 후 1807년 막부의 직할통치가 정식으로 결정되었다. 이때 일본은 에토로후, 구나시리 두 섬을 지배하게 되었다.

1853년에 시작된 러일 교섭에서 에토로후까지를 일본령으로, 우루프 섬 이북을 러시아령으로 확정한 것은 러시아 황제의 훈령이 내려졌기 때문으로, 비교적 조기에 합의를 끌어낼 수 있었다. 이 합의는 1855년 러일 화친조약에 명기되었다.

그 후 1875년의 조약에서 일본은 사할린 섬의 이권을 포기하고 그 대신 우루프 섬 이북의 쿠릴열도를 획득했다. 그 결과 쿠릴열도는 전부

일본령이 되었다. 메이지유신 이후 구나시리 섬과 에토로후 섬에 있던 아이누인은 급속하게 감소했고 이후 일본인이 이주해와 살게 되었다.

그러나 1945년 소련의 대일참전 때 이들 섬은 소련군에게 점령당해 1946년 소련에 병합되면서 일본인은 모두 일본으로 추방되고 그 대신 러시아인이 이주해왔다. 1955년부터 시작된 일소 교섭의 최대 쟁점은 쿠릴열도 문제였다. 일본은 에토로후와 구나시리 두 섬의 반환을 요청했지만 소련은 이를 받아들이지 않았다. 결국, 이 문제를 둘러싼 논쟁은 지금까지 계속되고 있다.

나는 1986년에 러시아와 일본 양국이 남 쿠릴열도를 공동경영·공동관리하자고 제안한 적이 있다. 만일 이것이 실현된다면, 이들 섬은 일본과 러시아를 진정으로 연결하는 가교가 될 것이다.

하와이 ● ● ●

하와이 역시 하나의 섬이 아니라, 하와이·마우이Maui·카호올라웨Kahoolawe·라나이Lanai·몰로카이Molokai·오아후Oahu·카우아이Kauai·니하우Niihau 이렇게 8개의 섬으로 구성된다. 호놀룰루와 와이키키 해안 등이 있는 곳이 오아후 섬이다. 하와이제도의 총 면적은 1만 1641평방킬로미터이다. 인구는 2000년 현재 121만 2000명으로, 면적은 오키나와의 5배이지만 인구는 오키나와보다 다소 적다.

이곳은 카나카Kanaka족 등의 폴리네시아계 민족이 살며, 왕을 중심으로 하는 왕국을 형성하고 있었다. 18세기 말 영국의 탐험가 캡틴

쿡James Cook이 이곳을 발견했으며, 그 후 외부세계와 교섭이 시작되어 서양인이 도래하게 되었다. 카메하메하Kamehameha 왕이 열었던 왕조는 안정적으로 통치되었고 그 아래에서 이주민도 급속히 증가했다. 그 후 하와이에 정주하던 미국인 선교사 자손들은 사탕수수 농장을 경영하고 설탕을 생산하여 미국에 수출했다. 그리고 농장에는 이곳에서 일할 중국인과 일본인 등 많은 노동자들이 이주해왔다.

1890년의 인구조사에 의하면, 전체 인구 9만 명 가운데 하와이인은 4만 1000명, 중국인이 1만 5000명, 일본인이 1만 2000명, 포르투갈인이 9000명, 미국인이 2000명, 영국인이 1300명, 독일인이 1000명이었다고 한다.

1881년 일본을 방문한 칼라카우아 왕은 일본 황실과의 결혼을 추진했지만, 일본의 거절로 무산되었다. 1891년에 부친 칼라카우아의 뒤를 이어 즉위한 릴리우오칼라니Liliuokalani 여왕은 매우 뛰어난 인물로 하와이계 주민의 권리 회복을 위해 노력했다. 그 일환으로 1893년 1월, 여왕은 왕권을 강화하는 헌법개정을 추진했고 이런 움직임에 대해 미국인들은 '합병연맹'을 결성하여 맞섰다. 이 연맹의 미국인 변호사 쿠퍼와 선교사의 후예인 실업가 출신의 서스턴은 '공안위원회'의 이름으로 공공연히 여왕과 대립했다. 그리하여 그들은 미국 시민의 생명과 재산보호를 명목으로 미 해병대의 상륙을 요청했고 정부기관을 점령하여 왕정을 폐지하고 임시정부를 수립했다. 임시정부 대표로는 샌퍼드 돌 Sanford B. Dole이 취임했다. 그는 선교사의 아들로 실업가였다. 그의 동생은 바나나와 파인애플로 유명한 거대 농업자본 돌 사社의 창립자이다. 이렇게 하여 '알로하 오에Aloha Oe'라는 명곡을 만든 릴리우오칼라니 여왕은 왕위를 박탈당하고 추방되었다.

임시정부는 대표를 워싱턴으로 보내 합병을 요구했고, 마침내 1893년 2월 해리슨Benjamin Harrison 대통령과 합병조약을 체결했다. 이렇게 미국이 합병조약에 신속하게 움직인 이유는 일본이 하와이 합병에 나설 것을 우려했기 때문이다. 일본은 자국민 보호 명목으로 도고 헤이하치로東鄉平八郎 함장이 이끄는 군함 나니와浪速 호를 호놀룰루 항에 보냈지만 이미 한발 늦은 상태였다.

한편 미국 국내에서는 하와이 합병을 둘러싸고 찬반양론이 일었는데, 3월 대통령에 취임한 클리블랜드Grover Cleveland는 반제국주의자로서 여왕의 복위를 지지했을 정도였기 때문에 합병은 승인되지 않았다. 따라서 얼마 동안 하와이는 백인 지배의 독립공화국으로 존재했다.

1897년 공화당 출신 매킨리William McKinley가 대통령에 취임하면서 하와이 합병은 미국의 운명Manifest Destiny이라고 선언했다. 또 미국 해군의 아버지라 일컬어지는 머핸Alfred T. Mahan 제독도 태평양 방비의 거점으로서 하와이 합병을 주장했다. 이에 대해 일본에서는 주미대사 호시 도루星亨를 중심으로 합병저지운동을 전개했다. 4월에는 거류민 보호를 명분으로 다시 군함 나니와 호를 호놀룰루에 파견했지만, 6월 16일 합병조약이 조인되었다. 이 조약은 상원이 비준하지 않았지만, 1898년의 미국-스페인 전쟁이 만들어낸 제국주의적 열광 속에서 같은 해 7월 6일 드디어 상원은 하와이 합병결의안을 통과시켰다.

하와이는 미합중국의 주州로 승인되었고 1900년에 선거가 실시되

었다. 이 선거에서 '하와이인을 위한 하와이'를 호소하며 'Home Rulers' 당이 참가하여 민주·공화 양당을 패배시켰다. 상원 의장에는 'Home Rulers' 당 소속의 러시아인 망명개혁가 니콜라이 러셀Nikolay Russel이 당선되었다(和田春樹, 『ニコライ・ラッセル』上, 中央公論社, 1973). 그러나 두 번째 선거에서는 공화당이 압승했고 하와이의 미국화는 급속히 진행되어 미 태평양함대의 기지가 되었다.

그러나 일본인 이민 유입은 멈추지 않았고 하와이 전체 인구의 반수를 차지하기에 이르렀다. 1920년 오아후 섬에서의 일본인 노동자 집단파업은 백인 농장주들을 긴장시켰다. 1924년 배일排日이민법이 제정되면서 일본인 이민 유입은 차단되었지만, 하와이에서 일본인의 영향력은 여전히 매우 컸다.

미일개전은 일본 해군이 하와이 오아후 섬의 펄 하버Pearl Harbor, 즉 진주만을 공격함으로써 시작되었다. 항공모함 6척과 항공모함 탑재 항공기 353기가 참가한 공격에서 미 태평양함대의 주력전함 4척이 침몰되고 4척이 크게 파괴된 것 이외에도, 다수의 함선과 항공기가 파괴되었으며 2402명의 사망자가 나왔다. 이러한 진주만 공습은 하와이의 일본인에게 특히 심각한 충격을 주었다. 그들은 오히려 미군에 지원해 미국에 대한 충성심을 나타내려 했다. 미국 정부는 미국 본토의 일본인 전원을 수용소에 보내버렸지만, 하와이에서는 일본인의 수가 너무 많아 모두를 수용소에 수감하지는 않았다. 그러나 유력 일본인 단체의 간부·종교인·일본인 학교 교장 등 수백 명이 체포되었다.

지금도 진주만에는 당시 파괴된 전함 애리조나 호가 박물관으로

모습을 바꾸고 그대로 보존되어 있다. 하와이는 현재 해군·공군기지와 더불어, 태평양 지역군의 총사령부가 있다. 자료에 의하면 1990년 현재 6만 3684명의 병사들이 주둔하고 있다(梅林宏道, 『情報公開法でとらえた在日米軍』, 高文研, 1992).

현재 하와이는 다민족의 섬이다. 총 인구는 2000년 현재 121만 2000명 안팎이고, 폴리네시아계가 22.1%, 백인이 20.5%, 일본인이 18.3%, 필리핀인이 12.3%, 중국인이 4.1%이다. 하와이는 동북아시아의 섬이라 해도 지나치지 않다.

섬들의 역할 ● ● ●

동북아시아 섬들은 복잡한 과거를 지니고 있다. 오키나와나 하와이같이 독립국가를 이루었던 섬들도 있다. 타이완과 사할린, 쿠릴열도는 역사와 함께 국가적 귀속을 달리해왔다. 이제부터 진정한 독립을 꿈꾸는 사람들도 있겠지만, 또 다른 길은 현재의 국가적 귀속을 인정하고 그 위에서 국가를 초월한 차원에서 활약하는 길이다. 자신의 지난 역사에서 비롯된 다양성과 혼합성을 기초로 하여 이들 섬에 사는 사람들이 동북아시아를 연결시키는 개방적 촉매 역할을 해줄 것을 기대한다.

제8장
동남아시아의 창조적 돌출

ASEAN의 출발 ● ● ●

동북아시아와는 달리 동남아시아는 동질성이 강한 지역으로 일찍부터 지역협력기구를 조직하는 데 성공했다.

동남아시아 국가들이 최초로 지역협력기구를 조직한 것은 베트남 전쟁이 한창이던 1967년 8월이었다. 그때 탄생한 기구가 동남아시아 국가연합ASEAN; Association of South-East Asian Nations이다. 처음 참가국 은 인도네시아 · 말레이시아 · 필리핀 · 싱가포르 · 타이 등 5개국이었 다. 이 중 필리핀과 타이는 베트남전쟁에 참가하고 있었고, 인도차이나 전쟁의 종료와 더불어 1954년 미국이 만든 SEATO, 즉 동남아시아 조 약기구Southeast Asia Treaty Organization의 참가국이기도 했다. NATO를 모델로 만들어진 SEATO는 실질적으로는 미국 · 영국 · 프랑스 · 오스 트레일리아 · 뉴질랜드 · 파키스탄 등 외부세력이 동남아시아의 공산화를 막기 위해 만든 군사기구였다. 그런 의미에서 보면 ASEAN이야말로 동남아시아 국가들이 스스로 조직한 최초의 기구라고 할 수 있다. 주로 한국군의 도움을 받아 베트남전쟁을 치르고 있던 미국은 이런 새로운 움직임을 묵인할 수밖에 없었을 것이다.

SEATO는 1975년 베트남전쟁이 끝나자 단계적인 해체과정을 밟게 된다. 1976년 ASEAN 5개국은 동남아시아 우호협력조약을 체결하고 베트남과 국교를 수립했다. 하지만 베트남의 캄보디아 침공과 그 후 내전의 장기화로 말미암아 1991년이 되어서야 캄보디아 평화협정이 조인되었고, 1995년 비로소 베트남의 ASEAN 가입이 허용되었다. 초기에 5개국이었던 ASEAN 참가국은 1984년에 브루나이, 1995년에 베트남, 1997년에 라오스와 미얀마, 1999년에 캄보디아 등이 참가하여 현재는 10개국 체제가 되었다. 오늘날 ASEAN은 동남아시아 공동체를 향하여 나아가고 있다.

APEC ●●●

아시아 · 태평양 경제협력체APEC; Asia Pacific Economic Cooperation는 1989년에 탄생했다. 발족 당시의 참가국은 ASEAN 6개국(창립 5개국과 브루나이)에 한국과 일본, 미국과 캐나다, 오스트레일리아와 뉴질랜드 등 12개국이었다. ASEAN은 여기에서도 주역이라고 할 수 있는데 APEC 설립의 주도권을 잡은 것은, 야마카게 스스무山影進의 저서 『ASEAN 파워』(東京大學出版會, 1997)에 의하면 일본의 통산성通産省이었다고 한다.

1980년대 중반에 유럽을 중심으로 경제적 지역통합의 움직임이 있었지만, 태평양 지역에서는 미국과 일본이 그런 움직임을 보이지 않았다. 하지만 미국은 양국 간의 자유무역협정을 체결할 움직임을 보이기 시작했다. 이에 대해 일본 통산성은 미국 주도의 이러한 움직임을 비판하고, 다각적인 틀을 모색하기에 이르렀다. 1988년 1월 통산성 내부에서 '아시아·태평양 무역개발연구회'가 출범하고 6월에는 「중간결산, 새로운 아시아·태평양 협력을 위하여―합의·접근에 의한 다층적·점진적 협력의 추진」이라는 보고서가 발표되었다. 이를 기초로 하여 10월에는 '아시아·태평양 협력추진 간담회'가 설치되었고, 각료급 회합을 제도화하기 위한 방안을 모색하기 시작했다.

이미 통산성은 8월의 일·오스트레일리아 무역회의 때, 오스트레일리아 외무 무역성에 '중간결산'을 제안하고 협의를 시작했다. 9월부터 통산성은 오스트레일리아의 상공장관과 협의하고, 12월 몬트리올에서 우루과이 라운드 중간 재검토 각료회의 때 일·오스트레일리아 간에 기본적인 합의가 이루어졌다. 일본은 새로운 제도의 제안을 오스트레일리아 정부가 받아들이도록 하는 데 성공했다.

1989년 1월 30일 오스트레일리아의 호크 총리는 한국을 방문, 노태우 전 대통령과 회담하여 '아시아·태평양 지역경제협의회'의 설립에 합의했다. 호크 총리는 다음 날 서울 시내에서 강연하고 각료급이 참여하는 공식협의기관의 설립을 제안했으며, 다음 방문국인 타이에서도 이 구상을 설명했다. 하지만 호크 총리가 미국의 참가를 염두에 두고 이러한 제안을 한 것은 아니다. 일본 내에서는 통산성이 주도권을 쥐고 있는 것에 대해 외무성이 반대하여 혼란스러운 인상을 주었다. ASEAN 국가들 사이에서는 ASEAN을 넘어서는 조직에 대해 경계심이 강했다. 이렇듯 1989년 전반의 상황은 혼란스러웠지만 6월에 미국이 적극적으로 움직이기 시작함으로써 호크의 제안, 일본의 통산성안案이 실현을 향해 움직이기 시작했다. 당시 베이커 미 국무장관은 뉴욕에서 '신 태평양 파트너십'에 대해서 강연하고, 이 제안을 지지하는 의사를 표명했다. 어떤 면에서 보면, ASEAN 국가들이 마지막에 이 제안을 받아들이는 형태가 된 것이다.

APEC 각료회의는 1989년 11월 6일과 7일 이틀 동안 캔버라에서 열렸다. ASEAN 국가들은 APEC의 설립에 가장 소극적이었지만, 일단 설립되고 나자 ASEAN의 결속력을 보여주었고, 야마카게의 표현에 따르면 "APEC은 몇 가지 중요한 점에서 ASEAN을 핵으로 하는 협력형태"가 되었다(山影進, 앞의 책).

APEC은 매년 각료회의와 비공식 정상회의를 열고 있으며 사무국이 상설되어 있다. 그 후 중국 · 타이완 · 홍콩 · 파푸아뉴기니 · 멕시코 · 칠레 · 러시아 · 베트남 · 페루가 추가로 가입하여, 참가국은 19개국으로 늘어났다.

ARF ● ● ●
ASEAN이 지역 안팎의 안전보장 문제에 본격적인 관심을 갖게 된 것은

1994년의 ASEAN 지역포럼ARF; ASEAN Regional Forum이 발족되면서부터였다.

이미 1979년부터 ASEAN 확대외무장관회의가 제도화되어 있었다. ASEAN 각료회의 직후에 미국·일본·오스트레일리아·뉴질랜드의 외무장관과 유럽공동체의 대표가 회담을 갖게 된 것이다. 이 자리에서는 캄보디아 내란과 인도차이나 난민문제 등이 논의되었고, 1980년대 후반이 되자 소련의 페레스트로이카, 냉전 종언이 이어져 논의는 더 자유롭게 진행되기 시작했다.

유럽안보협력회의CSCE; Conference on Security and Cooperation in Europe의 아시아·태평양판版을 만들자는 제안이 나왔다가 좌절된 후, 1992년 동남아시아 우호협력 조약에 지역 내의 여러 나라들을 가맹시키고, 동시에 확대외무장관회의를 정식 안전보장협력의 장으로 삼자는 데 합의했다. 하지만 안전보장 문제에 관한 논의에서 중국과 러시아, 베트남이 포함되지 않은 것은 치명적이었다.

이러한 노력의 결과, 1993년 ASEAN 각료회의는 새로운 멤버가 참여하는 ARF를 개최했다. 참가국은 ASEAN 6개국, ASEAN 옵서버 3개국(파푸아뉴기니·베트남·라오스), ASEAN 초청국(중국·러시아), 지역 외 대화 상대국(한국·일본·미국·오스트레일리아·뉴질랜드·캐나다·유럽연합), 주최국인 타이의 초청국(캄보디아)의 외무장관들이었다. 타이 외무장관의 제안으로 캄보디아를 제외한 17개국과 유럽연합의 외무장관이 이듬해 ARF를 다시 개최하기로 결정했다.

1994년 7월 하순 방콕에서 ARF가 개최되었다. 건설적 대화를 통해 신뢰구축과 예방외교를 위한 노력에 공헌하자는 것이 이 포럼의 목적이었다. 1996년 제3회 회의에서는 인도와 미얀마의 참가가 인정되었다. 그 후 2000년 제7회 회의에 북한이 참가했고, 2001년에는 불참했지만 2002과 2003년에도 참가했다.

CSCAP ● ● ●

ARF는 정부 간 정식 외교채널(트랙 1)과 더불어, 반관반민半官半民의 연구기관 간 의견교환 채널(트랙 2)을 중시했다. 여기서 주도권을 잡은 것은 말레이시아의 전략국제문제연구소로, 이를 중심으로 1988년 ASEAN 전략국제문제연구소 연합이 탄생했다. 말레이시아 · 인도네시아 · 필리핀 · 싱가포르 · 타이 등 5개국 연구소의 연합이었다. 이 연합을 모체로 ARF 출범과 때를 같이 하여 1994년에 출범한 것이 아시아 · 태평양 안보협력이사회CSCAP; Council for Security Cooperation in Asia Pacific이다. CSCAP에는 ASEAN 6개국과 한국 · 일본 · 미국 · 오스트레일리아 등 10개국의 연구기관이 참가했다. 일본에서는 외무성의 외곽단체인 국제문제연구소가 참가했다. 그리고 같은 해 북한 · 뉴질랜드 · 러시아 · 유럽연합의 연구기관이 가입했다. 중국은 한동안 멤버로 참여하지 않았는데, 그것은 타이완을 어떻게 할 것인가라는 문제에 대한 합의가 이루어지지 않았기 때문이었다. 결국 타이완의 참가는 인정되지 않았고, 1996년 말 마침내 중국의 연구기관이 참가했다.

ASEAN + 3 ●●●

ASEAN + 3은 1997년 12월에 콸라룸푸르에서 개최된 ASEAN 창립 30
주년 기념 정상회의에 한국·일본·중국의 정상을 초대하는 형태로 시
작되었다. 그 배경에는 1997년 여름에 시작된 아시아 통화·경제위기
가 있었다. ASEAN 국가들은 일본과 더욱 진전된 경제협력을 기대하고
있었다. 회의에 참석한 하시모토 총리는 ASEAN 정상들과 공동성명을
발표하고 안전보장·통화안정·인재육성 등에 대한 ASEAN과 일본의
협력을 주창했다.

다음 해 IMF 위기에 처한 한국에서 김영삼 대통령의 뒤를 이어 새
롭게 취임한 김대중 대통령은, 1998년 12월 하노이에서 개최된 제2회
ASEAN + 3에서 경제위기극복을 위한 의견교환을 목적으로 민간인 중
심의 포럼인 동아시아 경제협력 비전그룹의 설립을 제안했다. 더불어
중국의 후진타오胡錦濤 부주석도 ASEAN + 3의 틀 안에서 국제금융문제
에 대한 의견을 교환할 재무차관급 포럼의 설치를 제안했다. 그리고 이
두 제안을 검토한 뒤, 실무 차원에서 처리방안을 검토하자는 결정을 내
렸다. ASEAN은 ASEAN + 3 회의를 ASEAN 정상회담에 맞추어 매년
개최하자고 제안했고, 결국 그렇게 하기로 결정했다.

김대중 대통령의 제안이 구체화되면서, 1999년에 경제활동에만
한정되지 않은 동아시아 비전그룹이 활동하기 시작했다. 의장은 한국
의 한승주 전 외무부 장관이었다. 일본에서는 요시토미 마사루吉富勝 아
시아개발은행 연구소장과 다나카 아키히코田中明彦 도쿄대 교수가 참가
했다.

1999년 12월 ASEAN＋3 제3회 회의에서 처음으로 '동아시아 협력에 관한 공동성명'이 채택되었다. 그중에서 '동아시아 비전그룹'의 노력을 각별히 언급하면서 "미래의 과제에 눈을 돌리면서도 동아시아 공동작업을 추진하기 위해 이해利害나 관심을 높이는 우선 분야에서부터" 대화를 더욱 강화하자고 제안했다. 경제 분야뿐만 아니라 문화·정보 분야, 정치·안전보장 분야에서도 협력강화를 명기했다. 특히 여기에서 주목할 점은 문화 면으로, "동아시아 문화의 강인함과 미덕에 초점을 맞추어 이 지역이 그 다양성으로부터 힘을 발휘하고 있다는 인식에 기초하여 아시아의 시각을 외부 세계로 발신"하자고 말하고 있는 사실이다. 이 제3회 회의에서 오부치 총리의 제안으로 한국·일본·중국 세 정상의 조찬회동이 처음으로 이루어졌다. ASEAN이 매개가 되어 3국 정상회의가 처음 개최된 것이다.

2000년 11월에 싱가포르에서 열린 제4회 회의에서는 모리 총리가 파트너십의 구축, 열린 지역협력, 정치·안전보장까지 포함하는 포괄적인 대화와 협력이라는 3원칙을 제안하여 지지를 받았다. 그러나 그보다 더 중요했던 것은 김대중 대통령의 제안이었다. 김 대통령은 동아시아 비전그룹의 활동이 진행되고 있다는 사실을 언급하면서, 다음 단계로 동아시아 협력방안을 검토하기 위한 정부 관계자 중심의 '동아시아 연구그룹EASG'의 설립을 제안하여 지지를 이끌어냈다. 각국 정상들은 이 연구그룹에서 동아시아의 자유무역·투자지역의 가능성을 연구해야 한다는 제안도 했다. 또한 각국의 결속력이 점차 강해지고 있는 모습은, 아시아에서 차기 UN사무총장 후보를 배출해야 한다는 의견에서도 엿볼 수 있었고, ASEAN＋3 회의를 '동아시아 정상회담'으로 만드는 것도 연구그룹에서 검토해달라는 싱가포르의 고촉동吳作棟 총리의 마무리 발언에서도 엿볼 수 있었다.

'동아시아 공동체'의 제안 ●●●

2001년 11월 콸라룸푸르에서 열린 제5회 ASEAN＋3 정상회의에 동아시아 비전그룹의 보고서가 제출되었다. 이 보고서의 제목은 「동아시아 공동체를 향하여—평화·번영·진보의 지역」이었다.

보고서의 서문은 "우리 동아시아 국민들the people of East Asia은 지역 내의 모든 국민의 전면적인 발전에 기초한 평화와 번영·진보의 동아시아 공동체East Asian community 창조를 희구한다"로 시작한다. 이 '동아시아 국민들'이라는 주체 설정은 주목해야 할 만한 점이다. 이 보고서에서는 '지역의 평화'와 '공동의 번영', '인간적 진보'를 목표로 제시하고 있다.

> 지역의 평화를 위해 우리는 상호신뢰와 존경에 기초한 안정적이고 협력적인 안전보장 환경을 증진시키기 위한 협력을 해야 한다. 공동번영이라는 이름 아래 우리는 통상과 투자 그리고 금융협력을 증진시켜야 한다. 우리는 또 지역 내 사회경제적 발전, 교육의 달성과 기술 향상의 차이에 유의해야 한다. 인간적 진보를 위해 우리는 거버넌스Governance를 개선하고 기본적 권리를 강화하며 생활의 질을 향상시켜야 한다.

'왜 동아시아 공동체인가'라는 질문에 "동아시아는 세계의 확고한 중추 지역으로 급속히 변모하고 있기 때문이다"라고 답하면서, 동아시아의 과거와 현재, 미래를 서술하고 있다.

과거의 정치적 경합과 역사적 대립, 문화적 차이와 이데올로기적 대립은 동아시아의 여러 국민이 서로 협력하는 데 장애가 되었다. 발전단계와 통상경제정책, 재정적·법률적 구조의 불일치 역시 긴밀한 경제협력을 방해해왔다. 사회적·문화적 영역에서는 심각한 빈곤과 문맹이 아직도 이 지역 수백만 명의 삶을 괴롭히고 있다.

하지만 동아시아의 여러 국민들은 지리적으로 가깝고 공통의 역사적 경험과 비슷한 문화적 규범, 또 가치를 많이 공유하고 있다. 이 지역 국민들은 풍부하고 숙련된 노동력·사업가·천연자원·자본과 선진기술을 보유하고 있다. 많은 공통의 도전과 상호보충적 자원이 …… 경제뿐만 아니라 정치·안전보장·환경·사회·문화·교육 분야에서 상호유익한 협력을 필요로 하고 있다.

특히 아시아 통화위기의 경험으로 볼 때 지역협력의 강화가 꼭 필요하다는 점과, 역사를 생각할 때 "이 지역에서 미래의 전쟁발발 가능성을 회피하는 것이 중요하다"는 두 가지 사실을 구체적으로 지적하고 있다. 그럼에도 불구하고 동아시아에는 '지역 내 대화와 협력을 위한 제도적 장치'가 존재하지 않고 있어 이러한 틀을 만들자는 의식이 높아지고 있다는 사실을 지적하고 있다.

여기서 문제는 '동아시아'라는 개념이 정의되어 있지 않다는 사실이다. 그러나 여기서 '동아시아'라는 용어가 동남아시아 국가＋한국·중국·일본을 가리키는 말로 쓰이고 있음은 분명하다. 즉 북한과 러시아, 미국은 포함되어 있지 않다. 경제적·문화적 공통성이 있는 아시아 국가들을 염두에 두고 있다고 할 수 있다. 물론 북한이 중국이나 베트남 정도의 개혁개방 경제체제로 바뀐다면 참가를 환영한다는 자세가 엿보인다. 그에 비하면 러시아와 미국을 제외한 것은 매우 중요한 특징이다.

'지도 원리Guiding Principles'로는 다음과 같은 내용을 들고 있다. 정체성의 공유Shared Identity, 촉매로서의 경제협력Economic Cooperation as the Catalyst, 국민에 맞춘 초점People Focus, 정부와 시민사회의 공동참가 Inclusiveness, 국제기준International Norms, 지역주의적 사고Regional Thinking, 점진적인 제도화Progressive Institutionalism, 글로벌 시스템과의 조화Harmony with the Global System 등이다. 정체성의 공유라는 점에서는 "각 국민의 지향성에 활기를 불어넣고 더 큰 신뢰와 확신을 증진하여 새로운 지역공동체 감각을 길러내듯이 공동의 관심을 진작시키는 것"이 중요하다고 한다.

동아시아는 "공통된 역사적 경험과 비슷한 문화적 규범과 가치를 많이 공유하고 있다"는 인식에서 출발하여 이로부터 공동의 정체성을 만들어내는 방향을 취하는 것은 정당하다.

본론에서는 '협력의 주제'를 논하고 있다. (1)에서는 경제협력을 거론하면서 경제통합을 점진적으로 진행하여, 최종적으로는 '동아시아 경제공동체로 이끌어갈' 것을 주장하고 있다. 당면 과제로는 '동아시아 자유무역지역EAFTA'의 형성을 목표로, 이를 위해 2개국 간 협정,

하부下部 지역협정을 체결할 것을 권고하고 있다. 투자 면에서는 동아시아 투자정보 네트워크의 형성과 동아시아 투자지역EAIA의 설립도 권고했다. 또한 동아시아 인터넷 프로젝트를 창출하자는 제안도 나왔다. (2)에서는 재정금융 협력을 위한 방안으로 '동아시아 통화기금'의 창출이 제안되었다. (3)은 정치적 · 안전보장상의 협력에 대한 내용인데, 이 부분은 빈약하여 '동아시아 정상회담'의 개최를 주장하는 정도에 그치고 있다. (4)는 환경 · 에너지 협력을 위한 '동아시아 환경협력체' 설립을 호소하고 있다. (5)는 사회 · 문화 · 교육협력에 대한 내용이다. 여기에서는 빈곤과 보건, 교육문제에 관한 대처방안을 주장하고 있는데, '동아시아 연구 네트워크'와 '동아시아 교육기금'의 설립을 제안하고 있다.

'동아시아 공동체' 제안에 대한 반응 ● ● ●

이러한 '동아시아 공동체'가 제안된 후, 일본의 고이즈미 총리는 ASEAN 국가 순방 마지막 날인 2002년 1월 14일 싱가포르를 방문, 정책연설을 하면서 다음과 같이 말했다.

세계의 경제인들에게 가까운 미래에 가장 발전할 가능성이 높은 지역은 어디인가라고 물으면 틀림없이 '동아시아'라고 대답할 것입니다. 협력을 통해 이러한 가능성을 최대한 이끌어내는 일이 가능할 것입니다. 우리는 '함께 걷고 함께 나아가는 공동체' 구축을 지향해야 합니다. 그 시도는 ASEAN · 일본 관계를 기초로 하여, 확대되어가는 동아시아 지역협력을 통해 이루어져야 합니다. 저는 이 지역의 나라들이 역사·문화·민족·전통 등 다양성을 근거하면서 조화롭게 일하는 집단group이 될 것을 희망합니다.

ASEAN+3이라는 틀을 최대한 활용해야 합니다. 우리 지역의 번영과 안정을 확보하기 위하여 다양한 분야에서 협력해나가야 합니다. …… 저는 중국이 지역협력을 향해 적극적인 역할과 노력을 하고 있는 점을 높이 평가합니다. …… 또한 한국이 지역협력 추진을 위해 주도권을 발휘하는 것에 경의를 표하고 싶습니다.

이 지역의 경제연대 강화는 중요한 과제입니다. 앞에서 제안한 'ASEAN·일본 포괄적 경제연대 구상'은 이를 위한 중요한 토대가 될 것입니다. ASEAN·중국 자유무역지역이나 ASEAN과 오스트레일리아, 뉴질랜드의 경제연대를 향한 활동도 이 같은 공헌을 할 것으로 기대합니다.

협력이 거듭됨에 따라 ASEAN·일본·중국·한국·오스트레일리아·뉴질랜드 등의 나라가 이러한 공동체의 중심적 멤버가 될 것을 기대합니다.

고이즈미 총리는 '동아시아 공동체' 구상에 관해서는 직접적으로 언급하지 않은 채, 이 지역의 다양한 협력 시도는 어떤 것이든 환영한다고 하면서 ASEAN과 일본의 관계를 기초로 공동체를 만들고, ASEAN+3 외에도 오스트레일리아와 뉴질랜드를 공동체에 포함시키자는 새로운 제안을 했던 것이다. '동아시아'를 동남아시아의 남쪽으로 한층 더 확대하자는 제안인 것이다. 하지만 이 제안의 취지가 어디에 있는지는 분명하지 않다. 일본은 무엇을 할 것인지, 무엇을 목표로 할지를 모른다고 말해야 옳았다. 단독으로 주도권을 잡지 못하는 이상,

제8장 동남아시아의 창조적 돌출 | **237**

이해할 수 없는 제안이었다. 게다가 일본 정부는 고이즈미 총리의 연설에 기초하여 2002년 8월 12일 도쿄에서 '동아시아개발 이니셔티브 각료회의'를 개최했다.

그리고 ASEAN + 3은 2002년 11월 캄보디아 회의에서 동아시아의 지역협력에 관한 '동아시아 연구그룹'의 보고를 받았다. 이 그룹은 13개국의 외무부 고관들이 지역협력 공동체 구상의 실현가능성을 검토하도록 하기 위해 2000년 회의 때 설립한 기관이었다. 보고서에서는 '동아시아 자유무역지역'의 창설과 '동아시아 정상회담'의 발족에 관해 집중적으로 검토한 후, 현실적으로 가능하다는 결론을 내렸다. '동아시아 공동체' 구상 가운데 우선 이 두 가지를 실현 가능성이 있다고 인정했던 것이다. 회의에 참석한 각국 정상은 이 두 가지 제안을 호의적으로 받아들였다. 많은 정상들이 특히 '동아시아 자유무역지역'의 형성이 갖는 의의를 강조했다. 고이즈미 총리는 동아시아 연구그룹 보고서를 순조롭게 실현시키기 위해 각 관계 각료회의에서 검토하고, 그 진행 상황을 필요에 따라 외무장관회의에서 정리하여 매년 정상회의에서 진척 상황을 보고해야 한다고 주장했다. 곧바로 실현한다는 결론은 아니지만 한 단계 더 깊이 검토한다는 것이었다.

ASEAN + 3 회의에서 '동아시아 공동체' 구상을 정리 · 제안하고 외교관 연구그룹을 거치면서 '동아시아 자유무역지역'과 '동아시아 정상회담'을 당면목표로 제시한 것은 중요한 수확이라고 할 수 있다. 비전그룹에 참가한 일본 도쿄대학의 다나카 아키히코 교수는 한국이 제안하고 일본이 지지하는 형태가 지역협력을 추진하는 데 가장 적절하다고 주장한다.

하지만 '동아시아 공동체' 구상은 다시금 '동북아시아'의 지역협력, '공동의 집'의 필요성을 촉구하고 있다고 할 수 있다. 동남아시아와 ASEAN이 축적해온 지역협력의 경험이 한국·중국·일본을 끌어들임으로써 동남아시아에서 동아시아로 확대되고 경제적 자유무역지역을 만들어가는 형세가 진행되고 있는 것이다. 그러나 한국·중국·일본은 동북아시아의 안전보장상 위기에 직면하고 있는 국가들이다. 북한·미국·러시아를 포함한 동북아시아의 후진성(낙후)을 극복하는 것이 급선무이다. 그렇기 때문에 2002년 가을의 북일 평양선언과 2003년 봄 새로 취임한 노무현 대통령의 '동북아시아 신시대' 구상은 당연히 나올 것이었다고 볼 수 있다.

종합해보면, 동남아시아와 동북아시아를 합쳐 동아시아라고 생각하는 것이 합리적이다. 동남아시아의 지역협력을 기초로 이 지역협력을 확대해감으로써 동북아시아의 지역협력을 창출하고 동아시아 규모로 협력을 이어가는 것이 필요하다. 거꾸로 동북아시아 공동의 집을 고려하는 입장에서 보면 동남아시아와의 협력에 의거한 동아시아 공동체 구상과 긴밀하게 연대하는 것이 반드시 필요하다고 할 수 있다.

또한 중국은 2003년 6월의 ASEAN + 3 회의에서 2003년 10월에 동남아시아 우호협력 조약에 서명한다고 발표했다. 한국과 일본의 참가도 희망한다는 목소리가 나왔다.

제9장
공동의 집의 골격

공동의 집을 만들기 위해서는 가능한 일부터 시작하는 것이 마땅하다. 나는 환경보호를 시작으로 하여 경제협력을 이룩하고, 마지막 단계에서 안전보장 문제에 착수하는 것이 좋다고 생각해왔다. 노무현 대통령도 앞서 소개한 것처럼 '번영의 공동체'에서 '평화의 공동체'로, 다시 말해 '경제에서 안전보장으로'라는 길을 제시했다. 그러나 다른 한편으로 북한을 둘러싼 위기 해결이 동북아시아 지역협력의 대전제라는 점을 모두가 수긍하고 있다. 위기 극복이 바로 지역협력의 출발인 것이다. 그래서 공동의 집을 향한 첫 발걸음은 우선 공동의 안전보장을 위한 최소한의 전제를 조성하는 일에서부터 시작해야 한다고 생각한다.

공동 안전보장의 최소 전제 ●●●

동북아시아가 직면한 최대 문제는 안전보장의 위기를 극복하는 일이다. 북한의 핵개발 문제, 한걸음 더 나아가 한반도의 평화문제가 심각하다. 이 문제의 해결이 무엇보다 시급하다.

현재 북한과 미국이 맺은 제네바합의는 파탄의 길을 걷고 있다. 이로부터 파생된 한반도에너지개발기구KEDO 협정도 대북 중유重油제공이 정지상태에 있다. 북한은 NPT 탈퇴를 선언하고, 영변寧邊의 흑연가압형 원자로의 봉인을 풀고 가동을 시작했다. 게다가 폐연료봉의 봉인까지 풀었다. 그리고 이제는 핵무기 보유를 공언하면서 생산을 계속하고 있다고 말한다.

남북 비핵화선언에서 남북은 우라늄농축장치도, 핵연료의 재처리장치도 보유하지 않는다고 규정하고 있으나, 북한이 재처리시설과 우라늄농축장치를 보유하고 있지 않을까라는 의심이 확산되고 있다.

북한은 핵을 이용한 벼랑 끝 외교를 펼치며 미국과의 직접 교섭을 요구하는 한편, 미국에 대해서 불가침조약 체결을 요구하고 있다. 이에 미국은 대화도 가능하고 어떠한 약속이나 문서화文書化도 가능하지만, 그 전제는 북한이 핵개발 계획을 포기하는 것이라며 양자 간의 대화보다는 다자 간 대화를 우선시하는 대북정책을 펼치고 있다.

1994년에 성립한 북한과 미국의 제네바합의가 파탄을 맞이하게 된 것은 북미합의가 진정한 영속적 합의가 아니었음을 여실히 보여주고 있다. 북한은 이번에 미국과의 정부 간 협정이 아닌, 의회의 정식 비준을 얻는 국가 간 조약의 체결을 요구했다. 그러나 현재 미국 의회의 분위기를 볼 때 북미조약의 비준은 어려울 것으로 보인다. 더욱이 부시 정권의 이데올로기, 부시 정권의 내부에 존재하는 신보수주의자의 입장에서 본다면, '악의 축' 가운데 하나인 김정일 정권 타도야말로 바람직한 일이면서 동시에 정의를 실현하는 일이기 때문이다. 그러므로 북미관계에서 진정한 안정적 관계를 기대하기는 어렵다. 새로운 합의가 가능하다 해도 같은 형세가 반복될 가능성이 높다. 설사 북한이 핵개발 계획을 중지하고 이를 반복하지 않는다 해도 북한의 기아와 인권억압에 대해서는 미국 정부가 방치하지 않고 개입하려 할 것이다. 따라서 북한을 둘러싼 위기를 어떻게든 피하여, 점진적인 변화와 개선을 기다리는 길을 선택할 생각이라면, 일정한 북미합의를 포함하는 형태의 동북아시아 각국의 다자 간 합의가 필요하다. 미국이 다국 간 교섭을 추구하는 진의는 불분명하지만 그 입장은 다자간 안보체제 구축에는 나쁘지 않은 형태라고 여겨진다. 이러한 점에서 북한은 확실하게 생각을 수정할 필요가 있다.

현재 필요한 것은 이미 시작된 3자협의를 계속하여 그것을 한국 · 일본 · 러시아를 포함하는 다국 간 협의로 확대하는 것이다. 이와 함께 북일 국교교섭을 재개하여 납치 문제에서 경제협력 문제에 이르기까지 포괄적으로 대화하면서 핵문제에 관해 북한을 설득해가는 것이다. 물론 노무현 대통령이 북한을 설득하는 것도 의미가 있다. 어찌 되었건 한국이나 일본 모두 북한의 핵문제에 관한 한 직접적인 당사자임을 주장해야 한다. 북한의 핵개발은 한국과 일본에 직접적인 위협이며 북일 평양선언과 남북한 비핵화선언에 어긋난다는 사실을 북한이 인정하도록 해야 한다. 그 전에 일본은 북한과 여러 현안이 있다는 사실에 대해 미국을 이해시키고, 핵문제가 해결되면 일본이 먼저 북한과 국교를 수립하고 경제협력을 하는 문제에 대해 미국을 납득시켜야 한다.

다국 간 협의에서는 현재의 핵개발위기를 타개하기 위하여 북한이 한국·일본·몽골과 함께 핵무기를 만들지 않겠다는 서약을 하고, 미국이 러시아·중국과 더불어 이 지역에서 핵무기를 사용하지 않을 것을 서약하는 '동북아시아 7개국의 평화 비핵화 합의' 또는 '동북아시아 평화 비핵화조약'의 체결을 꾀하는 것이 가능하다. 이를 위해서는 체결국의 사찰을 거쳐야 한다.

비핵화지대는 지금까지 여러 지역에서 실현되어왔다. 라틴아메리카와 카리브해 지역(틀라텔롤코Tlatelolco조약. 1967년 조인, 1968년 발효), 남태평양 지역(라로통가Rarotonga조약. 1985년 조인, 1987년 발효), 동남아시아 지역(방콕조약. 1995년 조인, 1996년 발효), 아프리카 지역(펠린다바Pelindaba조약. 1996년 조인, 1997년 발효)이 모두 비핵화지대이며, 모두 핵무기 비非보유 국가들로 이루어져 있다.

이러한 움직임에 자극을 받아 '동북아시아 비핵화지대'안도 다양하게 제안되어왔다. 미국 공군대령 출신으로 조지아공과대학 국제전략기술정책센터의 존 엔디코트John Endicott 교수는 1991년부터 동북아시아 비핵지대안을 생각하여, 한국·중국·러시아·일본의 퇴역군인들과 함께 국제회의를 열어 토론을 벌여왔는데, 북미 제네바합의가 나온 뒤인 1995년 3월 마침내 그 구상을 발표하기에 이르렀다. 한반도의 군사경계선을 중심으로 반경 2천 킬로미터의 원을 그려, 그 원에 들어가

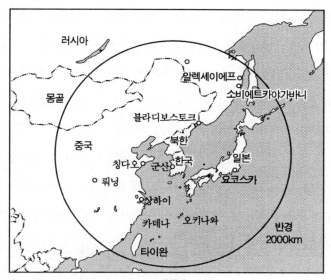

A. 원형안

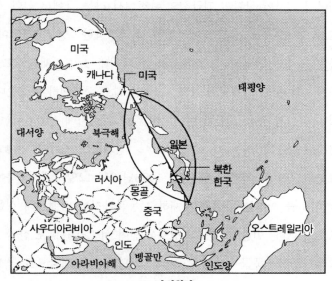

B. 타원형안

〈 동북아시아 비핵무기지대 구상 〉

존 엔디코트 교수가 제안한 두 가지 구상안(『社會新報』 2000년 12월 13일)

는 한반도와 일본, 타이완 전체와 중국, 러시아와 몽골의 일부 그리고 미군기지에서 비전략핵을 제거한다는 한정적 비핵지대의 제안이다. 그러나 4년 후인 1999년, 엔디코트는 미국의 영토도 일부 포함되어야 한다는 비판을 부분적으로 수용하여, 미국 알래스카와 타이완까지를 포함한 타원형의 비핵지대안을 새롭게 제안했다.

이에 대하여, 전 외무성 원자력과장이었던 도카이東海대학의 가네코 구마오金子態男 교수는 지역 내의 핵보유국과 핵무기 비보유국에게 별개의 의무를 부과하여, 핵보유국에 대해서는 지역 내의 핵을 단계적으로 철거한다는 구상에 기초한 비핵지대안을 제시했다. 나아가 일본 평화자료협동조합의 대표 우메바야시 히로미치梅林宏道는 1996년 「동북아시아의 역사와 상황의 긴급성의 관점에서」라는 글에서 실현 가능한 안으로 '3 + 3'이라는 안을 제안했다. 한국 · 북한 · 일본 3개국이 핵무기를 만들지도, 반입하지도 않는다는 비핵지대 조약을 체결하고, 미국 · 중국 · 러시아의 3개국이 상기 3개국을 핵으로 공격하지 않는다는 소극적 안전보장 등을 포함한 비핵지대 존중 의정서에 참가한다는 내용이다(梅林宏道, 「現存する非核地帶と東北アジア非核地帶」, 『核武器 · 核實驗モ = ター/133號』, 2001). 아사히신문사도 1998년 8월 12일자에 「동북아시아의 비핵화를」이라는 사설을 게재하고 동북아시아 비핵지대 실현을 사론으로 정했다. 이들의 제안의 영향을 받아 사민당社民黨도 한국 · 일본 · 중국 · 북한 · 몽골 · 러시아 · 미국 · 캐나다 등 8개국으로 구성되는 '동북아시아 종합안전보장기구'를 창설한다는 안과 함께, 한국 · 일본 · 북한 · 몽골 등 핵무기 비보유 4개국이 비핵지대 조약을 체결하자

고 제안했다. 이어 미국·러시아·중국 등 3개 핵보유국이 핵무기 반입과 핵공격 금지를 약속한다는 안을 1999년 뉴질랜드에서 열린 사회주의 인터내셔널 아시아·태평양위원회에서 도이 다카코 사민당 당수가 제안한 바 있다(『社會新報』 2000년 12월 13일).

이들 안은 핵무기를 만들지 않겠다는 서약이 한국·북한·일본에 의하여 이미 행해졌고, 그것을 재확인하면 된다는 생각에 기초하고 있었지만, 북한이 핵무기를 보유할 권리가 있다고 주장하고 또 실제로 그것을 보유하고 있다고 공언하고 있는 현 상황에서는 완전히 다른 시각에서 바라볼 수밖에 없다. 현 국면에서 필요한 일은, 북한이 한국·일본과 함께 핵무기를 보유하지도 않고 만들지도 않는다는 것과 미국이 러시아·중국과 더불어 이 지역에서 핵무기 사용을 포함한 선제공격을 하지 않겠다고 상호 서약하고 이와 함께 북한에 대한 국제적인 사찰을 실행하는 엄격한 교섭 시안을 만드는 것이다. 우메바야시 안은 가장 잘 고안된 것이긴 하나, 역시 조약과 의정서의 결합이 아닌 단일 외교문서가 되어야 할 것이다. 결국 이전에 축적된 비핵지대 논의의 성과가 현재의 위기극복을 위하여 충분히 활용되어야 할 것이다.

북한을 둘러싼 위기가 이러한 동북아평화 비핵화조약으로 극복된다면, 일본은 납치 문제 등의 현안을 해결하고 북일 국교수립을 추진할 수 있을 것이다. 남북한의 경제협력도 추진하여 남북철도의 연결도 완전하게 기능할 수 있을 것이다.

그 다음 단계에는 한국전쟁의 평화조약 체결을 이행할 수 있을 것이다. 1953년 7월 27일 한국전쟁이 정전협정 상태에 있는 채로 50여

년이 흘렀다. 한국·북한·미국·중국 간 4자회담이 1997년 12월에 시작되어 1999년 8월까지 여섯 차례 열렸으나 북한의 태도는 시종일관 변함이 없었다. 그러나 비핵화조약이 맺어진다면, 한국전쟁 참전 4개국(한국·북한·미국·중국)이 평화조약을 체결하는 방향으로 나가게 될 것이다. 이에 대해 준 참전국인 러시아와 일본이 이를 지지하는 공동성명을 발표할 수 있다. 타이완도 단독으로 지지성명을 내는 것이 바람직하다.

그렇게 된다면 군사분계선이 사라지고 남북한의 잠정적인 국경선이 생겨, 양국의 관리가 국경에서 출입국을 관리하게 될 것이다. 미군 병사의 모습은 자취를 감추고, 경의선 연결로 서울발 평양행 열차의 운행에 어울리는 그러한 모습이 생겨날 것이다. 그리고 남북한은 상호왕래의 폭을 더욱 확대하면서 10년이 경과한 즈음에 국가연합의 길로 접어들 것이다.

이처럼 동북아시아의 협력관계를 전면적으로 추진하기 위해서는 평화를 위한 최소한의 조건이 갖추어져야 한다. 남북한의 협조는 동북아시아 공동의 집을 실현하기 위한 한국의 주도권을 더욱 강화시켜줄 것이다. 무엇보다 통일이 된다면, 한반도의 정치적·정신적 힘은 더더욱 강해질 것이 분명하다.

긴급원조 체제 ●●●

지역협력의 체제로서 착수하기 용이한 것은 지역 내에서 발생하는 긴급사태에 대해 인도적으로 지원하는 상설협력체제를 만드는 것이다. 동북아시아는 지진과 수해가 특히 많은 지역이다. 1976년에 24만 명 이상의 사망자를 낸 중국의 탕산唐山 대지진은 근래 30년간 최대의 재난으로 기록되고 있다. 1990년대의 지진을 생각해보면, 1993년 7월의 홋카이도 남서부의 지진(진도 7.8)으로 230명의 사망자가 발생했고, 1994년 10월의 홋카이도 동쪽의 지진으로 홋카이도의 오쿠시리토奧尻島, 쿠릴열도 내의 시코탄, 구나시리 섬이 진도 8.2의 격진激震에 휩싸였다. 1995년 1월에는 사망자 6432명을 낸 진도 7.3의 한신대지진阪神大地震이 발생했다. 5월에는 사할린 북부 네프테고르스크Neftegorsk에서 진도 7.5의 격진이 일어나 약 2천 명의 사망자가 발생했다. 타이완에서는 1999년 7월 중부 지지전集集鎭에서 진도 7.7의 격진이 일어났다. 사망자는 2413명이었다. 수해는 한국과 일본에서 끊임없이 발생하고 있으며 북한에서는 1995년에 심각한 피해가 발생했다.

2003년 3월부터 중국 광둥성에서 발생해 홍콩과 타이완으로 파급되어 8439명의 환자와 812명의 사망자를 낸 SARS도 심각한 타격을 주었다.

이러한 재해와 긴급사태에 대비하여 상호원조체제를 갖추는 것, 이를 위한 협정을 체결하는 것은 의미 있는 일이다.

둘째로, 일정기간 계속되는 식량위기에 대한 대책 또한 절실한 과제이다. 북한에서는 1995~1997년의 3년 동안 연이어 계속된 자연재해가 원인이 되어 오늘날까지 극심한 식량위기가 계속되고 있다. 이에 대해 UN 산하의 세계식량계획WFP을 중심으로 원조를 계속하고 있지만, 북한 정부를 포함한 지역 각국이 공동으로 원조를 조정하고 추진하는 것도 의미가 있다. 각국의 정부 차원에서 협의를 하거나 모니터링을 실시하는 것도 중요하다.

세 번째로는, 북한의 식량위기에서 발생한 탈북자가 중국 동북지역이나 몽골로 유입되어, 그곳에서 한국으로 망명을 시도하는 문제가 있다. 이 또한 지역 차원의 관리가 필요하지만 북한 정부의 관계자도 함께 나서서 논의할 수 있는 상황이 조성되지 않으면, 지역 정부가 공공연한 협력 체제를 구축하기란 어려운 일이다. NGO의 활동을 도울 수 있는 체제를 만들어야 하겠지만, 그렇다고 지역적인 체제가 탈북자를 끌어내는 효과를 발휘하는 것은 지양해야 할 것이다. 북한에 대한 인도적 원조로 탈북자 유출 국면이 어느 정도 진정된다면, 중국에 머물고 있는 탈북자에 대한 원조를 국제화시킬 수 있을 것이다.

공동 환경보호 ●●●

공동의 환경보호는 지역협력의 첫 번째 중요목표이며, 이미 국가적 차원에서 시작된 과제이다.

우선 1992년부터 시작한 동북아환경협력회의NEAC; Northeast Asian Conference on Environmental Cooperation가 있다. 한국·중국·일본·몽골·러시아 5개국의 환경부 대표와 UN기구의 대표자가 참가하여 매년 회의를 열고 있다. 2000년에는 몽골의 수도 울란바토르에서 제9회 회의가 개최되었다. 또 1993년 2월 서울에서는 UN 아시아·태평양 경제

사회위원회ESCAP가 관여한 한국·중국·일본·몽골·러시아의 환경부 관계자들로 구성된 고위급회의에서 동북아환경협력고위급회의NEASPEC; North East Asian Subregional Programme on Environmental Cooperation를 발족시켰다. 주제는 에너지와 대기오염, 환경시스템의 관리, 특히 삼림채벌과 사막화에 대한 대응책, 능력개발이었다. 1994년 베이징 회의에는 북한의 대표도 참석했다. 격년으로 고위급회의가 개최되고 있으며 1998년의 제4회 회의는 모스크바에서 열렸다.

1999년부터는 한·중·일 3개국 환경장관회의TEMM; Tripartite Environment Ministers Meeting를 개최하게 되었다. 제1회 회의는 서울에서 개최되어 김대중 대통령 정부의 환경부 장관이 주도권을 행사했다. 제1회 회의에서는 3개국의 '환경공동체' 의식을 고취할 것에 합의하고 있다. 이 3개국 환경장관회의는 매년 개최하기로 합의했고, 또 이미 이러한 협력이 이루어지기 시작했지만 반드시 환경보호를 위해 강력한 조치가 취해지고 있다고 볼 수는 없다. 또 타이완이 여기서 배제되고 있는 것도 문제이다(Kwak Il Chyun, "Environmental Cooperation in Northeast Asia," UNU Global Seminar, Seoul, July 2003. 일본 환경성 홈페이지 등).

또한 원자력발전소의 안전성과 폐기물 처리는 공통의 문제이다. 지역에서 원전 보유수가 가장 많은 나라는 일본으로 현재 52기를 가동 중이며 5기가 건설 중이다. 다음은 한국으로 16기를 가동 중이며 4기가 건설 중이다. 세 번째는 타이완으로 6기를 가동 중이며 2기가 건설 중이었으나, 천수이볜 정권은 이 2기의 건설 중지를 발표했다. 중국은

3기를 가동 중이며 7기가 건설 중이다. 그리고 북한은 KEDO에 의해 2기가 건설 중이다. 북한은 NPT를 탈퇴했으나, 핵무기 개발을 포기하더라도 원자력발전까지 영구히 인정하지 않는다는 결정을 내리기는 무리일 것이다. 타이완이 핵폐기물을 북한에 수출하는 것이 문제가 된 적이 있다. 따라서 원자력의 안전성 문제는 북한을 포함하여 공동의 과제이다. 당연히 핵폐기물의 처리를 어떻게 할 것인가 하는 문제도 공동의 과제이다.

다음 주제는 러시아의 원자력 잠수함의 폐기문제이다. 이것이 처리되지 않은 채 방치된다면 동북아시아의 바다는 오염되고 말 것이다. 사고를 일으킨 원자력 잠수함의 해체 현장에서 화재가 빈발하여 방사성 물질이 누출되고 있다. 폐연료봉에서 추출 가능한 물질의 일부를 승무원이 빼내는 사태마저 일어나고 있다. 이러한 상황을 우려하여, 2002년 캐나다 정상회담에서는 대 러시아 비핵화 지원을 결정하고 일본은 약 2억 달러 상당의 프로젝트 협력을 약속했다. 그러나 스즈키 무네오 스캔들로 인해 비핵화 지원위원회의 활동이 비판받는 것은 마이너스 요인이다(古川勝久, 「對ロ非核化支援の强化を」, 『朝日新聞』 2003년 1월 8일자). 이것을 재건하여 지역협력의 프로젝트로 계속 추진하는 것이 바람직하다고 생각한다.

해양오염 일반에 관해서는 유엔환경계획UNEP의 주도하에 '지역해 프로그램Regional Seas Program'의 일환으로, 1991년부터 관계국 간에 검토가 진행되어 1994년 9월에 북서태평양 보전실천계획NOWPAP; Northwest Pacific Region Sea Action Plan이 시작되었다. 여기에는 한국 · 중국·일본·러시아 등 4개국 정부가 참여하고 있다. 1999년 4월 제4회 정부 간 회합에서 각국에 지역 활동센터 설치가 결정되어 정보 네트워크, 특수 감시 등 목적별 센터가 4개국에 각각 설치되어 있다.

대기오염과 산성비의 문제도 심각하다. 이것은 아황산가스의 배출 문제이다. 일본에서 이 문제는 점차 극복되고 있으나 중국에서는 더욱 심각해지고 한국은 1992년을 정점으로 하여 이후 감소하고 있는 추세이다. 1996년의 아황산가스 배출량은 중국이 2457만 톤인 데 비하여, 한국은 135만 6000톤, 일본은 87만 6000톤이다. 이 결과 중국에서는 산성비가 발생하여 그 영향이 중국 국내는 물론이고, 편서풍을 타고 국경을 넘어 인접지역에 확대되고 있다. 중국능원能源연구소의 보고는 다음과 같이 지적하고 있다. "산성비의 오염범위는 장강長江 이남, 칭창靑藏고원 동쪽부터 쓰촨四川분지의 대부분으로 확대되어, 화중華中 등 피해가 심각한 지역의 빗물은 연평균 산도 5.0 이하이며, 산성비 발생률은 70% 이상인 것으로 나타났다. 또한 1995년에 산성비가 농작물과 삼림, 인체에 악영향을 끼친 손실을 경제적으로 계산해본다면, 그해 GNP의 2%에 상당하는 약 1100억 위안元에 달한다"(『北東アジア―エネルギ・環境共同體への挑戰』, NIRA, 2001). 그 외에 극동러시아와 북한도, 현재는 생산규모가 줄었기 때문에 문제가 크지 않지만, 잠재적으로는 아황산가스의 배출량이 많은 구식 생산설비를 갖추고 있으므로 결코 예외일 수는 없다.

산성비에 대한 대책으로서, 1993년부터 동아시아 지역의 각국이 모니터링 네트워크를 만들어 전문가 회의를 개최하고 1998년 3월 정식으로 동아시아 산성비모니터링네트워크EANET; East Asia Acid Rain Monito-ring Network에 관한 제1회 정부 간 회합이 열려 이 네트워크의 2년간 시험가동을 결정했다. 일본이 사무국이 되어, 니가타新潟 현에 임시센터가 설치되었다. 여기에는 일본 외에 한국·중국·몽골·러시아·인도네시아·말레이시아·필리핀·타이·베트남 등 10개국이 참가했으며, 시험가동에 대한 평가를 거쳐 2001년 1월부터 본격적인 가동에 들어갔다. 사무국은 유엔환경계획에 인계될 때까지 일본이 계속해서 운영하기로 하고, 네트워크센터는 니가타 현에 두었다.

산성비와 관련하여, 최근 황사문제도 지역 전체의 문제로 대두되고 있다. 일본에서는 1970년대 후반부터 1990년대 초에 전국 123개 지점의 연延 관측일수가 최고조에 달했으나, 2001년에는 과거의 최고기록을 넘어섰고 2002년에는 그 두 배에 달하는 최고치를 기록했다. 그해 3월과 4월에는 두 번에 걸쳐 최악의 황사가 발생했다. 황사의 주요 발생지는 고비 사막, 타클라마칸 사막이다. 사막의 주변에서 오랜 가뭄과 지구온난화로 말미암아 수분이 급격하게 증발하여 모래 입자들이 모래폭풍이나 강한 바람을 타고 대기상층까지 올라가 기류를 따라 이동하는 것이 황사발생의 원인이다. 이제야 중국 정부도 황사문제에 주목하기 시작하여, 중국과학원에서도 국경을 초월한 공동연구가 필요하다고 생각하게 되었다. 2000년 일본 정부의 자금으로 중국과 몽골에 황사관측소 11개가 설치되었다. 2003년 봄에는 마닐라에서 한·중·일 대표, 몽골의 정부관계자, 유엔환경계획 담당자가 협의하는 회합이 열려(『朝日新聞』 2003년 3월 12일자), 이 문제를 취급하는 계획안에 대하여 기본적으로 합의가 이루어진 것 같다. 2003년은 고비 사막의 3월 강우량이 평년의 1.5~4배였기 때문에 소강상태였으나(『朝日新聞』 4월 5일자), 이 문제도 지역협력이 이루어져야 할 초미의 쟁점임에는 틀림없다.

더욱이 이 문제의 배후에는 지구온난화 문제, 다시 말해서 이산화탄소 문제가 있다. 1997년 이산화탄소 배출량은, 중국이 8억 5300만 톤인 것에 비하여, 일본이 3억 1800만 톤, 한국이 1억 1300만 톤이었다. 아황산가스 배출량만큼의 차이는 아니다. 그러나 중국은 이산화탄소 배출계수가 높은 석탄 사용률이 높기 때문에, 이후의 급속한 경제성장과 관련해서 커다란 문제가 되고 있다. 이산화탄소 배출량을 줄이기 위해서는 에너지원으로서 석탄과 석유에 대한 의존도를 줄여야 하며, 이산화탄소 배출계수가 낮은 천연가스의 이용을 높이는 에너지의 구조 개선이 필요하다. 처음부터 원자력발전의 확대를 권하는 입장도 있다. 어찌 되었든 각국의 이해관계가 복잡하게 얽혀 있고, 미국이 교토京都 의정서에 서명을 거부한 심각한 사태가 일어나기도 했지만 이 문제 역시 지역협력의 의제로 제기할 필요가 있다.

마지막으로 러시아를 염두에 두고 삼림난벌의 억제, 삼림자원의 보존 그리고 이와 밀접히 관련된 시베리아 영구 동토의 용해방지 문제도 지역협력의 대상이다. 북방해역의 어패류 남획금지, 수산자원의 보호 문제 역시 한국 · 북한 · 러시아 · 일본 4개국에는 지역협력의 의제가 된다.

경제공동체 ● ● ●

이 지역 공동의 경제발전과 공동번영은 지역협력의 주요 과제이다.

우선 이러한 측면에서, 경제의 수준이 현저히 떨어지는 북한에 대해서는 구제와 관여가 가능한 프로젝트의 수립이 필요하다. 이러한 취지에서 국제적인 개발 프로젝트로 세워진 것이 두만강 개발계획이다. 북한과 중국의 국경을 흐르는 두만강(중국명으로는 圖們江이라고 함)의 하구지대는 북한과 러시아가 근접한 지역으로, 중국의 옌볜 조선족자치주와 러시아의 연해주 블라디보스토크 지구, 북한의 나진-선봉지구를 묶는 지점이다. 중국과 러시아의 목재와 광물자원, 중국과 북한의 저렴한 노동력, 북한과 러시아의 부동항 등이 이곳에 결합되어 있다.

이곳의 개발계획을 최초로 제기한 것은 중국 사람이었다. 1990년 7월 창춘長春에서 열린 '제1회 동북아시아 경제발전 국제회의'에서 중국 대표가 '두만강 하구─황금의 삼각지대 구상'을 발표했다. 이 제안을 받아들인 유엔개발계획UNDP이 1991년 3월에 두만강 지역개발을 제5차 사업계획(1992~1996년)의 중점사업으로 채택할 것을 결정하여, 같은 해 10월에 UNDP의 '두만강지역 개발구상'이 발표되었다.

중국 정부는 1992년 3월 훈춘琿春 시를 대외개방 국경도시로 지정하고, 더 나아가 훈춘변경琿春邊境 경제합작구의 설립을 허가했다. 1995년에는 장쩌민 국가주석이 훈춘 시를 방문하여 "훈춘과 두만강을 개발하여 동북아시아 각국과의 우호협력 관계를 발전시키자"라는 메시지도 발표했다. 그런데 중국은 두만강 하구로부터 15킬로미터 거슬러 올라간 지점에 항구를 만들고 하구를 준설하여 동해로 나가는 출구를 확보하려는 계획까지 세웠으나, 북한과 러시아의 양해를 얻지 못했다. 게다가 두만강 하구의 수심이 얕아 하구를 준설한다 해도 대형선박의 상시 운항이 불가능하다는 사실을 알게 되었다. 그래서 항구로서는 러시아의 자루비노 항, 포시에토 항 그리고 북한의 나진-선봉항의 이용이 중요해졌다.

북한은 두만강 개발계획에 처음부터 적극적으로 참가하여 중국보다도 빨리 움직였다. 1991년 7월에 울란바토르에서 열린 UNDP 제1차 동북아시아 지역개발 조정자회의에서 나진-선봉지역에 자유경제지대를 만들겠다는 계획을 발표하고, 같은 해 10월에 평양에서 열린 제2회 회의 후, 북한 정부는 12월 28일 '나진-선봉 자유경제무역지대'를 선언했다. 나진·선봉·청진 세 항을 자유무역항으로 하여 이 지대에 투자하는 외국기업에게는 소득세 감면, 관세 면제 등의 우대조치를 취했다.

일본은 1992년에 설치된 '두만강 개발계획 관리위원회'에 옵서버로 참가한 데 머물고 거듭된 정식참가 요청을 거부했다. 북한과의 국교가 없다는 이유에서였다. 일본의 불참은 두만강 개발계획의 활성화에 장애요인이 되었다.

북한은 나진-선봉 자유무역지대의 인프라 구축을 외국자본에게 기대했으나, 1993~1994년의 벼랑 끝 핵무기 외교, 1995~1997년의 자연재해 등의 악재가 발생해 외국자본의 유치는 계획대로 진행되지 않았다. 1998년에는 '나진-선봉 자유경제무역지대'라는 명칭에서 '자유'라는 말을 삭제하고 '나진-선봉 경제무역지대'라 개칭한 것에서도 정책적 후퇴를 느낄 수 있다.

결국 두만강 개발계획과 관련해서는, 옌볜 조선족자치주에 2001년까지 5억 5000만 달러의 투자가 있었으나, 나진-선봉 경제무역지대에서의 투자는 2002년까지 2억 2000만 달러에 지나지 않았다. 전자에서는 기업별로 한국이 66%를 점하고 있었으나, 후자에서는 130개의 기업 중에 옌볜의 기업이 80%를 점하고 있다. 업종별 투자액을 보면 전자에서는 제조업이 69%를 점하고 있었으나, 후자에서는 제조업이 3.9%에 지나지 않는다. 나진-선봉 경제무역지대에서 투자액의 30%를 점하는 홍콩 자본은 홍콩엠페러 호텔의 카지노호텔 건설을 필두로, 통신·호텔·건설·부동산·금융·운수 등의 부문에 집중되어 있다. 나진-선봉 경제무역지대는 북한의 노동력과 외국자본을 결합한 수출산업의 발전에는 성공하지 못했다고 말할 수 있다.

동북아시아 개발은행은 두만강 지역개발이 제기된 1991년 이후에 제안된 것이다. 1991년의 제1회 동북아시아 경제포럼에서 한국 산학협동재단 이사장 남덕우南悳祐 전 총리가 제안한 것이다. 그러나 구체적인 검토에 기초한 설립안은 1997년에 전 아시아개발은행 부총재 스탠리 카츠Stanly Katz에 의해 제시되었다. 카츠는 동북아시아의 인프라 구축에는 향후 20년간 매년 75억 달러의 자금이 필요한데, 세계은행과 아시아개발은행, 민간직접투자와 정부원조 등으로 얻을 수 있는 자금은 매년 25억 달러 정도에 머물 것으로 보고, 그 부족액을 국제 자본시장으로부터 조달하는 국제금융기관, 동북아시아 개발은행이 필요하다고 주장했다. 카츠에 의하면 이 은행의 주식 15%는 일본, 10%는 중국,

7%는 러시아, 5%는 한국이 갖고, 그 밖에 북한은 2%, 몽골은 1%를 갖는 것으로 각각 지분을 나누고 있다. 자본금의 총 액수는 200억 달러로 추정하고 있으며 일본이 약 30억 달러를 투자할 것으로 예상되었다.

이 안에 대하여 기존의 아시아개발은행의 내부에 동북아시아를 위한 기금을 마련하는 편이 좋을 것이라는 의견도 있었다. 이러한 의견은 동북아시아 개발은행을 신설할 경우 일본이 출자하지 않으리라는 견해를 기초로 하고 있다. 북한의 아시아개발은행 가입에 관한 이야기가 나오기도 했고, 그러한 생각을 추진하려는 사람들도 있었다. 그러나 아시아개발은행에서 발언권을 가진 미국은 최근 아시아의 인프라 구축에는 소극적인 자세를 보이고 있다는 점이 지적되고 있다.

동북아시아 개발은행 안에 대하여 중국은 호의적인 편이다. 1999년에 톈진天津에서 열린 제9회 동북아시아 경제포럼에서는 톈진 시가 동북아시아 개발은행 본부를 톈진에 유치하는 방안을 제안했다. 한국에서도 2000년에 한나라당 이회창李會昌 총재가 국회에서 "대북지원의 재원조달을 위하여 동북아시아 개발은행의 설립을 검토할 필요가 있다"고 주장했다. 2002년 3월 제11회 포럼에서 카츠는 보고를 통해 동북아시아 개발은행 설립의 의의를 다시 한번 강조했다. 2002년 7월에는 일본의 도쿄재단이 『동북아시아 개발은행의 설립과 일본의 대외협력정책』이라는 조사보고서를 냈다. 자본금을 수권자금 60억 달러, 지불자본 30억 달러로 하여 그 규모를 축소하고 있다. 그 대신 일본이 18%, 중국이 16%, 한국이 12%, 러시아가 8%를 분담하는 것으로 지분을 재조정하고 있다.

그러나 북한문제가 해결되지 않은 현 상황에서 미·일 두 정부의 태도는 확실하지 않다. 오늘날 다시 동북아시아 개발은행은 계획만으로 머물고 있다(NIRA, 『北東アジア―エネルギ·環境共同體への挑戰』, 2001 ; 李燦雨, 『圖們江地域開發10年』, ERINA Booklet Vol. 2, 2003).

결국 북한에 대해서는 북일 수교가 체결되어 일본이 약속한 경제협력에 의해 북한경제의 활성화를 위한 인프라 구축, 전력개발, 수출력 있는 기업창출을 위한 플랜트 제공 등을 실현해가야 할 것이다. 한국이 개성 경제특구를 건설하고 이에 참가하는 것은 중요한 공헌이 될 것이다. 개성은 비무장지대 바로 위쪽에 있고 서울과 인접하여, 여기에 특구가 생긴다면 평화정착을 위해서도 커다란 의미가 있다. 이렇게 진행된다면 동북아시아 개발은행도 현실화될지 모른다.

동북아시아 경제공동체의 입장에서 볼 때 경제적인 지역통합을 추진한다는 면에서 동북아시아 자유무역지역 창설은 최대 핵심과제가 된다. 이를 전제로 두 국가 간의 관세를 철폐하는 자유무역협정FTA; Free Trade Agreement이 가능해진다. 이 점에서 동북아시아 자유무역지역의 구상이 먼저 진행될 것이다. 일본은 2002년에 싱가포르와 FTA를 맺었다. 농업보호를 중시하는 일본으로서는 농업관세의 철폐를 원하지 않는다. 이 때문에 농업 부문이 거의 없는 도시국가 싱가포르와는 FTA를 맺기 쉬웠던 것이다. 현안은 한국과의 FTA이다. 이것은 한국 측에서도 주저하는 문제인데, 만약 이 협정이 체결된다면 동북아시아에서 커다란 돌파구가 마련된다. 최대의 문제는 중국과의 FTA일 것이다.

한국은 칠레와 2003년 2월 15일에 FTA를 체결했다. FTA에 적극적인 나라는 중국인데, 중국은 ASEAN과 FTA 교섭을 2003년 2월부터 개시했다. 주요 6개국과는 2010년에 체결하고, 베트남 등 나머지 4개국과는 2015년까지 체결하기로 계획을 세우고 있다. 일본은 중국에 비해 뒤처져 있었으나, ASEAN과는 향후 10년 이내에 FTA를 체결한다는 계획으로 2003년 3월에 교섭을 개시했다. 중국과 일본이 ASEAN과의 FTA 체결 경쟁이라기보다는 지역협력이라는 방향에서 서로의 움직임을 조절해가는 대국적인 자세가 바람직하다.

그 외에 구체적인 개별구상으로는, 동북아시아 에너지 · 환경 공동체를 향한 움직임을 들 수 있다. 이것은 일본의 NIRA가 추진하고 있다. NIRA가 2001년 4월에 정리한 보고서 『동북아시아 — 에너지 · 환경공동체를 향한 도전』을 살펴보자. 동북아시아 국가들은 일본을 제외하면 석유의 비축체제가 미비하므로 동북아시아 공동석유비축기구를 만들 필요성을 지적하고 있다.

중심이 되고 있는 화제는 석유와 천연가스의 국제 파이프라인이다. 석유 파이프라인에 관해서는, 러시아의 동東시베리아에서 앙가르스크Angarsk까지 이어진 파이프라인을 어떻게 더 연장할 것인지가 문제이다. 중국의 다칭大慶까지 끌어오는 방안은 전체 길이 2400킬로미터, 연간 수송량은 3000만 톤이며, 이에 대하여 아무르 주의 스코보로디노를 경유하여 하바로프스크를 거쳐서 나홋카로 이어지는 태평양 루트는 전체 길이 3900킬로미터, 수송량은 5000만 톤이라고 전해지고 있다. 중국 루트는 이미 중러 간에 합의된 것으로 알려지고 있다. 고이즈미 총리가 2003년 1월 러일 정상회담에서 푸틴 대통령에게 태평양 루트의

의의를 강조하자 러시아도 이를 재검토를 하여, 결정을 변경하거나 두 루트의 통합안이 나올 가능성이 높아졌다. 그러나 중국과 일본이 러시아의 석유를 서로 경쟁적으로 차지하겠다는 식의 접근은 바람직하지 않으며 지역적인 협력과 조정이 필요하다.

천연가스 파이프라인에 관해서는 러시아의 이르쿠츠크 주 코비친스크의 가스전에서 베이징까지 끌어올 파이프라인을 둘러싸고, 울란바토르를 경유하여 베이징으로 오는 라인 외에 치타, 만저우리滿洲里에서 하얼빈, 선양을 통하여 베이징으로 오는 라인이 주목받고 있다. 이 외에 사할린의 가스전 파이프를 하바로프스크를 경유하여 중국 영토로 끌어온 다음, 이르쿠츠크에서 오는 라인과 연결하고, 다시 베이징으로 오는 라인과는 별개로 북한을 통해 한국으로 향하는 라인을 만든다는 구상도 나오고 있다. 부산에서 일본까지는 배편으로 운반할 것을 생각하고 있다.

그 외에 중앙아시아의 가스전에서 중국 상하이로 라인을 연결하자는 의견도 있다. 7천 킬로미터나 되는 장거리이다. 여기에는 서西시베리아 가스전 파이프도 연결할 수 있다. 그 거리는 6700킬로미터이다.

어쨌든 중국을 남북 또는 동서로 관통하는 라인은 동북아시아 전체 입장에서 볼 때 매우 중요한 간선이 될 것으로 보인다.

NIRA는 이러한 에너지 측면에서의 지역협력과 환경문제를 지역적인 접근으로 해결할 것을 제안하고 있다. 구체적으로는 중국의 석탄 이용을 공해가 적은 에너지원 사용으로 전환하기 위한 협력, 동북아시아의 전력 네트워크화, 원자력기술에 관한 협력, 에너지절약 환경사업

활용, 클린 개발 메커니즘CDM 등의 분야에서의 협력을 들고 있다.

에너지 · 환경 공동체 구상은 동북아 경제공동체의 중심사업으로 추진해야 한다고 생각한다.

'동북아시아 수송회로 비전'은, 동북아시아의 국제수송로의 정비를 위한 구상이다. 제2장에서 설명한 동북아시아 경제회의의 조직위원회의 운수 · 물류 분과회의가 환동해 경제연구소ERINA와 더불어 검토하여 2003년 2월 7일에 발표했다.

이 비전에는 다음 9개 사항의 운송회로를 정하고 있다. 어떤 것은 기설선旣設線이고 어떤 것은 신설선新設線이다(지도 참고).

① 와니노 · 타이셰트 수송회로(와니노-타이셰트-시베리아 철도)

② 시베리아 · 랜드브리지SLB 수송회로(러시아연해지방 항만-시베리아 철도-유럽)

③ 쑤이펀허綏芬河 수송회로(러시아연해지방 항만-쑤이펀허-하얼빈-만저우리-자바이칼스크-시베리아 철도)

④ 두만강 수송회로(두만강지역-창춘-몽골 동부-시베리아 철도)

⑤ 다롄大連 수송회로(두만강지역-창춘-하얼빈-헤이허黑河-블라고베시첸스크-시베리아 철도)

⑥ 톈진 · 몽골 수송회로(톈진-베이징-울란바토르-시베리아 철도)

⑦ 차이나 · 랜드브리지CLB 수송회로(롄윈강連雲港-중국 서부-카자흐스탄-유럽)

⑧ 한반도 서부운송회로(부산-서울-평양-신의주-선양-하얼빈-시베리아 철도-유럽)

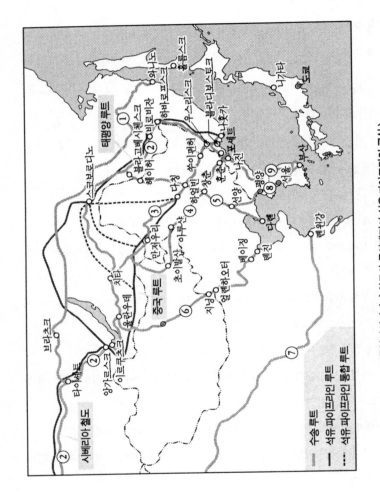

〈동북아시아 수송회로와 동시베리아 석유 파이프라인 구상〉

(『北東アジア輸送回廊ビジョン』, ERINA, Booklet Vol. 1 등에 의거)

⑨ 한반도 동부운송회로 (부산-나진 · 선봉-하산-우스리스크-시베리아 철도)

이 중에서 ①은 러시아의 바이칼-아무르BAM 철도, ②는 본래의 시베리아 철도, ③은 러시아가 만주에 건설한 동청東淸 철도이며, 기존에 건설된 라인이다. ④는 두만강 개발계획과 겹쳐지는 운송회로이며 두만강 지역에서 끊긴 철도를 잇고 있다. 중국 철도는 표준궤標準軌이고, 러시아의 철도는 광궤廣軌여서 연결되지 않고 있다. 훈춘 크라스키노 Kraskino(훈춘의 동남부에 있는 러시아령) 사이에 표준궤와 광궤의 복선 부설공사가 이루어져 2000년 2월에는 운전을 개시했다. ⑤는 다롄-하얼빈이라는 구 남만주 철도이다. 이것이 북쪽의 베이안北安까지 뻗어 있는 것을 더욱 늘려서 아무르 강 넘어 시베리아 철도로 연결한다는 안이다. 현재 아무르 강에 이러한 철교 건설을 고려하고 있다. ⑥은 몽골을 중국과 러시아로 연결해주는 중요한 철도인데, 몽골이 러시아 방식의 광궤이기 때문에 얼렌하오터에서 여객차는 대차台車교환, 화물차는 옮겨 싣기를 하고 있다. ⑦은 현재 동아시아와 중앙아시아를 잇는 철도로 기능하고 있는데, 장차 동북아시아를 카자흐스탄을 경유하여 유럽과 이어줄 제2의 간선으로서 시베리아 철도와 견줄 수 있는 비중을 지니게 될 것으로 예상되고 있다.

⑧과 ⑨는 남북한의 철도연결로 열리게 될 수송회로이다. 2003년 6월 15일에 착공식이 거행되었다. 얼마 남지 않은 미건설 부분을 연결하면 개통될 예정으로 있다. 그렇게 된다면 부산에서 신의주로 북상해서, 만주를 횡단하여 러시아 시베리아 철도로 들어가 시베리아를 횡단,

모스크바를 경유하여 유럽에 갈 수 있게 된다. 노무현 대통령은 이 루트에 희망을 걸고 '철의 실크로드'라는 구상을 세우고 있다(노무현, 『한국의 희망 노무현의 꿈』, 현대서관, 2002).

이상은 모두 대륙부분의 수송회로로, 일본과는 당분간 선박으로 연결되어야 한다. 부산과 시모노세키를 해저터널로 연결한다는 구상도 있다. 여전히 현실적이지는 않지만 영-불 간의 해저터널을 생각한다면 앞으로 고려해볼 만한 것일지도 모른다.

'동북아시아 수송회로 비전'의 제안자는, 아홉 개 모두 앞으로 이 지역 발전을 위하여 불가결하다고 지적하면서 철도·트럭용 도로의 효과적인 연결, 종래 노선의 확충, 철도와 장거리 도로의 병설을 추진할 것 등을 제안하고 있다(『北東アジア輸送回廊ビジョン』, ERINA, Booklet Vol. 1, 2002).

이러한 수송회로의 정비는 동북아시아 경제공동체의 중요한 기둥 가운데 하나이다.

경제성장의 면에서는 중국을 중심으로 러시아와 북한, 몽골이 한층 더 성장을 지향할 것이며 한국·일본·타이완은 이미 성장을 이룩하여 성장의 모순을 충분히 경험한 나라로서 다른 문제를 안고 있다. 두 그룹이 함께 협력하여 의미 있는 경제공동체를 만드는 것이 바람직하다.

문화교류와 문화창조의 장 ●●●

동북아시아는 분명히 문화적으로 한국 · 중국 · 북한 · 일본 · 타이완 · 오키나와 · 몽골 · 미국 · 사할린 · 쿠릴열도 · 하와이 · 알래스카 등으로 나누어질 수 있다. 그러나 이를 한자문화권, 유교문화권이라 말해도 그것이 어느 정도의 의미를 갖는지는 상당히 의문이다.

한자에 대해서도 북한은 한자를 사용하지 않고 한국도 지금에 와서는 한자를 거의 사용하지 않고 있는 상태이다. 한편 중국과 일본에서는 한자를 상용하고 있으나 양국에서 쓰이는 한자의 약자는 서로 전혀 무관하다고 생각한다. 그래도 한자 문제를 지역협력의 측면에서 재고해보는 것은 충분히 의미가 있다. 그러나 동북아시아 지역 전체의 문화교류가 필요하다는 관점에서 본다면, 한자 문제는 극히 작은 문제라 할 수 있을 것이다. 지역 전체의 문화교류가 이루어지는 가운데 지역적 보편성과 특성을 지닌 문화의 형성이 진척될 것이다.

노래 · 가요 · 팝 분야의 교류는 더욱 활발해지고 있다. 영화도 한국 · 일본 · 타이완에서는 상당한 수준의 작품이 제작되고 있으며 북한도 작품성은 떨어지나 영화제작에 심혈을 기울이고 있다.

스포츠도 중요하다. 야구는 미국에서 시작된 스포츠지만 한국 · 일본 · 타이완에서 특히 발전하고 있으며, 지금은 중국과 러시아에서도 활발해지고 있다.

더욱이 스모는 일본의 전통 스포츠지만, 일본스모협회의 요코즈나(일본 스모의 천하장사를 가리키는 말—옮긴이 주)였던 다이호大鵬의 아버지는 러시아인이었다. 그리고 현재 두 명의 요코즈나는 하와이 출신의 무사시마루武藏丸와 몽골 출신의 아사이쇼류朝靑龍이다. 한국 출신의 마쿠노우치幕內(일본 스모에서 상급 수준의 그룹을 가리키는 말―옮긴이 주) 역사力士도 나오고 있다.

지역적 정체성이란 문화적 동질성에서 생겨나는 것이 아니다. 다양한 문화주체가 만나 문화교류와 문화창조를 이루는 가운데 지역적인 정체성을 발견하는 것이 중요하다.

정치와 안보의 공동체 ● ● ●

'동북아시아 공동의 집'은 궁극적으로 정치와 안보의 공동체가 되어야 한다. 그것은 결코 쉽지 않은 과정이다. 우선 환경 면에서 지역협력을 돈독히 하기 위하여, 더 나아가 경제적인 면에서 일정한 협력을 추진하기 위하여도 동북아시아 정상회의의 정기적 개최가 필요하다. 타이완의 입장을 생각하여, 동북아시아 섬들(타이완·오키나와·사할린·쿠릴·하와이)의 대표도 함께 참가하는 확대회의를 궁리해볼 필요가 있다.

정상회의와 더불어 외무장관회담과 국방장관회담도 병행되어야 한다. 당연히 거기에서는 동북아시아 공동의 안전보장체제를 생각할 수 있다. 현재 동북아시아에는 미일안전보장조약과 한미상호방위조약이 존재하며, 한국과 일본에 미국의 육·해·공군 10만 명이 존재한다. 타이완에 대한 조약은 없으나 미국은 국내법으로 타이완을 지킨다는 약속을 하고 있다. 하와이에는 미 태평양 군사령부가 있고 오키나와는 미군의 최대 전진기지가 되고 있다. 이러한 현재의 상태를 변화시켜 동북아시아의 지역적 안전보장 제도를 구축해가는 것이 어떻게 하면 가능할 것인가.

2개국 간 안보시스템을 초월하여, 또는 2개국 간 안보를 포함한 지역안보를 생각해야 한다는 것은 현재 매우 많은 사람들이 공감하는 문제이다. 이 점에서는 이미 여러 논의와 검토가 끊이지 않고 있다. 대표적 포럼으로는 '동북아시아 협력 대화'가 있다. 이것은 일본의 NIRA가 미국의 UC 샌디에이고(캘리포니아대학의 샌디에이고 분교) 세계분쟁협력연구소Institute on Global Conflict and Cooperation와 공동으로 조직한 것으로 한국·북한·일본·미국·러시아·중국의 6개국에서 원칙적으로 각국의 외무성 관료 1명, 방위관계 성청省廳 관료 1명, 군인 1명, 민간학자 2명 등 모두 다섯 명이 개인 자격으로 참가하는 비공식회합이다. 이 포럼은 1993년 10월에 캘리포니아의 샌디에이고에서 제1회 회의를 열었다. 제2회는 1994년 5월 도쿄에서 개최되었는데 제2회 이후로 북한은 참가하지 않았다. 1995년 4월 모스크바, 1996년 1월 베이징, 9월 서울, 1997년 4월에는 다시 미국의 뉴욕, 12월은 도쿄, 1998년 11월 모스크바, 1999년 12월 베이징에서 개최되었다.

또 미·중·일 3개국 회의도 있다. 이것은 마쓰나가 노부오松永信雄 일본국제문제연구소 이사장이 중심이 되어 조직한 회의로 비정부채널(트랙 2) 간의 대화인데 각국 외무성과의 관계가 깊다. 1998년 7월에 도쿄에서 준비회의가 열렸으며, 1999년 1월에는 미국의 하버드대학에서, 7월에는 도쿄에서, 2000년 5월에는 베이징에서 개최되었다.

이러한 경험을 살려서, 동북아시아의 안전보장체제와 기구에 관련된 협력의 추진이 필요하다. 먼저 병력의 축소, 군축을 추진할 필요가 있다. 핵무기와 재래식무기 모두 군축을 해야만 한다. 군축과 함께 위기관리를 위해서는 핫라인 · 네트워크가 필요할 것이다. 일본은 이러한 과정을 거쳐 자위대의 근거 규정을 명확하게 정비해야 한다. 자위대법과 헌법의 틈을 메울 필요가 있는 것이다. 헌법개정론이라는 하나의 해결방법이 있는데, 나는 평화기본법을 제정하여 헌법 제9조 하에 자위대가 합헌이라는 인식으로 정리하는 것이 좋다고 생각한다. 자위대는 헌법 제9조를 기반으로 한 특별 안전장치가 걸려 있는 특수한 군사력으로 그 성격을 유지하고 이어가는 것이 바람직하다고 보기 때문이다. 물론 국민들이 자위대를 정규 군대로 인지하지 않고 있는 상태에서는 군축 추진은 불가능하며 공통의 안전보장체제를 생각하는 것도 있을 수 없다.

주한미군과 주일미군은 단계적으로 감축될 것이다. 주한미군은 한반도에서 화해와 평화의 정착이 진행된다면 철수하게 될 것으로 여겨진다. 그렇게 된다면 주일미군만 이 지역에 남게 될 것이고, 이러한 미군을 주축으로 하여 동북아시아 각국(통일한국 · 중국 · 러시아)의 부대가 참여하는 동북아시아 경찰군 같은 것을 만드는 방안을 검토해볼 수 있을 것이다. 거기에 자위대도 참여할 수 있을 것이다. 이를 위해 일본은 지금까지의 방위체제를 상당 부분 수정해야 한다. 그러나 지금으로선 너무 앞서 가는 이야기이다.

군대의 협력이 있기 전에 경찰 차원의 협력 또는 동북아시아 경찰의 창설이 가능할 것이다. 이 지역에서는 해상경찰의 활약이 중요하다.

괴선박의 단속, 마약밀수의 단속, 밀항자의 단속 등이 해상경찰의 역할이다. 북한이 일본으로 공작선을 파견하는 일은 오래 전부터 계속되었으나 평양선언으로 북일 국교수립이 이루어질 경우 북한이 공작선을 보내는 일은 원칙적으로 어려워질 것이다. 따라서 북한을 포함하여 공동 단속체제를 확립할 수 있는 것이다. 이 해역에서는 범죄자에 대한 마약의 밀수, 밀항이 계속될 가능성이 높기 때문에 공동 단속은 필요하고 효과를 발휘할 수 있을 것이다. 여기에 일본의 자위대가 보유하고 있는 P-3C뿐 아니라 정보위성으로 입수한 정보도 공유해야 한다.

정치공동체에서는 공동의 인권옹호와 공동의 민주주의라는 과제가 존재한다. 이것은 물론 추상적으로는 중국과 북한 모두 받아들일 수 있겠지만, 실질적인 차원에서 보면 별개의 문제가 된다. 서서히 그리고 신중하게 흔들리지 않고 인권 옹호와 민주주의 확대를 위해 노력해가야 할 것이다.

제10장
유토피아와 개혁의 사이에서

이 책의 앞부분에서 나는 동북아시아가 얼마나 다양하고 이질적인 지역이며 대립이 심한 곳인가, 동북아시아에서 지역협력체를 만드는 작업이 얼마나 어려운 일인가에 대해서 서술했다. 그리고 그렇기 때문에 동북아시아에서 새로운 '공동의 집' 실현이 얼마나 훌륭한 일인지도 서술했다. 불가능을 가능하게 하는 것, 있을 수 없는 일을 현실화하는 것은 유토피아를 바라는 것과 다름없다. 나는 현실적인 문제에서 출발하여 발상을 전개해나가는 방식으로 노력하고 있으며, '공동의 집'을 추구하는 것 역시 현실적인 위기의 극복에서 시작되는 과정이라고 생각한다. 그러나 애당초 '동북아시아 공동의 집'은 꿈과 같은 일이고, 이 꿈의 실현을 위해 전개하는 논의에는 분명 비약이 존재하기 마련이다. 즉 '동북아시아 공동의 집'은 현실타개를 위한 개혁노선의 목표임과 동시에 하나의 유토피아인 것이다.

유토피아의 종언 ● ● ●

20세기 말 인류는 사회주의라는 유토피아의 종언을 맞이했다. 따라서 21세기는 유토피아가 부재한 상태에서 시작되었다.

 '유토피아'는 16세기에 토머스 모어Thomas More가 쓴 『유토피아』에서 유래한 말이다. 이 책은 유토피아라는 섬에서 이상적인 체제를 실현하고 있는 모습을, 그 섬을 방문한 항해자가 보고하는 형식으로 그리고 있다. 유토피아라는 섬은 바다 쪽으로 튀어나온 육지부분을 잘라서 그 앞부분만을 떼어놓은 인공 섬이다. 인간의 세상은 혐오스럽고 더럽고 부정과 불평등이 존재하기 때문에, 이상적인 상태는 이런 혐오스러운 일반 사회에서 멀리 떨어진 곳에만 존재한다. 따라서 유토피아는 인공적으로 만들어진 섬이라는 설명을 통해 유토피아의 본질을 제시하고 있다. 즉 유토피아는 폐쇄된 공간에 존재한다.

 따라서 유토피아에서는 국경이 엄격하게 관리되고 있고, 유토피아에 사는 사람들은 통제를 받는다. 폐쇄와 통제가 없으면 유토피아의 이상적 상태가 파괴되기 때문이다. 토머스 모어의 『유토피아』에 이어 19세기 전반에 쓰여진 카베 Étienne Cabet의 걸작 『이카리아 여행 Voyage en Icarie』도 마찬가지다. 이카리아 국은 제2의 그리스도로 숭배받는 절대적 지도자 이카루가 만들었고, 그가 통치하고 있다. 사람들은 식사를 할 때마다 이카루에게 감사의 잔을 든다. 이 나라의 슬로건은 '모든 사람은 개인을 위해, 개인은 모든 사람을 위해'이다. 마르크스와 엥겔스는 공산주의의 이상향을 구체적으로 그리려 하지 않았고 스스로를 과학적 사회주의자라고 칭하고 있지만, 그들의 사상 역시 유토피아적 사회주의였다. 따라서 20세기에 그들의 사상을 실현시키려 했던 국가사회주의의 소련 · 중국 · 북한은 모두 유토피아였다. 이 나라들은 하나같이 모두 폐쇄와 통제를 체제의 특징으로 삼았다. 북한의 김일성 체제는 어떤 의미에서는 '이카루 체제'에 가장 가깝다. 북한의 슬로건 역시 '모두는 한 사람을 위해, 한 사람은 모두를 위해'이다.

현재 소련은 붕괴되었고, 중국은 개혁개방을 추진 중이며 북한은 절해絶海의 고도孤島라는 느낌을 주고 있다. 역사는 국가사회주의 체제를 거부했고, 이와 더불어 유토피아도 거절했다.

새로운 유토피아 ● ● ●

국가사회주의를 출현시킨 세계전쟁의 시대가 끝나고 새롭게 도래한 세계경제의 시대는 제국帝國 미국의 단독 세계지배, 세계화, 빈부 격차의 증대, 미해결로 방치된 과거사의 상흔, 민족적 대립감정의 격화, 절망적 테러리즘과 반테러리즘 전쟁, 가시화되는 성장의 생태학적 한계 등 무시무시한 현상들이 속출하고 있다. 이러한 여러 문제에 맞서서 확실하게 변화를 이끌어가는 개혁이 필요하지만, 그것만으로는 대처하기가 불가능하다. 시대의 전환이 필요하다. 현대사의 제3기를 열어나가야만 하며, 이를 위해서는 새로운 유토피아가 필요하다.

새로운 유토피아는 새로운 타입의 유토피아가 아니면 안 된다. 개방적이고 비非통제적인 형태의 유토피아여야만 한다. 전통적 유토피아, 즉 폐쇄된 공간에서 실현한 이상과는 다른 개방적인 것이어야 한다.

이러한 의미에서 '동북아시아 공동의 집'은 새로운 유토피아라고 볼 수 있다. 동북아시아는 오랜 시간 동안 전쟁을 경험한 지역이고, 지금도 중동과 함께 위기의 초점이 되고 있는 지역이다. 불신과 증오가 가슴 깊이 자리잡고 있는 지역이라고 할 수 있다. 이 지역에서는 다른 역사적 경험을 가진 사람들이 국경을 넘어 서로의 경험을 교류하며, 토론을 통해 서로의 차이를 인정하고, 협력하며 변화해간다. 이 과정을 거쳐 함께 사는 공동의 집을 모색하고 만들어간다. 그 과정을 세계의 사람들에게 보여주고, 세계의 다른 지역에서 배우며, 또 인류의 이상에 어울리는 공동의 집 구축을 이 지역에서 실험한다는 마음으로 전진한다. 이것은 훌륭한 유토피아이다.

'동북아시아 공동의 집'이 가능하다면 인류 공동의 집, 전 지구 공동의 집이 가능하게 될 것이다.

개혁적 유토피아주의 ● ● ●

전통적 유토피아는 총체적인 구제이며 이상세계를 향한 목숨을 건 도약을 통해 실현되는 것으로 보였다. 20세기의 언어로, 유토피아는 혁명을 거쳐 실현되리라 여겨졌다. 그리하여 세계전쟁 속에서 혁명적인 폭력이 긍정되었고, 혁명국가의 국가테러와 독재를 통해 유토피아가 실현된다는 전도된 비극적 혹은 희극적 사태를 맞이했다. 따라서 오늘날에는 정신적·도덕적 혁명은 있을 수 있어도 정치적·사회적 혁명은 불가능하다.

현실의 문제와 당면 위기를 대처하고 극복하는 일은 중요하다. 또 이에 못지않게 현실을 확실하게 변화시키는 개혁의 자세를 끝까지 견지하고, 다른 한편으로는 더 높은 이상태理想態, 즉 유토피아의 실현을 추구할 필요가 있다. 이 두 작업은 서로 불가분의 관계에 놓여 있다. 이것은 '개혁적 유토피아주의'라고 말할 수 있다. 신지역주의의 실천은 바로 이런 개혁적 유토피아주의를 통해 가능할 것이다.

옮긴이 후기

이 책의 주제인 동북아시아의 지역공동체 수립 또는 동북아시아 지역 협력에 관한 이슈는, 한국에서는 이미 상식이다 싶을 정도로 여러 방면에서 활발하게 논의되고 있다. 노무현 대통령은 취임과 동시에 '동북아시아 중심국가 건설'을 주요 국정목표로 내세운 바 있으며, 또 최근 들어 학계나 재계, 관계 등 사회 여러 영역에서 동북아시아 지역공동체에 대한 관심이 더욱 고조되고 있다. 이러한 지역협력 논의는 무역, 금융 등의 경제 영역에 국한되지 않고 한반도 안전보장문제를 시작으로 문화, 환경, 에너지, 교육 등 제반영역으로 확산되고 있다.

물론 현실 세계를 보면 동북아시아 지역공동체 형성은 별로 빠르게 진행되는 듯 보이지는 않는다. 주지하다시피 이미 유럽이나 아메리카 대륙, 동남아시아 지역 등에서는 EU, NAFTA, ASEAN 등 기존의 국민국가체제를 넘어선 지역공동체가 속속 수립되고 있으며, 그 통합

속도 역시 예상을 뛰어넘을 정도로 빠르게 진행되고 있다. 동북아시아 지역의 지역통합 움직임이 여타 지역에 비해 상대적으로 더디게 진척되는 데에는 여러 가지 요인이 작용하고 있다. 예컨대 문화적 이질성, 경제적 격차, 정치체제의 상이성, 전쟁과 갈등의 역사에서 비롯된 상호 불신 등 여러 요인들이 이 지역의 협력과 통합을 저해하고 있는 주된 장애물이라고 할 수 있다. 그런 의미에서 보면 동북아시아 지역은 지금도 민족주의Nationalism가 맹위를 떨치고 있다고 해도 지나친 말은 아니다. 몇몇 섬들의 영유권을 놓고 국민감정까지 동원된 일련의 심각한 영토분쟁이 빈번하게 발생하고 있는 현실은, 동북아시아 지역협력의 현 주소를 알려주는 상징이라고 볼 수 있다.

'대동아공영권大東亞共榮圈', '오족협화五族協和', '내선일체內鮮一體' 등의 구호로 포장된 일그러진 지역통합의 역사를 뼈아프게 체험한 우리로서는, 이 '일본 발' 지역통합 제안에 일단 미심쩍은 시선을 먼저 보내게 되는 것이 어쩌면 당연한 일일지도 모르겠다. 이 책은 말 그대로 한 일본 지식인이 발신하는 '동북아시아 지역통합의 제안서'라고 할 수 있다. 그런데 저자가 던지고 있는 메시지는 매우 신선하고도 흥미진진하며, 때로는 충격적이기까지 하다.

와다 하루키는 이 책에서 '동북아시아 공동의 집' 건설을 이 시대 동북아시아 사람들이 실현해야 할 공통의 과제로 제시하는 한편, 이 과제를 저해하고 있는 장애요인들을 조목조목 분석하고 이를 지양하기 위한 실천방안들을 검토하고 있다. 동북아시아 통합의 중심은 한반도이며, 이 지역의 각국에 거주하는 재외 코리안, 즉 한국(조선)인이야말로 새롭게 열릴 동북아시대의 주역이라는 저자의 주장은 우리에게 시사하는 바가 적지 않다.

그 때문만은 아니겠지만, 이 책에서 저자가 주장하고 있는 내용이 아직 일본 사회 혹은 일본 지식계의 폭넓은 지지를 받고 있지는 못하다는 점도 지적해두고 싶다. 메이지유신 이래 일본은 '탈아입구脫亞入歐'의 역사적 궤적에서 한 번도 벗어난 적이 없다. 그렇게 보면 형식이나 내용을 불문하고 '아시아주의'의 흐름은 일본에서 여전히 소수파의 목소리일 수밖에 없다. 다시 말해 아직도 일본은 아시아보다는 구미제국을 중심에 놓고 생각하는 대외관에서 벗어나지 못하고 있다고 해도 과언이 아니다.

저자 와다 하루키 교수는 러시아사 분야에서 탁월한 업적을 쌓아 이미 국제적으로 널리 알려진 학자이다. 그는 러시아사 연구를 바탕으로 한반도까지 연구영역을 확장, 북한현대사와 한국전쟁사 등의 분야에서 주목할 만한 연구 성과들을 내놓고 있는 일본의 대표적인 한반도 전문가이기도 하다. 와다 교수는 연구자로서 많은 역작을 생산하는 데 머물지 않고, 일본에서는 보기 드물게 현실참여를 마다하지 않는 실천적 지식인으로도 유명하다. 그는 일본은 물론이고 한반도와 동북아시아 지역의 '평화'와 '인권', '일본의 올바른 과거청산'과 연관된 여러 쟁점에 대해 날카로운 비평의 날을 세워왔음은 물론이고, 그 스스로 실천운동에도 직접 뛰어들어 행동하는 지식인의 전범을 일관되게 보여 왔다.

마지막으로 이 책의 번역경위를 밝혀두고 싶다. 나는 국민대학교

2003학년도 2학기 국제학부 학부강좌 가운데 하나인 원어수업 '일본과 세계화'를 진행하면서 이 책을 텍스트 중 하나로 지정, 몇 주 동안 학생들과 진지하게 토론을 벌였다. 각 장의 발제를 담당한 학생들은 일본어로 진행하는 수업에 다소 부담스러워 하면서도 성실한 자세로 수업에 임해주었다. 그 즈음 국제학부의 동료인 한경구 교수가 우연히 이 책의 번역을 나에게 제안했고, 나는 내친 김에 학생들과 의기투합하여 번역작업까지 완수하기로 했다. 이렇게 해서 10명의 학생들이 1차 번역을 끝내고 이 원고를 바탕으로 여러 차례 번역 검토회의를 진행하면서 오류를 하나하나 바로잡아 나갔다. 그리고 마지막 단계에서 내가 이 번역문을 최종 수정, 점검하였다. 따라서 이 번역서의 출간에는 수강생 한 사람 한 사람의 땀과 정성이 온전히 스며들어 있다.

　　제1장부터 제10장까지 번역을 담당했던 학생들은 윤유진, 최경남, 최한얼, 최지숙, 강민, 조은경, 남아영, 홍수진, 강현심, 이은주로 모두 10명이다. 특히 최경남, 최한얼, 강민, 홍수진은 두세 차례나 별도의 검토 작업에 참가하는 열성을 보였다. 번역의 모든 공로를 나의 자랑스러운 제자들에게 돌리고 싶다. 다만, 혹시라도 번역의 오류나 실수가 있다면 최종 번역책임자인 나의 몫임을 분명히 해둔다.

　　끝으로 출판되기까지 놀라울 정도로 철저하게 일을 마무리해주신 일조각의 편집진에게도 감사한다.

미국 피츠버그에서

이원덕

신지역주의 선언
동북아시아 공동의 집

1판 1쇄 펴낸날 2004년 6월 15일
1판 3쇄 펴낸날 2009년 9월 1일

지은이 | 와다 하루키
옮긴이 | 이원덕
펴낸이 | 김시연

펴낸곳 | (주) 일조각
등록 | 1953년 9월 3일 제300-1953-1호(구 : 제1-298호)
주소 | 110-062 서울시 종로구 신문로 2가 1-335
전화 | 734-3545 / 733-8811(편집부)
733-5430 / 733-5431(영업부)
팩스 | 735-9994(편집부) / 738-5857(영업부)
이메일 | ilchokak@hanmail.net
홈페이지 | www.ilchokak.co.kr

ISBN 978-89-337-0456-1 03300
값 13,000원

• 옮긴이와 협의하여 인지를 생략합니다.

• 이 도서의 국립중앙도서관 출판시도서목록(CIP)은 e-CIP 홈페이지
(http://www.nl.go.kr/cip.php)에서 이용하실 수 있습니다.
(CIP제어번호 : CIP2004001100)

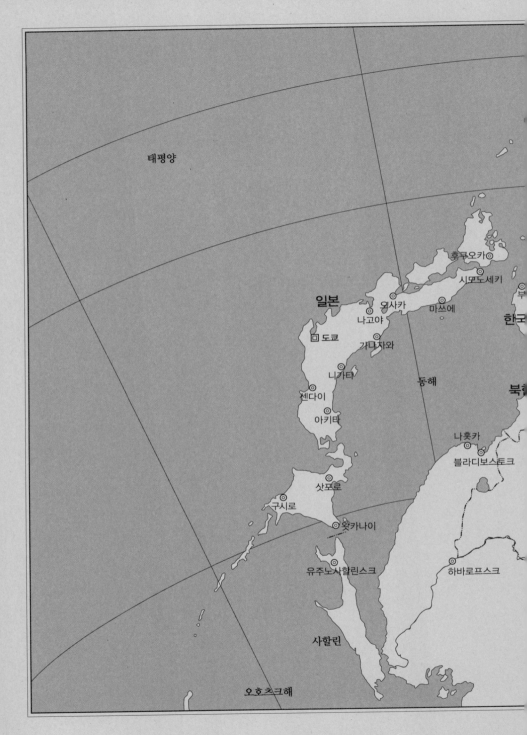

태평양

일본

홍쿠오카

시모노세키

부

오사카

마쓰에

한국

나고야

도쿄

가나자와

니가타

동해

북한

센다이

아키타

나홋카

블라디보스토크

삿포로

구시로

왓카나이

유주노사할린스크

하바로프스크

사할린

오호츠크해

환동해권 전도   일본이나 동해를 중심에 두고 세계를 바라볼 것이 아니라, 대륙 쪽에서

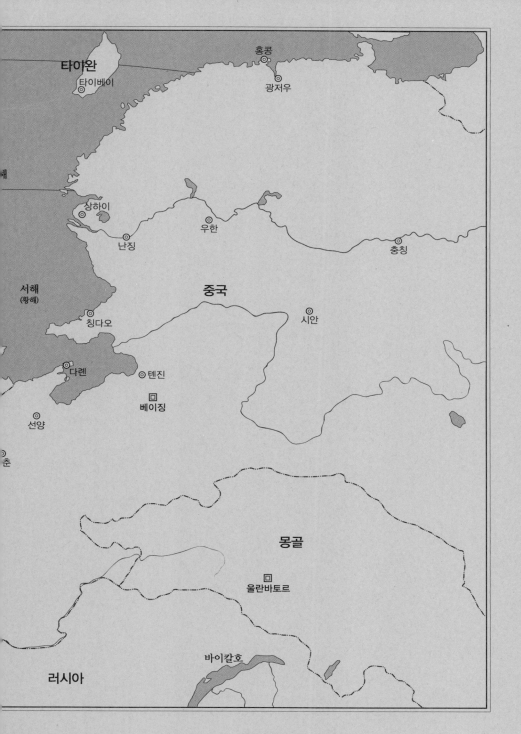

바라보려는 의도로 작성한 도야마富山 현의 지도에서 저자는 이 그림의 힌트를 얻었다.